KB188650

V리그 연대기

V리그 연대기

식빵언니,
클러치박,
배천, 최리,
블로퀸,
쏘캡까지

김효경
류한준
지음

북콤마

정대영.
사진 발리볼코리아닷컴

김연경.
사진 발리볼코리아닷컴

한송이.
사진 GS칼텍스 배구단

배유나.
사진 발리볼코리아닷컴

사진 한국도로공사 배구단

베띠.
사진 GS칼텍스 배구단

이숙자.
사진 GS칼텍스 배구단

몬타뇨.

사진 발리볼코리아닷컴

황연주.

사진 발리볼코리아닷컴

이효희.
사진 발리볼코리아닷컴

김사니.
사진 발리볼코리아닷컴

니콜.
사진 한국도로공사 배구단

사진 발리볼코리아닷컴

남지연.
사진 발리볼코리아닷컴

이재영.

사진 발리볼코리아닷컴

사진 흥국생명 배구단

박정아.

사진 한국도로공사 배구단

김해란.

사진 발리볼코리아닷컴

사진 흥국생명 배구단

양효진.
사진 발리볼코리아닷컴

이소영.
사진 GS칼텍스 배구단

사진 발리볼코리아닷컴

김희진.
사진 발리볼코리아닷컴

임명옥.
사진 발리볼코리아닷컴

사진 한국도로공사 배구단

김연경.

사진 흥국생명 배구단

고예림.

사진 현대건설 배구단

사진 IBK기업은행 배구단

강소휘.
사진 GS칼텍스 배구단

표승주.
사진 GS칼텍스 배구단

한수지.
사진 발리볼코리아닷컴

황민경.
사진 현대건설 배구단

황민경. **사진** IBK기업은행 배구단

염혜선. **사진** 현대건설 배구단

에밀리 하통(왼쪽부터), 한유미, 김세영.
사진 현대건설 배구단

한유미.
사진 현대건설 배구단

김수지.
사진 흥국생명 배구단

김세영.
사진 발리볼코리아닷컴

책을 펴내며

나는 어렸을 때부터 스포츠를 좋아했다. 아침에 등교하자마자 교실에 가방을 두고 축구를 하는 게 하루의 시작이었다. 쉬는 시간엔 농구와 야구를 즐겼고, 방과 후에 스포츠 중계가 있는 날엔 종목을 가리지 않고 TV를 봤다.

하지만 어릴 적에도 쉽게 접하지 못했던 종목이 있었다. 바로 배구다. 네트가 있어야만 할 수 있는 데다 초보자가 즐기기엔 어려운 경기라 서른 살이 될 때까지 배구를 해본 적이 없었다. 물론 TV 중계로 실업배구나 국가대표 경기를 보기는 했지만 다른 종목에 비해 애정도가 떨어졌다.

그러다 2005년 출범한 프로배구에서 고향 구미를 연고지로 한 팀이 두 곳(남자부 LIG손해보험, 여자부 한국도로공사)이나 생겼다. 본격적으로 여자배구에 대한 관심이 커진 건 그때부터였다.

기자가 된 뒤 처음 담당 종목으로 배구를 맡았을 때만 해도 여자배구는 비인기 종목이었다. 평일엔 오후 5시, 주말엔 오후 4시에 열려서 관중도 거의 없었다. '메인 요리'인 남자부에 딸린 '애피타이저' 혹은 후식 같은 느낌이었다. 하지만 아기자기한 여자배구만의 매력이 있었다. 야구나 축구와 다른 선수들의 솔직발랄한 이야기 덕분에 취재기자로서도 나름 보람을 느꼈다.

2012년 런던 올림픽을 시작으로 여자배구는 조금씩 인기를 얻었다. 국제대회에서 연이어 좋은 성적을 내면서 남자배구의 인기도 넘어섰다. 기자로서 좀 더 많은 기사를 쓰게 되면서 애정도 자연스럽게 커진 것 같다.

그런 상황에서 프로배구 20주년을 기념한 책을 펼 수 있게 됐다. 기회를 준 북콤마 출판사에 감사드린다. 처음 배구 취재를 할 때 많은 도움을 준 류한준 선배와 함께 쓸 수 있어 더욱 영광이었다. 책을 쓰는 동안 집안일에 소홀했던 나를 이해해준 아내와 두 아들 덕분이기도 하다.

그동안 취재를 도와주신 여자부 7개 구단 관계자와 지도자들에게도 감사한다. 특히 책에서 소개한 20여 명의 선수와 감독님들에게 감사드린다. 취재를 위해 흔쾌히 시간을 내줘 좀 더 풍성한 내용을 담을 수 있었다. _**김효경 쓰다**

V리그 개막전이 열린 날 현장에 있었다. 관중이 아니라 취재진으로 있었던 게 내겐 행운이라고 생각한다. 이후 드문드문 배구 경기가 열리는 체육관을 찾았다가 '스포츠2.0'에서 일하기 시작한 2006년부터 그 횟수가 늘어났고 본격적으로 배구를 취재했다. 그 과정에서 황연주, 김연경 선수의 신인 시절을 현장에서 직접 지켜본 건 또 하나의 행운이라고 본다.

김효경 기자와 함께 글을 쓰게 될 수 있게 된 계기는 배구출입기자단 간사를 맡고 있는 문화일보 오해원 기자 덕분이다. 오기자에게 먼저 들어온 제안이었는데 내게 기회가 왔다.

김효경 기자와 마찬가지로 그동안 취재 현장에서 만난 여자부 7개 구단 선수들과 코칭스태프, 관계자, 한국배구연맹과 대한배구협회를 거쳐 간, 그리고 현재 지금도 그곳에서 일을 하고 있는 분들에게도 감사를 전한다. 코트 안팎을 책임진 여러 스태프들에게도 인사를 전한다.

무엇보다 '스포츠2.0'에서 함께 일했던 김효경 기자를 비롯해 김정식 편집장님, 최민규 선배, 장지현 형, 김덕중, 이상철, 이종길, 심현석, 이남훈, 박서은, 신소윤 기자 그리고 세상을 떠난 고 신명철 선배 등 당시 동료 선후배들에게는 더욱 고마움을 느낀다. 그리고 배구 현장 취재를 함께 했으나 지금은 다른 부서에서 일하고 있는 권기범, 권혁진, 권영준 기자, 그리고 여전히 배구를 포함한 스포츠 현장을 열심히 다니고 있는 이재상, 이보미, 남정훈, 이정호, 윤욱재, 이석무, 문성대, 황규인 기자에게도 늘 고마운 마음이다. 오기자에 앞서 간사를 맡았던 이승건 선배, 고진현 선배 그리고 사진을 비롯해 여러 도움을 준 김경수 선배, 야구와 배구, 스포츠종합경기대회 현장 안팎에서 자주 만났던 이용균 선배에게도 감사의 마음을 전한다. 아울러 오랜 기간 오기자와 함께 'V리그 토크쇼'라는 코너를 함께 했던 신승준, 이동근, 진달래, 오효주 아나운서, 현장에서 자주 만나 이야기를 나눴던 윤성호, 이재형 아나운서에게도 고마움을 전한다.

책을 쓰는 동안 아쉽다는, 그리고 정말 많이 모자라다는 생각이 계속해서 들었다. 기회가 된다면 배구에 대한 글을 또 써보고 싶다. 책을 쓴다는 소식을 전했을 때 격려한 부모님과 누나들에게도 더 감사한 마음을 느낀다. **_류한준 쓰다**

차례

시즌 스케치

열정의 역사

일러두기

* 팀과 선수에 대한 모든 기록은 한국배구연맹 홈페이지에 나오는 기록을 기준으로 삼았다. 선수별 누적 기록은 정규리그 통산 기준이다.

* 외국인 선수의 이름은 시즌별로 등록명이 다른 경우 혼동을 피하기 위해 하나로 통일했다. 매디슨 리첼은 시즌에 따라 리첼과 메디로 등록명이 달랐으나 메디로 통일했다. 베타니아 데 라 크루스도 시즌별로 데라크루즈와 베띠로 등록명이 달랐는데 베띠로 통일했다. 하지만 시즌별로 소속 팀이 다른 파토우 듀크의 경우 2017/18시즌 GS칼텍스에서 듀크로, 2018/19시즌 한국도로공사에서 파튜로 다른 등록명을 쓴 것을 따라 유지했다. 한편 테일러 심슨은 2015/16시즌과 2017/18시즌 흥국생명에서 뛸 때는 등록명이 심슨이다가 결혼(테일러 쿡) 후 2019/20시즌 한국도로공사에서 뛸 때는 등록명이 테일러로 바뀌었으나 테일러로 통일했다. 외국인 선수 이름은 국립국어원의 외국어 표기 규정 및 용례와 다르더라도 팬들과 언론 보도의 익숙함을 고려해 가급적 기존의 한국배구연맹 등록명을 따랐다.

* 혼동을 피하기 위해 2019/20시즌 이전에 정규리그에서 우승한 팀을 부를 때도 '정규리그 우승'이라고 하지 않고 '정규리그 1위'로 표현했다.

* 포지션 이름은 2022/23시즌 바뀌기 전에도 레프트와 라이트, 센터로 쓰지 않고 아웃사이드 히터, 아포짓 스파이커, 미들 블로커로 써 전체적으로 통일했다.

* 팀명을 바꿔온 정관장의 경우 2005시즌부터 2009/10시즌까지는 KT&G로, 2010/11시즌부터 2022/23시즌까지는 KGC인삼공사로, 2023/24시즌부터는 정관장으로 적었다.

시즌스케치

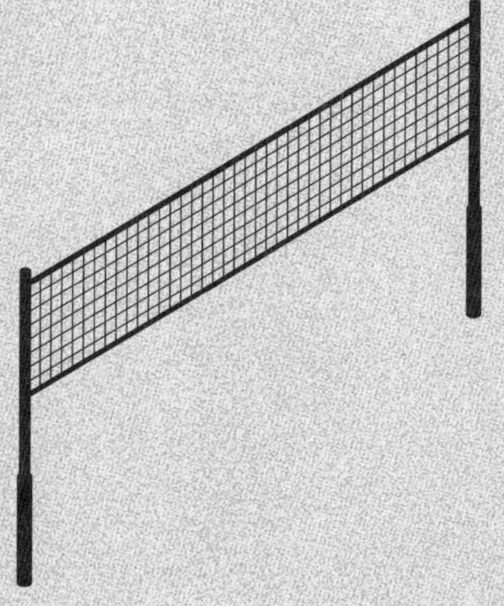

V-LEAGUE

2005 시즌

프로 원년

2005년 2월부터 4월까지 열린 정규리그에서 5개 팀이 1~2라운드에 걸쳐 팀당 16경기, 전체 40경기를 치렀다. 실업에서 프로로 전환하던 과도기라 어떻게 보면 반쪽 시즌이고 리그 운영에서도 '더부살이'를 면치 못할 때였다. 2004년 11월에 열린 신인 드래프트에선 LG정유(2005년 GS칼텍스)가 전체 1순위로 나혜원을, 흥국생명이 2순위로 황연주를, KT&G가 3순위로 임명옥을 지명했다.

정규리그에서 한국도로공사(12승 4패)가 1위를 차지하고 KT&G(11승 5패)가 2위, 현대건설(10승 6패)이 3위에 자리했다. 세 팀의 전력은 종이 한 장 차이였다.

KT&G는 처음 주전 세터가 된 이효희의 패스 워크가 안정된 중에 맏언니 최광희와 박경낭, 임효숙, 지정희, 임명옥, 리베로 이현정 등 신구가 조화를 이뤘다. 여기에 당시 최장신(190센티미터)인 미들 블로커 김세영이 자리를 잡아 어느 때보다 조직력이 탄탄했다.

반면 실업배구의 명가 현대건설은 프로 출범과 함께 부동의 주전 세터 강혜미와 장소연이 빠져나가며 전력이 약해진 것이 다른 팀에 기회가 됐다. 그런 가운데 정대영과 한유미, 윤혜숙, 박선미, 이진희, 세터 이숙자 등 새로운 주축이 팀을 이끌었다. 한국도로공사도 한송이, 김사니, 박미경, 김해란 등 국가대표 라인업을 과시하며 한 수 위의 경기 내용을 선보였다.

GS칼텍스는 날개 공격진 김민지와 이정옥, 최유리, 미들 블로커진 우형순과 정은희, 강민정, 손현, 세터 이미현, 리베로 남지연이 활약했다. 흥국생명은 윤수현과 황연주, 주미경, 전민정, 박수경, 최효진, 구기란이 뛰었다.

흥국생명과 GS칼텍스는 각각 황연주와 김민지라는 거포를 발굴하고도 다음 시즌 신인 드래프트에서 최대어로 꼽히는 김연경을 잡기 위해 최하위를 차지하는 경쟁에 뛰어들었다. 신인 드래프트에서 높은 순위의 지명권을 얻기 위한 탱킹 시도였다. 최종적으로 흥국생명(3승 13패)이 GS칼텍스(4승 12패)를 1승 차로 따돌리고 웃었다. 승패가 일찍 결정되는 '져주기 경기'가 나오자 한국배구연맹(KOVO)은 바로 다음 시즌 신인 선발 시스템에 손을 댔다.

정규리그 MVP는 그해 득점, 블로킹, 수비(남지연도 수상) 세 부문을 휩쓴 정대영에게 돌아갔다. 신인상은 '백어택의 여왕' 황연주가 수상했다. 공격상은 김세영이, 세터상은 김사니가 수상했다. 한국배구연맹은 각종 개인상을 출범 시즌부터 2013/14시즌까지 득점, 공격, 블로킹, 서브, 세터, 수비 총 6개 부문에 걸쳐 시상했다(2005시즌부터 2007/08시즌까지는 백어택상을 포함해 7개 부문).

봄 배구에선 이변이 나왔다. 예상과 달리 플레이오프에서 KT&G가 2연승을 거둬 현대건설을 제치고 챔피언결정전에 올랐다. 당시 KT&G는 김세영과 지정희, 박경낭이 공격 부문에서 나란히 1위~3위에 오를 만큼 상승세를 타던 팀이었다. 정규리그에선 상대 전적이 2승 2패로 호각세를 이뤘지만 그래도 한국도로공사가 우승할 가능성이 점쳐졌다. 1차전에서 한국도로공사가 승리를 거둘 때만 해도 그렇게 시리즈가 마무리될 것처럼 보였다. 하지만 KT&G가 2차전을 잡아 승부의 균형을 맞췄다. 승부처가 된 3차전, 대전 충무체육관에서 열린 홈경기에서 KT&G가 3-2로 승리를 거둬 분위기를 가져왔다. 최광희가 27점, 임효숙이 22점, 김세영이 블로킹 4개를 포함해 20점을 올리며 우세를 점했다. 결국 KT&G가 4차전에서 3-0 완승을 거둬 3승 1패로 프로 출범 원년 우승을 차지했다.

4차전 마지막 3세트 24-15에서 최광희의 스파이크가 상대편 코트에 꽂히자 경기장에선 우승 축포가 터져 나왔다. 선수들이 서로 얼싸안고 눈물을 흘리는 가운데 김형실 감독은 기쁨에 겨워 코트에 벌렁 드러누웠다. 실업배구에서 LG정유와 현대건설의 그늘에 가려 있던 KT&G로선 창단 17년 만에 정상에 오른 순간이었다. 최광희가 챔피언결정전 MVP에 올랐다.

V-LEAGUE

2005/06
시즌

통합 우승

경기와 라운드 수가 늘었다. 한 번도 안 가본 긴 일정이었다. 6라운드까지 소화하는 가운데 팀당 28경기, 5개 팀이 총 70경기를 치렀다(리그는 한동안 시즌 형편에 따라 '팀당 24경기, 총 60경기'를 오고갔다). 현재 정규리그의 운영 틀이 이때 모습을 드러냈다. 개막에 앞서 연고지를 중심으로 열흘 동안 시범경기 총 10경기를 치르고 12월 3일 개막했다.

정규리그에서 흥국생명과 한국도로공사가 17승 11패로 승패가 같았으나 흥국생명이 점수와 세트 득실률에서 앞서 1위가 됐다.

흥국생명은 신인 드래프트에서 김연경을 주저 없이 지명했다. 화제의 중심이었던 그는 프로 데뷔전에서 승리의 기쁨을 맛봤지만 홈경기 데뷔전에선 패배를 썼다. 2005년 12월 10일 흥국생명이 GS칼텍스와의 홈경기에서 2-3으로 질 때 그는 37점을 올렸다. 12월 18일 현대건설과의 경기에서 3-1로 홈경기 첫 승을 기록할 때 그는 33점을 올렸다. 김연경과 황연주, 윤수현이 좌우 날개를 맡고 전민정과 진혜지가 중앙 공격을 이끌었다.

GS칼텍스는 아웃사이드 히터진 김민지와 이정옥, 아포짓 스파이커 나혜원, 미들 블로커진 우형순과 정은희 등이 분전했으나 공격 루트가 한쪽으로 밀리고 기복이 심했다. 최단아와 손현, 강민정도 교체 멤버로 들어갔다. 특히 서브 리시브가 불안한 탓에 세터가 다양한 공격을 시도하지 못하고 아웃사이드 히터진의 오픈공격에 치우치게 된 점이 지목됐다. 세터진은 주전 정지윤 외에도 이미현과 전체 2순위로 뽑은 신인 이소라가 출전했다. 주전 리베로 남지연의 백업으로 장애지가 있었다.

KT&G는 믿을 만한 거포는 없지만 끈끈한 조직력을 살려 이효희의 안정된 패스 워크에 따라 공격수들이 고르게 득점했다. 최광희와 박경낭, 임명옥이 날개 공격진을 이끌고 지정희와 김세영 듀오가 미들 블로커진을 맡았다. 5라운드 중반에 임효숙이 아킬레스건 부상으로 시즌을 접을 때 교체 멤버로 나오던 홍미선이 출장 기회를 늘렸다.

현대건설은 한유미와 윤혜숙, 박선미가 좌우 날개를 맡았다. 미들 블로커진은 정대영과 오유진이 이끌고 전체 3순위로 뽑은 신인 김수지와 이진희가 교체 멤버로 투입됐다. 리베로는 황진숙과 이현지가 번갈아 출전했다.

한국도로공사는 부상에서 벗어난 해결사 임유진이 불꽃 투혼을 발휘하고 한송이와 2년차 오현미가 결정적인 포인트를 책임졌다. 세터 김사니도 과감한 토스를 올리는 중에 상대의 빈틈이 보일 때마다 2단 공격 등으로 가세했다. '이동공격의 명수' 김미진과 신예 김지현, 아포짓 스파이커 이윤희 등도 골고루 득점을 배분했다. 특히 임유진은 '홍국생명 킬러'라는 말을 들을 정도로 '백어택 군단' 홍국생명을 상대로 우위를 보였다. 리베로 김해란이 한송이 등과 함께 상대의 스파이크를 받아냈다. 김해란뿐 아니라 한송이와 임유진, 이윤희 같은 공격수 모두 높은 리시브효율을 기록했다. 특히 한송이는 미들 블로커가 아닌데도 김지현과 함께 세트당 0.45개의 블로킹을 잡아냈다.

예상과 달리 홍국생명이 독주하지는 못했다. 1라운드에선 5개 팀이 똑같이 2승 2패를 기록했다. 그러나 김연경이 팀과 리그에 완전히 적응한 다음부터는 승자와 패자가 뚜렷이 갈렸다. 2라운드에서 압도적이 공격력을 선보인 홍국생명이 전승을 거둔 반면 GS칼텍스는 전패를 당했다. 현대건설은 3라운드와 4라운드에 5연승을 하며 가파른 상승 곡선을 그렸다.

3라운드에서 홍국생명은 1승 3패에 그쳐 다른 팀에 쫓기기도 했다. 한국도로공사 외에도 3위를 차지한 KT&G(16승 12패)까지 합류해 시즌 막판까지 1위 경쟁을 펼쳤다. 특히 KT&G의 김세영은 공격 2위에 오를 정도로 위기 때마다 결정력을 발휘하고 중반 이후 화끈한 후위공격을 자주 구사했다.

4위 현대건설(14승 14승)도 순위 경쟁에서 크게 밀리지 않았다. 시즌 초반부터 처진 GS칼텍스는 9연패를 당하는 과정에서 6승 22패에 그쳐 최하위(5위)로 떨어졌다.

그래도 김연경을 앞세운 흥국생명을 이길 팀은 없었다. 황연주가 고비마다 2점 백어택과 서브 에이스를 터뜨리고 리시브 1위 구기란이 무려 리시브효율 71.25퍼센트를 기록하며 든든히 뒤를 받쳤다. 아포짓에서 세터로 변신한 이영주는 미들 블로커 진혜지와 전민정에게도 공을 배분해 공격 루트를 다양화했다. 김연경이 온 뒤 주포 자리에서 밀린 아웃사이드 히터 윤수현도 승리의 주역이었다.

포스트시즌 직전인 2006년 2월 흥국생명은 황현주 감독을 수석코치로 내리고 호남정유 전설을 이끈 김철용 감독과 이도희 코치를 영입해 코치진을 개편했다. 당시 1위를 지키던 6라운드에 감독을 교체해 뒷말이 무성했다. 플레이오프에선 한국도로공사가 KT&G에 2승을 거둬 챔피언결정전에 진출했다. 임유진과 한송이 쌍포가 앞길을 열었다. 챔피언결정전에선 흥국생명이 한국도로공사에 1승 2패로 벼랑 끝에 몰리다가 4, 5차전을 잇따라 따내 3승 2패로 구단의 첫 우승컵을 안았다. 리그 첫 통합 우승이었다.

김연경은 신인상과 함께 정규리그 MVP와 챔피언결정전 MVP를 동시에 품었다. 득점, 공격종합, 서브, 오픈공격, 시간차공격, 이동공격, 퀵오픈 7개 부문에서도 1위를 휩쓸었다.

V-LEAGUE

2006/07 시즌

통합 우승 2연패

카타르에서 열린 2006년 도하 아시안게임 때문에 일정이 조정되면서 리그 개막이 밀렸다. 대표팀은 '노메달'의 불명예를 안았다. 2006년 12월 23일 개막전이 열려 2007년 3월 31일까지 정규리그가 진행됐다.

신인 드래프트는 확률추첨제로 바뀌었다. 복권처럼 구슬이 나오는 순서대로 지명 순서가 결정되는 시스템. 정확히 말하면 시즌 성적을 반영한 혼합형 확률 추첨제였다. 직전 시즌 우승팀이 드래프트 5순위, 준우승팀이 4순위가 되고 나머지 2위, 3위, 4위 팀이 각각 15퍼센트, 35퍼센트, 50퍼센트의 확률로 신인을 뽑는 식이었다.

지난 시즌 횟수에 관계없이 2득점이 인정되던 후위공격은 세트당 2회만 인정되는 것으로 축소됐다. 흥국생명이 지난 시즌 후위공격성공률과 횟수에서 1위를 했던 점에 비춰보면 제도 축소로 리그 판도가 달라질 수 있었다. 하지만 무엇보다 그해 리그를 뒤흔든 사건은 처음 도입된 외국인 선수 제도였다.

흥국생명은 현역 미국 국가대표인 193센티미터의 아웃사이드 히터 케이티 윌킨스를 영입했다. 윌킨스는 김연경과 황연주 쌍포에 시너지 효과를 냈다. 그리고 황현주 감독이 재신임을 받아 10개월여 만에 복귀했다. 주전 진혜지와 윤수현이 부상으로 시즌을 접으면서 그해 컵대회에서 4전 전패를 당하는 수모를 겪었다. 김연경과 황연주도 세계선수권대회와 아시안게임에 출전하느라 피로가 가시지 않았다. 김연경과 윌킨스, 황연주가 날개 공격진을 이루고 전민정이 중앙 공격을 맡았다. 진혜지의 빈자리엔 전반에 최효진이, 후반에 태솔이 선발로 나섰다. 아웃사이드 히터 이현정도 교체 멤버로 출전했다. 주전 리베로 구기란의 백업으로 조상희와 조난연이 뒤를 받쳤다.

한국도로공사는 미국 일리노이대 졸업반의 레이첼 밴 미터를 영입해 '큰언니' 박미경이 은퇴해 허전하던 아포짓 스파이커 자리를 완벽히 메웠다. 세터 김사니는 공격이 레이첼에게 몰리지 않게 한송이와 임유진에게 분산하는 데 신경 썼다. 레이첼과 한송이 쌍포가 위력을 발휘하는 중에 김지현과 김미진이 중앙 공격을 이끌었다. 교체 멤버로는 날개 쪽에서 이윤희와 오현미가, 중앙 쪽에서 김소정이 출전했다.

지난 시즌 최하위로 떨어진 GS칼텍스는 첫 외국인 선수로 브라질 출신의 미들 블로커 안드레이아 스포르진을 선택했다. 우형순과 정은희가 은퇴한 뒤 안드레이아와 2년 만에 복귀한 곽소희가 중앙 공격을 이끌고, 김민지와 이정옥, 나혜원이 좌우 날개를 맡았다. 주전 세터 정지윤의 백업으로는 전체 1순위로 뽑은 신인 한수지가 출전했다.

KT&G는 190센티미터의 장신으로 후위공격에 능한 브라질 국가대표 루시아나 아도르노를 영입했다. 김세영과 지정희가 중앙 공격을 맡고 루시아나와 박경낭, 최광희, 임명옥이 날개 공격진을 구성했다. 부상에서 돌아온 임효숙과 2년차 아포짓 한은지도 꾸준히 교체 멤버로 투입됐다. 신인 드래프트에선 전체 2순위로 유미라를 뽑았다.

현대건설은 세르비아·몬테네그로 출신의 베테랑 산야 토마세비치를 영입했다. 산야와 정대영의 쌍포가 전면에 서고 한유미와 윤혜숙, 박선미가 좌우 날개를 맡았다. 국가대표 미들 블로커 듀오 정대영과 김수지의 높이도 굳건했다. 또 김수지의 동생인 세터 김재영이 신인 드래프트에서 전체 3순위로 뽑히면서 자매가 한솥밥을 먹게 됐다. 리베로 문선영이 후방 수비를 맡았다. 컵대회에서 한국도로공사를 결승에서 누르고 우승한 가운데 기복 없는 플레이를 펼친 한유미가 MVP를 차지했다. 그해 리그에선 한유미와 한송이, 한은지와 한수지, 김수지와 김재영 세 쌍의 자매가 겨울 코트를 누비고 있었다.

디펜딩 챔피언 흥국생명이 독주 체제를 굳힌 가운데 순위 경쟁은 다소 싱거웠다. 예상대로 흥국생명이 20승 4패를 거둬 1위로 정규리그를 마쳤다. 김연경과 황연주, 윌킨스 모두 공격종합 5위권에 들며 화력 대결에서 다른 팀들을 압도했다. 주전 대부분이 스파이크 서브를 구사할 정도로 시즌 내내 공격적이었다. 2위는 16승 8패를 기록한 한국도로공사가 차지했다. 득점왕 레이첼이 같은 팀의 한송이보다 두 배 넘는 점수를 올리며 한국도로공사의 공격을 이끌었다.

13승 11패로 3위에 오른 현대건설이 플레이오프에서 한국도로공사와 만났다. 2약으로 분류되던 GS칼텍스와 KT&G는 일찌감치 순위 경쟁에서 밀려났다. 각각 8승 16패와 3승 21패를 기록하며 4위와 5위에 자리했다.

최하위 KT&G는 1라운드에만 해도 루시아나의 활약에 힘입어 중위권에 진입했으나 그가 경기 도중 스파이크를 하고 착지하는 과정에서 무릎 인대가 파열되는 큰 부상을 입어 시즌을 접은 뒤 7연패를 당하며 하위권으로 떨어졌다. 시즌 중반에 대체선수로 브라질 청소년대표 출신 하켈리를 영입했으나 그 또한 해결사 역할을 하지 못했다. 그뿐 아니라 베테랑 최광희와 임효숙이 부진한 가운데 선수들 전반에 걸쳐 공격력이 떨어졌다.

13승 11패로 3위에 오른 현대건설이 플레이오프에서 한국도로공사와 만났다. 2약으로 분류되던 GS칼텍스와 KT&G는 일찌감치 순위 경쟁에서 밀려났다. 각각 8승 16패와 3승 21패를 기록하며 4위와 5위에 자리했다. KT&G는 루시아나가 경기 도중 스파이크를 하고 착지하는 과정에서 무릎 인대가 파열되는 큰 부상을 입어 시즌 중반에 이탈했다. 루시아나가 빠진 뒤 7연패를 당한 끝에 3승 21패 최하위로 떨어졌다.

봄 배구는 달랐다. 플레이오프에서 현대건설이 한국도로공사를 꺾고 챔피언결정전에 올라가는 이변을 일으켰다. 현대건설은 정대영과 한유미, 산야가 골고루 득점한 반면 한국도로공사는 레이첼 한

명에게 쏠리고 국내 공격수들의 지원이 부족했다.

챔피언결정전을 앞두고 모두들 시즌 상대 전적에서 6전 전승을 한 흥국생명이 우승하리라고 예측했다. 하지만 1차전에서 예상을 뒤집고 현대건설이 흥국생명을 3-1로 이겨 기선을 제압했다. 그래도 흥국생명은 흔들리지 않았다. 전열을 가다듬고 2차전을 가져오며 승부를 원점으로 돌린 다음 3차전과 4차전을 연달아 이겨 3승 1패로 우승을 차지했다. 2005/06시즌에 이어 두 번째 통합 우승, 첫 '통합 우승 2연패'를 달성한 순간이다.

챔피언결정전 MVP는 4경기에서 117점을 올린 김연경에 돌아갔다. 그의 파워 넘치는 후위공격은 일품이어서 4차전 세트 스코어 1-2로 뒤진 4세트 25-26 상황에서도, 5세트 매치포인트에서도 후위공격으로 세트를 마무리했다.

흥국생명 선수들은 개인상 부문에서도 여럿이 이름을 올렸다. 김연경과 황연주, 구기란, 이영주가 각각 공격, 서브, 리시브, 세트에서 1위에 올랐다. 성적이 좋지 않은 GS칼텍스도 소속 선수 중에서 안드레이아가 블로킹상을, 한수지가 신인상을 받았다. 기록만 놓고 보면 외국인 선수로 가장 큰 혜택을 본 팀은 한국도로공사였다. 레이첼이 득점상과 후위공격상을 받을 정도로 한송이와 함께 팀의 원투 펀치로 활약했다. 정규리그 MVP도 김연경에게 돌아갔다.

V-LEAGUE

2007/08 시즌

부활

그해 시즌을 앞두고 자유계약선수(FA) 제도가 처음 시행됐다. 그러면서 세터들의 연쇄 이동이 뒤따랐다. 한국배구연맹은 판정 시비 등 문제를 해결하기 위해 비디오 판독을 전격 도입했다. 국내 프로스포츠 사상 첫 시도이고 세계에서도 최초였다. 2점짜리 후위공격은 5세트엔 1회만 인정하기로 했다가 해당 시즌을 끝으로 제도 자체가 폐지됐다.

또 2008년 5월에 열리는 베이징 올림픽 세계예선전을 준비하기 위해 시즌을 일찍 종료하기로 했다. 그러면서 올스타전을 치르지 않고 4라운드와 5라운드를 서울에서 중립 경기로 치렀다.

다들 지난 시즌 압도적 우승을 차지한 흥국생명과 전력을 업그레이드한 GS칼텍스가 리그를 양분하리라고 전망했다. 나머지 3개 팀은 전력이 비슷해 중위권을 형성하리라는 것.

홍국생명은 지난 시즌이 끝난 직후 김연경과 황연주가 나란히 발목 수술을 받고 무사히 복귀했다. 외국인 선수로는 브라질 출신 아웃사이드 히터 마리 헬렌을 영입하고 이영주가 결혼하며 은퇴한 자리에 KT&G에서 뛰던 이효희를 데려왔다. 진혜지와 윤수현도 어깨 부상의 여파로 은퇴했다. 태솔이 부상으로 자리를 비운 사이 전민정이 신인 김혜진과 함께 중앙 공격을 충실히 이끌었다. 한편 리베로 구기란이 무릎 부상으로 빠진 자리엔 신인 전유리가 들어서면서 수비가 안정됐다. 신인 공격수 이보라도 주전들이 체력이 떨어지고 집중 견제를 받는 중간중간에 투입돼 활력을 불어넣었다.

프로 출범 이래 하위권을 전전하던 GS칼텍스는 FA 자격을 얻은 이숙자와 정대영을 한꺼번에 영입해 약한 포지션을 보완한 동시에 김민지와 나혜원 같은 젊은 주력들 사이에서 신구 조화를 꾀했다. 또 트레이드를 통해 김소정을 데려오며 한국도로공사에 최단아를 보냈다. 여기에 신인 드래프트에서 전체 1순위로 배유나를 뽑고 높이와 힘을 겸비한 브라질 출신의 베테랑 하께우까지 데려왔다. 전체 1순위 지명권을 얻을 확률은 지난 시즌 최하위 KT&G가 50퍼센트로 가장 컸지만 공이 35퍼센트 확률의 GS칼텍스에 운 좋게 넘어간 것. 출발할 땐 정대영과 김소정이 중앙 공격을 맡고 하께우와 김민지, 나혜원, 이정옥, 배유나 등이 날개 공격진을 이루는 구성이었다. 팀은 탄탄한 전력을 바탕으로 마산에서 열린 컵대회에서 KT&G를 결승에서 누르고 우승했다. 1라운드에서 남지연이 부상으로 빠질 때는 최유리가 리베로 포지션을 맡았다. 한편 세터 정지윤은 실업팀으로 옮기고 손현은 은퇴했다.

현대건설은 내부 FA 중 이숙자와 정대영을 놓치고 한유미를 잡았다. 보상선수로는 세터 한수지와 미들 블로커 강민정이 들어왔다. 박선미까지 은퇴하면서 팀은 한유미를 빼면 신인 4명, 2년차 3명 등 경험이 적은 선수들이 꾸려가야 했다. 세대교체였다. 캐나다 대표 출신 티파니 도드와 한유미가 날개 전면에 서고 유망주 양효진과 김수지가 중앙 공격을 맡았다. 미들 블로커에서 아포짓으로 변신한 이진희와 윤혜숙도 교체 멤버로 출전했다. 리베로 문선영이 시즌 중에 은퇴해 타격을 입었을 때는 신인 신예지가 빈자리를 채웠다. 간혹 허리가 아픈 신예지 대신 윤혜숙이 리베로로 출전하기도 했다.

한국도로공사는 지난 시즌 득점 1위를 차지한 레이첼과 재계약했지만 시즌 전에 그가 발목 부상으로 이탈하는 바람에 한참 동안 외국인 선수 없이 싸워야 했다. 김사니가 FA로 이적한 자리엔 내부에서 최윤옥이 올라오고 보상선수로 베테랑 아웃사이드 히터 임효숙이 들어왔다. 게다가 임유진과 김미진, 이윤희 등이 은퇴하면서 큰 공백이 생겼다. 한송이와 임효숙이 아웃사이드 히터진을, 전체 3순위로 뽑은 신인 하준임이 아포짓을 맡아 날개 공격을 책임졌다. 미들 블로커진은 이보람과 김지현이 주전으로, 곽미란이 교체 멤버로 나섰다. 국가대표 경험이 풍부한 김해란이 꾸준히 상대의 스파이크를 받아냈다.

KT&G는 이효희가 떠난 뒤 FA로 들어온 세터 김사니가 팀 재건에 앞장선 가운데 브라질 청소년대표 출신의 아웃사이드 히터 페르난다 알비스를 영입했다. 구심적 역할을 하던 최광희가 은퇴하고 임효숙이 이적해 안정감이 떨어질 것 같았으나 김세영과 박경낭, 홍미선 등이 날개를 폈다. 지정희의 속공 성공률이 올라가는 중에 아웃사이드 히터에서 리베로로 전향한 임명옥이 대성공을 기록했다. 지난 시즌 리베로 자리는 이현정과 홍성아가 부진해 최광희까지 나설 정도로 고민거리였으나 임명옥이 들어오자마자 수비가 탄탄해졌다. 그 후 전통적으로 수비에 강한 팀답게 박경낭과 홍미선이 임명옥과 함께 리시브를 책임졌다. 배유나를 놓치고 전체 2순위로 뽑은 신인 이연주도 출전 기회를 잡았다.

개막 이후 초반 돌풍을 일으킨 팀은 지난 시즌 최하위 KT&G였다. 개막전에서 흥국생명을 꺾는 파란을 일으키며 1라운드에서 4전 전승, 2라운드에서 3승 1패를 거뒀다. 돋보이는 공격수가 없는 대신 탄탄한 조직력과 끈질긴 수비로 승리를 일궜다. 무엇보다 최장신 세터 김사니와 페르난다, 김세영 같은 장신 공격수들 간의 호흡이 빛을 발했다. 3라운드 이후에도 꾸준히 5할 승률을 이어갔다.

흥국생명은 개막전에서 패한 뒤 2라운드, 3라운드에서 연승을 거둬 선두로 올라섰다. 당시 최다 연승 신기록(13연승)까지 세우며 여유 있게 3년 연속으로 정규리그 우승을 차지했다.

반면 기대를 모았던 GS칼텍스는 초반 주전들의 부상이 겹쳐 힘을 쓰지 못했다. 4라운드까지 거둔 성적은 6승 10패. 이숙자는 훗날 "FA로 이적한 그해 초반 쉽지 않아서 부담 아닌 부담을 느꼈다. 팀에 적응하는 데만 해도 벅찰 정도였고 '망했구나' 하는 생각까지 들었다"고 회상했다. 특히 배유나는 시즌 내내 아포짓과 미들 블로커를 오가며 여러 포지션을 소화하느라 애를 먹었다. 하지만 뛰어난 선수들의 집합 이후 조직력이 붙으면서 팀이 점차 살아났다. 1월 4라운드 한국도로공사와의 경기에서 김민지의 스파이크쇼를 앞세워, 한송이가 분전한 상대 팀을 3-2로 아슬아슬하게 꺾은 것이 결정적인 순간이었다. 한 달쯤 만에 6연패를 끊고 3위를 유지한 그날 승리가 분기점이 됐다. 시즌 후반부 김민지의 스파이크는 매섭고 묵직해졌다. 높은 타점을 살리기보다는 근력과 스피드에 치중해 무겁게 때렸다.

그렇게 GS칼텍스는 암 투병으로 병상에 있는 이희완 감독 대신 팀을 이끈 이성희 대행 체제가 반전에 성공했다. 5라운드에서 3승 1패, 6라운드에서 3승 1패를 거둬 4위 한국도로공사, 5위 현대건설과 격차를 벌리는 데 성공했다. 특히 6라운드에서 흥국생명과 KT&G를 모두 꺾고 3위를 확보해 포스트시즌행 막차를 탔다.

4위 한국도로공사는 12월 말 뒤늦게 외국인 선수로 미국 미시간 주립대 4학년생 케이티 존슨을 영입했지만 레이첼의 빈자리를 메우지 못했다. 점프가 낮고 발이 느려 결국 아포짓 자리를 두고 하준임과의 주전 경쟁에서 밀린 뒤 아웃사이드 히터 백업 멤버로 뛰었다. 선수들과의 호흡도 잘 맞지 않아 팀은 시즌 내내 어려운 상황을 견뎌야 했다.

최하위 현대건설이 거둔 승수는 겨우 4승(24패)에 불과했다. 현대건설은 개막전에서 한국도로공사에 풀세트 접전 끝에 패한 것을 시작으로 내리 11연패를 당했다. 티파니는 느린 발과 불안한 수비 탓에 고전하다가 막판에 가서야 리그에 적응했다. 그래도 전체 4순위로 뽑은 신인 양효진이 308점을 올리고 블로킹 3위를 차지하며 압도적인 블로킹 높이와 득점력으로 정대영의 빈자리를 지웠다. 고질적인 세터 불안에 시달리던 중 팀은 국가대표 세터 출신으로 출산한 뒤 실업팀에서 뛰고 있던 강혜미에게 손을 내밀었다. 코치로 복귀한 그가 한수지와 김재왕, 박진왕에게 기술과 능력을 전수한 끝에 팀의 세터진이 안정됐다. 현대건설은 마지막 경기에서 KT&G를 꺾고 10연패의 사슬을 끊으며 시즌을 마감했다.

이성희 GS칼텍스 감독대행은 시즌 막바지 승부수를 띄웠다. 리그를 진행하는 한편으로 강도 높은 체력 훈련을 병행한 것. 시즌 후반엔 탄탄한 체력에서 승부가 갈린다는 계산이 맞아떨어졌다.

플레이오프에서 GS칼텍스는 하께우와 정대영, 김민지의 활약을 앞세워 정규리그 2위 KT&G를 2연승으로 물리쳤다. 그리고 흥국생명과 맞붙은 챔피언결정전. 1차전을 내준 뒤 3연승을 거둬 무적함대 흥국생명을 꺾고 정상에 올랐다. 2차전에서 김연경이 무거운 움직임을 보이고 아픈 무릎을 감싸 쥐던 사이 정대영과 하께우, 김민지로 이어지는 삼각 편대가 압도하며 전기를 마련했다. 2승 1패로 GS칼텍스가 앞선 가운데 4차전은 명승부였다. 세트 스코어 2-1로 앞선 중에 4세트에서 GS칼텍스가 흥국생명에 17-21로 뒤져 승부가 5세트로 넘어가는 듯했다. 하지만 상대의 범실과 정대영과 배유나의 득점으로 21-21 동점이 됐다. 다시 21-23으로 뒤진 상황에서 김연경의 범실과 하께우의 서브득점으로 또 한 번 23-23 동점이 된 뒤 상대 마리의 범실과 나혜원의 블로킹 성공으로 경기가 마무리됐다.

정규리그 3위 팀이 우승한 최초의 기록이고 실업배구(LG정유) 시절 리그 9연패의 위업을 쓴 명가가 부활한 순간이었다. 챔피언결정전 우승을 차지한 이성희 대행은 특별지도자상을 수상하고 이후 정식 감독으로도 선임됐다. 챔피언결정전 MVP로는 정대영이 뽑혔다. 김연경은 통산 세 번째로 정규리그 MVP에 올랐다.

한국도로공사의 한송이는 692점을 올려 득점상을 받았다. 2005/06시즌의 김연경 이후 국내 선수가 득점 1위에 오른 건 두 번째였다. 그리고 현재까지 두 선수를 잇는 토종 득점왕은 나오지 않고 있다. 신인왕은 주전급 활약을 펼친 신인들이 유독 많은 가운데 배유나, 하준임과 이보람, 양효진과 백목화, 김혜진이 경쟁하다가 결국 배유나에게 돌아갔다.

한편 리그는 타이틀 스폰서 때문에 시끄러웠다. 불과 개막을 열흘 앞두고 STX가 스폰서를 맡지 못하겠다고 했기 때문이다. 전전긍긍하던 한국배구연맹을 구한 건 농협이었다. 농협의 제시액은 STX가 약속한 15억 원보다 적은 10억 원이었지만 이듬해 20억 원으로 올랐다. 농협의 도움으로 리그는 '스폰서 없는 시즌'을 피할 수 있었다.

V-LEAGUE

2008/09 시즌

세대교체

대표팀이 2008년 베이징 올림픽 본선 진출에 실패했다. 당시 주전들이 부상과 수술 등의 이유로 대거 빠지면서 논란이 일었다.

흥국생명은 베이징 올림픽 예선전에서 득점왕에 오른 푸에르토리코 출신 카리나 오카시오를 영입했다. 여기에 FA로 풀린 한송이를 최고액에 영입해 김연경과 황연주로 이어지는 최강 전력을 형성했다. 지난 시즌 득점왕 한송이의 영입으로 팀은 우승 후보 영순위로 꼽혔다. 김혜진과 전민정이 중앙 공격을 이끌었다. 공격 라인뿐 아니라 구기란이 은퇴한 뒤 주전 리베로를 맡은 조상희의 수비 또한 일품이었다. 조상희와 전유리가 부상으로 빠질 때는 신인 주예나가 리베로로 출전했다. 하지만 한송이는 부상이 겹쳐 시즌 중반이 돼서야 출전했다. 발목 수술을 하고 재활하다가 시즌 초 허벅지 근육이 파열돼 벤치에 앉아야 했다.

한국도로공사는 지난 시즌 김사니가 떠난 뒤 전력이 급격히 떨어진 터라 FA 자격을 얻은 한송이를 잡기 위해 공을 들였다. 하지만 우여곡절 끝에 결별하고 보상선수로 이보라를 지명했다. 외국인 선수로는 도미니카공화국 출신의 베테랑 밀라그로스 카브랄을 영입하고 신인 드래프트에서 전체 2순위로 황민경을 지명했다. 밀라와 임효숙, 하준임이 날개 공격진을 이루고 이보람과 김지현이 미들 블로커진을 이끌었다. 여기에 주전 세터 최윤옥이 공격수들과 호흡을 맞췄다. 곽미란은 은퇴하고 최단아는 실업팀으로 옮겼다.

GS칼텍스는 그해 월드그랑프리에서 도미니카공화국 대표로 득점 2위를 기록한 베띠를 영입했다. 세터 이숙자의 지휘하에 김민지와 베띠, 이정옥과 나혜원이 좌우 날개를 맡는 구성이었다. 여기에 김소정과 곽소희가 실업팀으로 옮긴 뒤 정대영과 2년차 배유나가 중앙 공격을 맡았다. 신인 드래프트에선 리베로 나현정과 세터 시은미를 뽑았다.

현대건설은 푸에르토리코 국가대표 아우레아 크루즈(아우리)를 영입하고 박경낭을 FA로 데려왔다. 아우리와 한유미, 박경낭이 좌우 날개를 맡고 양효진과 김수지가 중앙 공격을 이끌었다. 아우리와 박경낭이 수비에 가담한 중에 리베로 신예지가 상대의 스파이크를 받아냈다. 전체 1순위로 뽑은 신인 세터 염혜선은 데뷔 시즌부터 27경기 93세트에 출전할 정도로 기회를 받았으나 경험 부족을 드러냈다.

KT&G는 박경낭이 FA로 떠나고 홍미선이 실업팀으로 옮기면서 세대교체가 진행됐다. 외국인 선수로 아웃사이드 히터인 헝가리 국가대표 나기 마리안을 영입했다. 마리안과 2년차 이연주, 한은지가 날개 공격진을 이루고 김세영과 김은영이 중앙 공격을 맡았다. 박삼용 감독은 개막전에서 전체 3순위로 뽑은 신인 미들 블로커 김은영을 선발로 내보냈다. 김은영은 신인답지 않은 과감한 플레이로 시즌 초반 지정희의 부상 공백을 잘 메웠다. 보상선수로 들어온 아포짓 백목화도 꾸준히 코트를 밟았다. 미들 블로커 유미라와 최주희는 기회를 기다렸다.

선두 경쟁이 치열했다. GS칼텍스와 흥국생명의 1위 싸움이 오래 지속됐다. 1라운드에서 두 팀이 나란히 3승 1패를 기록했다. 2라운드도 마찬가지였다. 3라운드 연말에 황현주 감독이 전격 경질됐다. 흥국생명은 그 와중에도 3승 1패를 유지했다. GS칼텍스는 2승 2패.

중위권에선 KT&G와 현대건설이 경쟁했다. 최하위 후보로 꼽히던 한국도로공사는 예상대로 2라운드와 3라운드에 전패하며 8연패로 일찌감치 하위권으로 밀렸다. 후반기에 KT&G가 8연승으로 내달리며 GS칼텍스를 바짝 따라붙었다. 하지만 마리안이 급격한 체력 저하로 낙오되며 팀에 도움이 되지 못했다.

4라운드 1월 초만 해도 1위는 9승 3패를 기록하던 흥국생명이었다. 그런데 카리나가 충수염 수술로 이탈하는 악재가 터졌다. 그러면서 4연패를 당하며 급격히 기울어 두 달 만에 3위로 떨어질 위기에 몰렸다. 다시 1위는 GS칼텍스. 이후에도 흥국생명은 사령탑이 또 한 번 교체되고 주전들의 부상들이 이어져 한동안 베스트 전력을 꾸리지 못했다.

마지막 7라운드 맞대결에 와서야 순위가 결정됐다. 3월 15일

KT&G가 흥국생명을 이겨 일단 2위를 확보했다. 사흘 뒤 KT&G와 GS칼텍스가 만났다. 경기 전까지 GS칼텍스는 17승 8패, KT&G는 16승 10패. KT&G가 이기면 역전해 1위를 차지할 가능성이 있었다. 하지만 GS칼텍스가 베띠의 활약을 앞세워 3-0으로 이기고 정규리그 1위를 차지했다. 흥국생명의 '4시즌 연속 정규리그 1위'는 그렇게 무산됐다.

플레이오프에선 이변이 일어났다. 시즌 서브 1위, 득점 2위를 차지한 김연경에 이어 카리나까지 살아나면서 흥국생명이 최다 우승팀다운 면모를 되찾았다. 정규리그 3위로 턱걸이한 흥국생명이 KT&G를 꺾고 챔피언결정전에 올랐다. 1차전에서 김연경은 이효희의 안정적인 볼 배급 속에 무려 40점을 올려 '국내 선수 포스트시즌 한 경기 최다 득점'을 기록했다.

이로써 2시즌 연속으로 GS칼텍스와 흥국생명 간의 챔피언결정전이 성사됐다. 1차전에서 GS칼텍스가 3-0으로 완승하지만 2차전에서 김연경과 카리나, 한송이 셋이 공격을 이끈 흥국생명이 3-2로 극적인 역전승을 거뒀다. 그때 불안한 그림자가 어슬렁거렸다. 흥미롭게도 지난 시즌까지 4차례 열린 챔피언결정전에서 첫 경기를 진 팀이 모두 정상을 밟은 역사가 있었다. 2005년 KT&G, 2005/06시즌과 2006/07시즌 흥국생명, 2007/08시즌 GS칼텍스 등 모두가 1차전을 패하고 뒷심을 발휘해 전세를 뒤집어 우승한 것.

이번에도 챔피언결정전의 승자는 1차전을 내준 흥국생명이었다. 이후 김연경과 카리나 쌍포를 앞세운 흥국생명이 내리 세 판을 따내 GS칼텍스를 3승 1패로 밀어냈다. 챔피언결정전 1차전에서 승리한 팀은 준우승에 그친다는 징크스가 그대로 이어진 셈이다. 2차전에서 흥국생명이 카리나를 아포짓으로, 한송이를 제자리인 아웃사이드 히터로 돌린 것이 주효했다. 김연경과 카리나, 한송이 셋 모두 높은 공격성공률을 유지하며 살아났다. GS칼텍스는 시리즈 내내 베띠에게 공격을 의존하는 단조로운 공격 패턴을 유지하며 조직력을 살리지 못했다.

흥국생명이 통산 세 번째 우승 위업을 이루는 사이 김연경도 세 번째 챔피언결정전 MVP를 수상했다. 정규리그 MVP는 그해 메가톤급 돌풍을 몰고 온 베띠에게 돌아갔다. 김연경이 국내에서 뛴 시즌 중 정규리그 MVP를 차지하지 못한 유일한 시즌이다.

한편 규정 변화가 있었다. 리그 개막에 앞서 2008년 9월 국제배구연맹(FIVB)이 경기 규정을 개정할 때 한국배구연맹이 이를 받아들였다. 먼저 네트터치 기준이 종전과 비교해 완화됐다. 직전 시즌까지는 경기 도중 몸의 일부가 네트에 닿으면 무조건 네트터치가 선언됐다. 그러나 '선수가 경기 도중 네트 맨 위에 걸쳐진 5센티미터 폭의 흰색 밴드와 네트 상단으로 올라간 안테나를 제외하고 신체가 네트의 어느 부분에 닿더라도 고의가 아니라면 반칙이 선언되지 않는다'로 바뀌었다.

또 센터라인 침범 기준도 완화됐다. 종전에는 손목 이상이나 신체 일부분이 넘어가면 반칙이 선언됐지만 '발 전체가 넘어가는 경우를 제외한 중앙선 침범에는 반칙이 선언되지 않는다'로 바뀌었다.

리베로 지정 수도 한 명에서 두 명으로 늘어났다. 이에 따라 팀들은 제1, 제2 리베로를 각각 지정하게 됐다. 리베로는 주로 후위에 있는 선수와 교체되는 경우가 많은데 선수 교체 횟수와 교체 횟수에도 제한이 없다. 그러면서 상대가 서브할 때 들어와 리시브를 전담하는 리베로, 자기 팀이 서브할 때 들어와 상대의 공격을 받는 리베로를 번갈아 쓰는 더블 리베로 시스템이 본격적으로 등장했다.

V-LEAGUE

2009/10 시즌

몰빵 배구

포스트시즌 경기가 플레이오프는 5전 3선승제, 챔피언결정전은 7전 4선승제로 확대됐다. 하지만 플레이오프를 거쳐 올라오는 팀은 그만큼 체력 소모가 많아 매우 불리하다며 논란이 일었다. 또 TV 중계에서 KBS 및 KBSN Sports의 단독 중계가 풀렸다.

시작할 때쯤 흥국생명을 제외한 팀들은 모두 희망에 차 있었다. 4시즌 동안 3차례나 흥국생명의 우승을 이끈 김연경이 시즌을 앞두고 일본 리그로 진출해 지난 시즌 황연주, 카리나와 이뤘던 삼각 편대가 깨졌기 때문이다. 한국도로공사를 빼고 GS칼텍스와 현대건설, KT&G 모두 봄 배구 이상을 기대했다.

흥국생명은 전력 누수에도 카리나와 재계약해 황연주, 주장 한송이와 함께 날개 공격진을 구성했다. 이번엔 카리나를 아포짓으로 돌려 수비 부담을 덜어주었다. 수비가 좋은 2년차 아웃사이드 히터 주예나도 꾸준히 선발 출전했다. 김혜진과 전민정이 중앙 공격을 맡은 가운데 태솔이 전반기에 가담했다. 주전 세터 이효희의 백업은 우주리가 맡았다. 리베로는 조상희와 김혜선, 전유리가 번갈아 출전했다.

황현주 감독을 영입해 분위기를 일신한 현대건설도 우승 후보로 지목됐다. 이탈리아 2부 리그 득점왕 출신 모레노 케니를 영입하며 전력이 두터워졌다. 간판 한유미와 주장 윤혜숙이 후배들을 이끄는 중에 3년차에 노련미를 갖춘 양효진과 김수지가 중앙 공격을 맡았다. 윤혜숙과 리베로 신예지가 맡는 수비는 탄탄했다. 세터진은 다양한 토스를 올리게 된 한수지가 다시 주전을 맡고 염혜선이 뒤를 받쳤다. 또 트레이드를 통해 이진희와 박진왕을 한국도로공사로 보내고 이보라를 데려왔다. 이보라가 무릎 부상으로 빠진 중에 2년차 오아영과 전체 2순위로 뽑은 신인 박슬기가 교체 멤버로 출전했다. 박경낭은 2009년 말에 은퇴했다.

GS칼텍스는 지난 시즌 MVP 베띠가 떠난 뒤 같은 도미니카공화국 대표팀 출신 리스벨 이브 메히아를 영입했다. 내부 FA 김민지와는 재계약했다. 그리고 정대영이 출산휴가를 받아 1년간 자리를 비운 사이 미들 블로커를 보강하기 위해 KT&G에서 지정희를 데려왔다. 하지만 그 대신 이정옥이 옮기면서 리시브 라인이 흔들리게 됐다. 또 다른 트레이드를 통해 아웃사이드 히터 오현미를 데려오고 세터 이소라를 한국도로공사에 보냈다. 그렇게 배유나와 지정희가 중앙 공격을 맡고 이브와 김민지, 나혜원이 날개 공격진을 구성했다. 신인 양유나와 최유리도 교체 멤버로 출전했다.

KT&G엔 '새 얼굴' 둘이 나타났다. 콜롬비아 국가대표 출신 마델라이네 몬타뇨. 또 1992년부터 2004년까지 실업배구 최고의 미들 블로커로 군림했던 장소연이 코트로 돌아왔다. 은퇴한 지 5년 만에 신인 드래프트(전체 3순위)를 거쳐 복귀한 그는 최고참이자 신인이었다. 지정희가 이적한 뒤 김세영과 장소연이 나란히 나선 중앙은 높이가 만만치 않았다. 몬타뇨와 새로 들어온 이정옥, 김세영이 주 득점원으로 활약하고 이연주와 백목화가 날개 쪽에서 지원했다. 김세영은 시즌 초반 손가락 부상을 입어 주춤했다. 김사니는 모든 공격을 조율하는 중에도 임명옥과 함께 날아오는 스파이크를 받아냈다.

한국도로공사는 지난 시즌 득점왕인 밀라와 재계약한 것 말고는 뚜렷한 전력 보강이 없어 고전하리라는 관측이 우세했다. 초반에 밀라와 임효숙, 하준임이 날개 공격진을 구성했지만 후반에는 무섭게 성장한 2년차 황민경이 주전 한 자리를 맡았다. 미들 블로커진은 이보람과 이주희가 이끌고 이진희와 전체 1순위로 뽑은 신인 정다은이 교체 멤버로 들어갔다. 주전 세터 이소라가 초반에 부상으로 빠질 때는 박진왕과 이재은이 맡았다. 최윤옥은 은퇴했다.

가장 먼저 10승(1패) 고지에 오른 팀은 현대건설이었다. 단독 1위로 달렸다. 케니와 양효진의 득점포가 대단했다. 그다음엔 KT&G가 8승 3패로 2위를 유지했다. 3라운드 당시 KT&G가 기록한 3패는 모두 현대건설에 진 것이었다. 1라운드부터 3라운드까지 현대건설은 8연승을 거둬 11승 1패를 기록했다. 흥국생명은 김연경의 공백이 큰 중에도 5할의 승률을 유지했다.

GS칼텍스는 시즌 초반 8연패를 당하며 하위권으로 처졌다. 하지만 3라운드에 부진하던 이브를 내보내고 미국 대학리그 득점왕 출신인 데스티니 후커를 영입한 이후 당시 리그 역대 최다 연승 기록인 '기적의' 14연승을 구가했다. 그러면서 현대건설의 연승 행진도 막을 내렸다. 미국 대학부 높이뛰기 챔피언이기도 했던 데스티니는 195센티미터의 키와 뛰어난 점프력을 활용해 연일 타점 높은 공격을 선보였다. 50퍼센트에 가까운 공격성공률을 달성하던 그를 상대할 적수는 어디에도 없었다.

GS칼텍스와 3위 싸움을 이어가던 흥국생명은 2010년 초 감독이 또다시 경질되는 사태를 겪었다. 그리고 황연주에 의존하는 공격 패턴이 상대에 읽히고부터 13연패의 늪에 빠졌다. 3위 싸움의 승자는 시즌 중반 외국인 선수를 교체한 GS칼텍스였다.

국내 선수층이 탄탄한 현대건설이 1위(23승 5패)를 차지하고 KT&G(19승 9패)와 GS칼텍스(16승 12패)가 그 뒤를 이었다. 흥국생명은 결국 김연경의 빈자리를 메우지 못하고 4위(8승 20패)에 그쳤다. 한국도로공사는 5라운드와 6라운드에 7연패를 당하며 최하위(4승 24패)로 내려앉았다.

현대건설로선 프로 출범 이후 첫 정규리그 1위를 차지한 시즌, 양효진 개인으로선 블로킹 1위, 속공 1위를 차지하며 국내 정상급 미들블로커로 도약한 시즌이었다. 결과적으로 외국인 싸움이 시즌 전체 농사를 결정지은 셈이었다. 콜롬비아 출신들인 케니와 몬타뇨는 자신들에게 쏠린 공격 부담을 잘 이겨내고 각자 팀에서 '효녀 용병'으로 거듭났다. 케니가 몬타뇨를 누르고 득점 1위를 차지했다. 반면 나머지 세 팀은 해결사 역할을 해줄 선수들이 부진하면서 어려움을 겪었다.

플레이오프에서 KT&G는 GS칼텍스에 단 한 세트도 내주지 않고 세 판을 내리 이기며 가파른 상승세를 탔다. GS칼텍스는 주포 데스티니가 열쇠를 쥐고 있었지만 다른 공격수들이 뒤를 받쳐주지 못했다. 지난 2시즌 연속으로 플레이오프에서 주저앉은 KT&G로선 꿈에 한 발짝 다가선 순간이었다.

KT&G는 여세를 몰아 7전 4선승제의 챔피언결정전에서 현대건설을 4승 2패로 누르고 정상에 올랐다. 2005년 프로 원년 우승 이후 5년 만이었다. 6차전 4세트 24-23으로 KT&G가 앞선 상황에서 몬타뇨의 백어택이 케니의 손에 맞고 코트 밖으로 나가는 순간 우승을 축하하는 축포가 터졌다.

KT&G는 1차전에서 패하고 2차전에서 승리한 다음 4차전부터는 현대건설에 한 세트도 뺏기지 않고 이기는 괴력을 뽐냈다. 3차전에선 풀세트 접전을 펼친 탓에 경기 시간이 2시간 15분이나 걸렸다. 몬타뇨는 돌고래처럼 점프해 상대의 높은 블로킹 벽을 내려다보는 위치에서 강타를 연달아 퍼부었다. 백전노장 세터 김사니는 볼을 안정적으로 배분하는 가운데 주포 몬타뇨의 타점 높은 공격을 살리고 더블 타워 김세영과 장소연의 철벽도 활용했다.

챔피언결정전 MVP는 역시 시리즈 6경기에서 200득점을 올린 몬타뇨에게 돌아갔다. 그는 포스트시즌 3주에 걸쳐 9경기를 치르는 강행군 중에도 343점을 올려 '몰빵 배구(선수 한 명에게 많은 공격을 몰아주는 것)'의 진수를 보여줬다. 몬타뇨가 공격을 주도했다면 장소연은 맏언니로 팀 분위기를 다잡았다. 정규리그 MVP는 케니에게 돌아갔다.

신인상 선정에선 사상 최초로 2위 선수가 수상하는 해프닝이 벌어졌다. 1위 장소연이 사양했기 때문이다. 그는 2004년 프로 출범 직전 실업팀 현대건설에서 은퇴한 뒤 다시 신인 드래프트를 거쳐 프로 무대에 입성했기에 신인상을 받을 자격이 있었다. 하지만 해당 시즌 블로킹 3위에 오른 그는 이미 실업배구에서 같은 상(1993년)을 받았다며 발표 직전 상을 고사했다. 그러면서 차점자인 GS칼텍스의 양유나가 수상하게 됐다. 한국배구연맹은 장소연에게 특별상을 수여했다.

한편 V리그가 출범한 지 5년 만에 '장충 시대'가 열렸다. 한국배구연맹은 출범 당시 서울 공동화 정책을 펼쳐 연고 팀을 두지 않았다. 그에 따라 2005/06시즌부터 2008/09시즌까지 서울 올림픽제2체육관(현 SK올림픽핸드볼경기장)에서 한 라운드를 중립 경기로 열어왔다. 그러던 중 남자부 우리캐피탈의 창단을 계기로 인천 도원체육관을 쓰던 GS칼텍스가 장충체육관으로 홈구장을 옮기고, 천안 유관순체육관을 쓰던 흥국생명이 도원체육관을 안방으로 삼았다.

V-LEAGUE

2010/11 시즌

변수

새로운 로컬룰이 생겨 경기 3세트에 한해 외국인 선수가 출전할 수 없게 됐다. 외국인 선수에 대한 공격 의존도를 줄이고 국내 선수의 출전 기회를 늘리겠다는 취지였다. 감독들은 그렇게 되면 3-0으로 끝나는 경기가 잘 안 나올 것이므로 선수들의 체력이 관건이 되리라고 전망했다. 경기 후반 국내 공격수들의 체력과 활약 여부가 변수가 됐다.

몬타뇨가 건재하지만 국내 선수의 공격력이 상대적으로 빈약하던 디펜딩 챔피언 KGC인삼공사(KT&G)는 그런 이유로 개막 전 다소 박한 평가를 받았다. 내부 FA 중 김세영과 임명옥은 지켰지만 지난 시즌 우승의 주역인 김사니가 흥국생명으로 이적해버렸다. 그 후 보상선수로 현대건설에서 넘어온(흥국생명과 보상선수 지명권 트레이드) 한수지가 주전 세터를 맡았다. 이연주와 이정옥, 백목화가 날개 공격진을 맡고 김세영과 장소연 듀오가 중앙 공격을 이끌었다. 하지만 몬타뇨를 뒷받침할 국내 공격수가 마땅치 않았다. 차라리 세터 한수지가 블로킹과 서브 에이스 등으로 107점을 올릴 정도로 공격에 적극 가세했다.

GS칼텍스는 1976년 몬트리올 올림픽 동메달리스트이자 '나는 작은 새'로 불린 레전드 조혜정이 30년의 공백을 깨고 사령탑으로 돌아왔다. 그리고 지난 시즌 맹활약한 데스티니가 아쉽게 떠난 뒤 브라질 출신의 제시카 산토스 시우바와 계약했다. 내부 FA들인 이숙자와 나혜원을 지키는 중에 한 시즌을 쉰 정대영이 복귀해 특별한 전력 누수가 없었다. 제시카와 김민지, 나혜원이 날개 공격진을 구성하고 정대영과 배유나, 지정희가 다시 중앙 공격을 이끌었다. 4라운드 뒤 조감독이 팀 리빌딩을 선언할 때는 양유나와 김언혜, 세터 시은미 등 교체 멤버들이 대거 기회를 받았다.

흥국생명은 카리나가 떠난 뒤 이탈리아 리그에서 뛰던 아웃사이드 히터 예르코브 미아를 영입했다. 또 황연주가 FA로 떠난 중에 미아와 한송이, 주예나로 새롭게 날개 공격진을 재편했다. 아포짓 배효진도 교체 멤버로 출전했다. 미들 블로커진은 태솔이 은퇴한 중에 김혜진과 전민정이 맡았다. 주전 리베로는 조상희가 은퇴한 뒤 부상에서 벗어난 전유리가 맡았다. 김사니가 새로 주전 세터를 맡은 한편 FA자격을 얻은 이효희가 팀의 플레잉 코치를 제안받고 거절했다가 무적 신세로 떨어지고 말았다. 그해 컵대회에선 일본 JT 마블러스와의 임대 계약이 1년 더 연장된 김연경이 계약 기간이 비어 있는 사이 출전해 팀의 전승 행진과 우승을 이끌었다.

현대건설은 지난 시즌 득점 1위 케니와 재계약하고 한유미가 해외 진출을 위해 이탈한 자리에 황연주를 FA 최고액에 데려오며 다시 우승의 꿈을 키웠다. 그러면서 케니가 아웃사이드 히터로 옮겨 황연주, 주장 윤혜숙과 함께 날개 공격진을 구성했다. '3세트 외국인 선수 출전 불가'는 선수 전원이 고른 실력을 갖춘 팀엔 나쁘지 않은 규정이었다. 양효진과 김수지의 미들 블로커진이 굳건한 중에 3세트에 2년차 박슬기가 조커로 등장해 케니의 빈자리를 책임지며 분위기를 바꿨다. 한수지가 보상선수로 떠난 뒤 염혜선이 본격적으로 주전 세터로 자리 잡았다. 그 무렵 코트 앞에서 양효진의 움직임이 눈에 띄게 빨라졌다. 2010년 광저우 아시안게임 은메달의 주역 중 한 명으로 국제 대회에서 활약하는 동안 시야가 넓어지고 기량이 올라왔다. 리시브 1위 윤혜숙과 리베로 신예지가 수비 라인을 책임지는 한편 신인 드래프트에서도 수비 능력을 갖춘 김주하를 뽑았다.

한국도로공사는 지난 2시즌간 공격을 이끌어온 밀라가 떠난 뒤 캐나다 국가대표 출신인 신장 196센티미터의 왼손잡이 아포짓 쎄라 파반과 계약했다. 쎄라와 아웃사이드 히터진 임효숙과 황민경, 3년차 김선영이 날개 공격 전면에 나서고 이보람과 하준임이 미들 블로커진을 이끌었다. 임효숙이 노련하게 경기를 이끈 한편 황민경과 김선영은 날카로운 공격력을 선보였다. 특히 하준임은 189센티미터의 신장을 살려 아포짓에서 미들 블로커로 변신함으로써 팀의 새로운 공격 루트를 열었다. 또 IBK기업은행의 우선지명 이후 진행된 신인 드래프트에서 가장 빠른 순위로 표승주를 지명했다. 세터진은 초반엔 이소라와 이재은이 번갈아 출전하다가 점차 이재은이 주전 세터로 자리 잡았다. 이진희와 박진왕은 은퇴했다.

초반 돌풍의 팀은 단연 한국도로공사였다. 지난 시즌 4승밖에 올리지 못해 꼴찌로 떨어진 팀이 개막전부터 3연승, 1라운드에서 4승 1패를 거둬 달라졌다는 말이 나왔다. 반면 1라운드에서 디펜딩 챔피언 KGC인삼공사는 2승 3패, 흥국생명은 1승 4패를 기록해 부진했다.

하지만 2라운드에서 한국도로공사는 조직력이 흔들려 5할 승률을 지키는 데 급급해졌다. 그때 현대건설이 전승을 거두며 올라서고 GS칼텍스가 전패를 하며 떨어졌다.

3라운드에선 연승을 거듭하는 팀이 없이 현대건설과 한국도로공사, 흥국생명이 상위권에서 경쟁했다. 반다이라 마모루 신임 흥국생명 감독은 승률 5할을 유지하며 수비 위주의 배구를 했다. 그것도 국내 선수 득점 1위 한송이의 득점력이 있었기에 가능한 일이었다.

GS칼텍스는 7연패에 빠져 있던 시즌 중반 경험 미숙을 드러낸 제시카를 내보내고 이탈리아 리그에서 뛰던 산야 포포비치를 새로 영입했다. 그리고 다급한 중에 41세의 장윤희 코치를 선수로 복귀시키기도 했다. 포포비치가 합류한 뒤 첫 경기에서 이겼지만 이후 다시 내리 5연패를 당했다. 무엇보다 리베로 남지연과 함께 리시브에 가담하는 공격수들의 효율이 너무 떨어졌다.

4라운드와 5라운드에서도 현대건설이 독주해 20승 4패로 정규리그 1위를 차지했다. 8할이 넘는 승률을 기록한 압도적인 1위였다. 2위 한국도로공사(15승 9패)와도 격차가 컸다. 최하위(5위)로 처진 GS칼텍스는 겨우 4승 20패. 양효진은 블로킹 1위, 속공 1위를 차지할 정도로 상대의 빈자리를 읽는 눈이 예리해졌다. 황연주는 국내 선수 공격 1위, 서브 1위를 차지하며 새로운 팀에서 꽃을 피웠다.

4위 KGC인삼공사의 몬타뇨는 지난 시즌 호흡을 맞췄던 세터 김사니가 이적해 공격에 애를 먹었는데도 득점과 공격종합(50.42퍼센트), 오픈공격, 후위공격 등에서 1위를 차지했다. 4라운드 2월 24일 풀세트 접전이 벌어졌던 흥국생명과의 경기에선 1, 2, 4, 5세트만 뛰고도 무려 53점을 퍼붓는 괴력을 선보였다.

플레이오프에선 정규리그 3위 흥국생명이 최종 5차전까지 가는 접전 끝에 2위 한국도로공사를 꺾고 7전 4선승제의 챔피언결정전에 올랐다. 흥국생명이 체력적으로 뒤진 것도, 시즌 상대 전적에서 현대건설에 6전 전패로 밀린 것도 사실이었다. 하지만 챔피언결정전은 전혀 다른 경기였다. 흥국생명은 통산 네 번째 정상을 향한 발걸음을 내디뎠다. 친정을 상대하는 황연주를 비롯해 현대건설의 선수들은 지난 챔피언결정전에서의 패배를 되풀이하지 않겠다는 각오가 대단했다.

흥국생명이 2차전에서 미아와 한송이의 활약에 힘입어 1차전 패배를 설욕하고 승부를 원점으로 돌렸을 때 어김없이 챔피언결정전 징크스가 어른거렸다. 하지만 이번엔 통하지 않았다. 현대건설과 흥국생명은 4차전까지 2승 2패로 팽팽히 맞섰다. 3차전과 4차전 모두 풀세트 접전이었다. 4차전에서 흥국생명은 미아에 의존하지 않고 주예나와 김혜진을 활용해 공격 루트를 넓힌 것이 주효했다. 현대건설도 정규리그 때보다 공격성공률이 저조한 케니에 기대지 않고 황연주를 공격 전면에 내세웠으나 막판에 범실에 발목이 잡혔다.

5차전에서 흥국생명은 주포 미아에게 공을 몰아주고 현대건설은 케니를 대신해 황연주에게 공격을 맡겼다. 거짓말처럼 두 팀은 한 세트씩 주고받으며 5세트까지 접전을 벌였다. 매 세트 역전과 재역전이 거듭됐다. 특히 3세트는 현대건설이 24-21로 세트포인트에 먼저 도달했으나 내리 4점을 빼앗겨 역전을 허용한 뒤, 듀스 상황에서 황연주의 활약으로 다시 승부를 뒤집었다. 4세트에 흥국생명은 미아의 맹공을 앞세워 세트를 챙겼지만 5세트에 황연주의 서브에 밀려 결국 경기를 내주고 말았다.

6차전 4세트 24-18로 앞선 상황에서 랠리 끝에 양효진이 시간차 공격을 성공시키자 현대건설 선수들이 코트 안으로 들어와 서로 얼싸안고 기쁨을 감추지 못했다. 그렇게 현대건설이 6차전까지 가져오며 그토록 바라던 챔피언결정전 정상에 올랐다. 프로 출범 후 구단의 첫 번째 통합 우승이었다.

공격을 이끄는 두 세터의 대결도 특별했다. 현대건설의 염혜선은 케니와 황연주에 의존하지 않고 공격수 전원을 두루 활용해 득점 통로를 넓혔다. 쌍포에게 상대 블로커들이 몰리고 오픈공격이 막히면 곧바로 미들 블로커 등 다른 이들을 활용해 속공과 시간차공격으로 전환했다. 결국 2시즌 연속으로 챔피언결정전에서 맞붙은 김사니와의 대결에서 전처럼 토스하기에만 급급하다 무너지지 않았다. 그해 황연주가 올스타전, 정규리그, 챔피언결정전 MVP를 휩쓸었다.

한편 경기 사용구가 바뀌었다. 2005시즌부터 사용되던 '뉴챔피언 VB215-34' 모델이 '스타 그랜드 챔피온 VB225-34'로 바뀌었다. 교체된 공은 국제배구연맹의 공식구인 미카사와 같은 재료와 공법으로 제작됐다. 그 전보다 탄성이 커져 공격수에게 유리하고 수비수에겐 불리하게 작용했다.

V-LEAGUE

2011/12 시즌

최강 화력

3세트에서 외국인 선수의 출전을 제한하는 로컬룰은 1년 만에 사라졌다. 외국인 선수들이 경기 감각을 유지하기 어려워 부상이 우려된다는 이유였다. 다시 전 세트 풀타임으로 뛸 수 있게 되면서 자연스럽게 특급 외국인 선수를 보유한 팀에 기회가 갔다. 몬타뇨를 보유한 KGC인삼공사는 단숨에 디펜딩 챔피언 현대건설과 컵대회 우승팀 한국도로공사를 위협할 팀으로 부상했다.

전년에 창단한 IBK기업은행이 신생 팀으로 합류하면서 총 6개 팀이 리그를 펼치게 됐다. 그러면서 경기 수가 팀당 30경기, 총 90경기로 늘어났다. 포스트시즌 경기도 플레이오프가 3전 2승제로, 챔피언 결정전이 5전 3승제로 다시 바뀌었다.

IBK기업은행은 2010년 10월 신인 특별 지명으로 남성여고, 중앙여고, 선명여고 세 곳에서 졸업생 10명을 선발했다. 여기에 이효희와 지정희, 정다은, 이소진, 은퇴했던 박경낭을 영입해 창단 멤버 15명을 확정했다. 훈련과 창단 준비를 거쳐 우선 외국인 선수로 우크라이나 대표 출신의 194센티미터 장신 알레시아 리크류크를 영입하며 새 출발을 알렸다. 2011년 신인 드래프트에선 유희옥을 뽑았다. 세터 이효희의 지휘하에 알레시아와 박정아, 박경낭, 최은지가 날개 공격진을 맡고 김희진과 유희옥이 중앙 공격을 이끌었다. 박경낭과 리베로 김민주가 리시브와 수비 라인을 책임졌다.

흥국생명은 지난 시즌 득점 2위를 차지한 미아와 재계약하고 한송이가 FA로 떠난 뒤 보상선수로 나혜원을 지명했다. 팀은 나혜원을 바로 주전 아포짓 스파이커로 기용하고 미아를 아웃사이드 히터로 돌리는 변신을 꾀했다. 세터 김사니가 중심을 잡고 미아와 나혜원, 주예나의 좌우 날개, 김혜진과 전민정의 미들 블로커진을 통해 다양한 공격을 시도했다. 하지만 미아의 공격을 뒷받침할 공격수가 부족한 상황에서 조직력이 좀처럼 살아나지 못했다. 신인 드래프트에선 전체 4순위로 세터 조송화를 뽑았다.

GS칼텍스는 미국 국가대표 출신 레베카 페리를 영입하고 한송이를 FA로 데려왔다. 그렇게 한송이와 김민지의 국가대표 아웃사이드 히터진을 보유한 가운데 정대영과 배유나가 중앙 공격을 맡았다. 지정희와 오현미가 이적한 뒤 전체 2순위로 뽑은 신인 최유정과 양유나가 꾸준히 백업 멤버로 출전했다. 세터진엔 이숙자와 시은미가, 리베로엔 남지연과 나현정이 들어갔다.

KGC인삼공사는 몬타뇨와 재계약해 3년 연속으로 손을 잡은 한편 해외 진출을 위해 잠시 리그를 떠나 있던 한유미를 영입해 전력을 보강했다. 한유미와 이연주에게 공격을 분산해 몬타뇨의 체력 안배를 꾀하고 다양한 공격 패턴을 펼친다는 계획이었다. 이정옥이 은퇴한 자리엔 오현미를 데려왔다. 중앙에선 김세영과 유미라, 장소연의 미들 블로커진이 굳건히 높이를 지켰다. 세터 한수지도 안정감을 찾아갔다. 신인 드래프트에선 전체 1순위로 장영은을 지명했다.

한국도로공사는 지난 시즌 득점 3위 쎄라가 떠난 뒤 아르헨티나 국가대표 출신인 조지나 피네도를 영입했다. 황민경과 김선영, 임효숙이 아웃사이드 히터진을 구성하고 하준임과 표승주, 이보람이 중앙 공격을 이끌었다. 그리고 이소라와 이주희, 김지현 등 여럿이 은퇴 절차로 팀을 떠난 뒤 신인 드래프트에서 곽유화와 문정원, 김미연을, 또 수련선수로 김현정을 뽑아 보강했다. 세터진도 이재은 혼자 있는 중에 실업팀에서 뛰던 최윤옥을 다시 데려왔다.

현대건설은 지난 2시즌 동안 공격을 주도한 케니와 헤어진 뒤 미국 출신의 쉐리사 리빙스턴을 영입했다. 윤혜숙과 박슬기, 황연주가 좌우 날개에 서고 양효진과 김수지가 중앙 공격을 이끌었다. 특히 박슬기의 기량이 한 단계 업그레이드됐다. 전체 5순위로 뽑은 신인 아웃사이드 히터 김진희(김도아로 개명)도 비중을 높여갔다. 세터 염혜선은 공격수들과 호흡을 맞추는 중에도 주포에 집착하지 않고 다양한 토스를 구사했다. 윤혜숙과 리베로 오아영이 서브 리시브와 수비를 담당했다.

시즌 초반엔 현대건설과 KGC인삼공사가 양강 체제를 구축했다. 그 뒤를 흥국생명이 바짝 뒤쫓았다. 현대건설은 리빙스턴의 결정력이 저조해도 양효진과 황연주가 건재했다. 시즌 중반 현대건설이 리빙스턴을 퇴출해 높이가 확연히 낮아진 사이 KGC인삼공사가 그 틈을 타 독주 체제를 구축했다. 몬타뇨가 리그 처음으로 시즌 1000득점을 돌파하며 팀의 공격 절반을 책임졌다. 그가 경기당 37.1점을 기록할 때 팀 내 득점 2위인 한유미가 7.6점을 기록했다.

그다음부터는 나머지 다섯 팀이 시즌 막판까지 2위와 3위 자리를 놓고 다퉜다. 결과적으로 시즌의 성패는 대체한 외국인 선수의 활약에서 갈렸다. GS칼텍스는 시즌 첫 경기에서 승리한 뒤 내리 6연패를 당했다. 3라운드에서 다시 전패를 당하며 쓰러졌다. 그해 일본에서 열린 월드컵에 주전들이 참가하며 공백이 생기고 김민지와 이숙자가 부상을 입은 것이 결정적이었다. 기복이 심한 페리를 내보내고 중반에 이탈리아 리그 명문 모데나에서 뛰던 테레사 로시를 데려왔다. 3시즌 연속으로 꺼낸 교체 카드. 하지만 로시도 전년에 입은 부상 탓인지 끝내 기대에 못 미쳤다.

한국도로공사는 치열한 순위 싸움을 벌이던 4라운드 막판에 허리가 아픈 피네도를 내보내고 세르비아 국가대표 이바나 네소비치를 새로 영입했다. 이바나가 리그에 적응하고 타점을 살린 공격력을 뽐내면서 한국도로공사의 성적은 가파르게 올라갔다. 특히 그가 후반기에 기록한 세트당 0.85개의 서브득점은 상대 리시브 라인에게 두려움을 심어줬다. 물론 김해란의 물오른 수비력도 상승세에 이바지했다. 그 기간 팀은 5라운드에서 전승을 거두고 6라운드에서 5승 1패를 기록하며 9연승으로 승승장구한 끝에 2위에 올랐다.

현대건설은 후반기를 앞두고 세르비아 출신 브란키차 미하일로비치를 새로 영입했다. 그는 22경기에서 432점, 공격성공률 42.82퍼센트를 기록하는 등 준수한 활약을 펼쳤다. 브란키차와 양효진, 황연주로 이뤄진 삼각 편대 덕분에 현대건설은 3위로 포스트시즌행 막차를 탔다. 양효진과 황연주가 국내 선수 중 각각 득점 1위와 공격 1위를, 염혜선이 세트 1위를 차지했다. 그래도 수비 불안으로 어려운 시즌을 보냈다.

IBK기업은행은 알레시아가 득점 2위, 공격 2위로 맹활약했으나 시즌 막판 승점 1점이 모자랐다. 특히 박경낭은 다른 팀의 주예나와 오아영 같은 리베로들에 이어 리시브 4위를 차지했다. 그는 리시브와 토스에 전념해 알레시아의 수비 부담을 덜어주고 이효희의 보조 세터로 활약하는 한편 공격을 막힐 때 어김없이 스파이크를 때려 활로를 열었다.

흥국생명이 5위, GS칼텍스가 6위. 흥국생명은 전반기를 2위로 마치며 순항하다 올스타 팬투표 1위 나혜원이 무릎 부상으로 시즌 아웃된 뒤 꺾이기 시작했다. 이후 2월 승부 조작 사건에 주전 미들 블로커와 리베로가 연루된 사실이 드러나면서 결정적인 타격을 입었다. 핵심 전력이 이탈한 뒤 김유리와 김혜선이 투입됐지만 분위기를 바꾸기는 어려웠다.

플레이오프는 다소 싱겁게 끝났다. 이바나가 홀로 분전한 한국도로공사는 황연주와 양효진, 브란키차 삼각 편대에 김수지까지 가세한 현대건설에 미치지 못했다. 현대건설이 1차전을 3-0으로 가져오고 2차전은 4세트에서 20-24로 뒤지다가 그 전까지 6득점에 그치던 황연주가 예리한 서브와 블로킹을 구사해 6연속 득점을 올린 끝에 승리했다.

챔피언결정전에선 말 그대로 혈전이 펼쳐졌다. 1차전에서 현대건설이 먼저 1세트를 가져갔지만 이후 33점을 올린 몬타뇨에 힘입어 KGC인삼공사가 3-1로 승리했다. 2차전에선 브란키차와 양효진, 황연주가 45점을 합작해 현대건설의 3-0 승리를 이끌었다. 3차전, 4차전은 1차전, 2차전의 양상과 비슷했다. 3차전은 몬타뇨를 앞세운 KGC인삼공사가 3-0으로, 4차전은 선수 5명이 두 자릿수 득점을 올린 현대건설이 3-0으로 이겼다.

운명의 5차전. KGC인삼공사는 리시브 난조를 겪는 통에 1세트를 내줬다. 하지만 몬타뇨가 세터 한수지의 토스가 올라오는 대로 득점으로 연결하면서 분위기가 바뀌었다. 이번에도 블로킹 한 치 위에서 쏟아지는 그의 강타에 상대는 답을 찾지 못했다. 여기에 한유미와 이연주까지 가세한 끝에 결국 3-1로 KGC인삼공사가 5차전을 가져갔다.

그렇게 KGC인삼공사는 2년 만에 다시 정상에 오르며 세 번째 우승 트로피를 품에 안았다. 팀의 첫 통합 우승이기도 했다. 무엇보다 다시 한 번 장소연이 팀의 중심이 됐고 선후배 간 위치가 바뀐 박삼용 감독과 이성희 수석코치의 찰떡궁합도 숨은 주역이었다.

정규리그 MVP와 챔피언결정전 MVP 모두 각각에서 1076점, 157점을 기록한 몬타뇨에게 돌아갔다. 신인상은 IBK기업은행의 박정아가 수상했다. 해당 시즌엔 무려 지도자 3명이 새롭게 지휘봉을 잡았다. 신생 팀 IBK기업은행을 맡은 이정철 감독, 중동에서 클럽과 국가대표팀을 지도하다 돌아온 GS칼텍스의 이선구 감독, 세화여고를 이끌다 흥국생명을 맡은 차해원 감독이다. 상대적으로 전력이 떨어지던 세 팀은 결과적으로 나란히 봄 배구를 하지 못했다.

한편 순위 결정 방식이 승률제에서 차등 승점제로 바뀌었다. 세트스코어 3-0이나 3-1로 이기면 승점 3점이 주어지지만 풀세트까지 가 3-2로 끝나면 이긴 팀에 2점, 패한 팀에 1점이 주어진다. 이로써 리그 막판에 뜨거운 순위 경쟁이 펼쳐지게 됐다. 2005시즌 출범한 당시엔 세트 수와 상관없이 승리하면 승점 2점, 패배하면 1점이 주어졌다. 승점이 같으면 팀들 간에 승패율과 세트·점수 득실률을 따졌다. 2005/06시즌에는 승리하면 승점 1점이 주어졌다. 2006/07시즌부터는 경기 승률을 따랐다.

경기 운영 중 가장 큰 변화는 리베로 2명 출전이다. 경기 당일 리베로 2명을 지명하고 경기 중 리베로는 감독의 요청이 없어도 랠리 후 자유롭게 다른 포지션 선수와 교체하게 됐다. 또 규정에서도 월간 MVP를 선정하던 방식에서 라운드 MVP를 선정하는 방식으로 바뀌었다. 이때 중계 채널이 KBSN Sports와 MBC Sports+ 2개사로 확대된 가운데 시청률에서 여자부의 상승세가 두드러졌다.

V-LEAGUE

2012/13 시즌

돌풍

그해 여름 런던 올림픽에서 대표팀이 36년 만에 4강에 진출하는 쾌거를 이뤄 국민들에게 감동을 안겼다. 리그에선 몬타뇨가 이탈하고 베띠가 컴백했다.

자연히 GS칼텍스가 개막을 앞두고 우승 후보 1순위로 꼽혔다. 베띠가 3년 만에 복귀했다는 사실만으로 지난 2시즌 연속으로 리그 최하위에 머문 팀이 개막도 하기 전부터 '공공의 적'으로 떠오른 것. 그만큼 베띠는 우승 보증수표였다. 여기에 정대영과 한송이, 이숙자 등 올림픽 스타들과 배유나로 이어지는 라인업이 탄탄했다. 국내 선수들끼리 치른 컵대회에서도 4전 전승으로 정상에 올랐다. 또 트레이드를 통해 리베로 남지연과 김언혜를 IBK기업은행에 보내고 세터 이나연과 김지수를 데려왔다. 그렇게 이숙자와 이나연의 더블 세터 시스템이 작동하고 남지연이 이적한 뒤 나현정이 주전 리베로를 맡았다. 전체 1순위로 뽑은 슈퍼 루키 이소영도 빠르게 프로에 적응해 갔다.

2년차를 맞은 IBK기업은행은 처음엔 작은 바람 정도로 예상됐다. 지난 시즌 득점 2위 알레시아와 재계약한 가운데 박경낭과 지정희가 은퇴한 자리에 현대건설에서 윤혜숙이 넘어왔다. 이효희도 젊은 선수들을 잘 이끌었다. 특히 윤혜숙과 남지연이 새롭게 가세하면서 수비 라인에 무게감이 더해졌다. 김희진은 런던 올림픽의 4강 진출 경험을 더해 공격력이 눈에 띄게 좋아졌다.

KGC인삼공사는 전력 누수가 컸다. 몬타뇨가 아제르바이잔 리그로 떠난 뒤 베테랑 선수들까지 줄줄이 떠나면서 자의 반 타의 반으로 대대적인 세대교체가 이뤄졌다. 장소연과 김세영, 한유미가 은퇴한 데 이어 김회순, 오현미, 홍성아 등이 한꺼번에 코트를 떠났다. 걸출한 에이스뿐 아니라 팀의 중심을 잡을 베테랑이 없는 팀이 한동안 고전을 할 것은 분명해 보였다. 신임 이성희 감독은 당황스러운 중에 리빌딩을 진행했다. 게다가 주전 세터 한수지는 개막 직전 갑상선 수술을 받아 시즌의 절반이 지난 뒤에야 코트로 돌아왔다. 한수지가 결장한 동안 차희선 혼자 세터진을 맡아야 했다. 외국인 선수 쪽도 문제가 생겼다. 새로 뽑은 드라간 마린코비치가 개막 전에 발목 부상을 입은 뒤 갈등을 빚어 12월에야 대체선수로 스위스 리그에서 뛰던 케이티 카터를 데려왔다. 그렇게 백목화와 이연주, 한은지가 좌우 날개를 맡고 유미라와 장영은의 미들 블로커진이 중앙에서 버텼다. 하지만 상대 외국인 선수들을 흔들어놓기에는 높이가 낮았다. 게다가 장영은은 시즌 중반에 무릎 십자인대가 파열돼 시즌 아웃됐다.

한국도로공사는 지난 시즌 대체선수로 들어와 제 몫을 한 이바나와 재계약하지 않고 새 얼굴 니콜 포셋을 선택했다. 김선영과 어깨 수술을 받고 회복 중인 황민경, 2년차 김미연의 아웃사이더 히터진이 니콜을 지원했다. 임효숙이 런던 올림픽과 컵대회를 끝으로 선수생활을 마무리해 수비가 다소 약해졌지만 황민경과 리베로 김해란이 굳건했다. 표승주와 하준임, 이보람이 중앙 공격을 맡았다. 이재은이 3시즌 내리 연속으로 주전 세터를 맡아 공격수들과 호흡이 잘 맞았다.

현대건설은 지난 시즌 대체선수로 활약한 브란키차와 계속 가지 않고 198센티미터의 키로 타점 높은 공격력을 자랑하는 아제르바이잔 국가대표 야나 아가예바를 영입했다. 윤혜숙이 이적하고 오아영이 은퇴한 뒤 팀은 20대 중반의 황연주가 최고 연장자일 정도로 젊은 선수들이 주축이 됐다. 윤혜숙의 자리는 김주하가 물려받았다. 황연주와 김주하, 야나가 날개 공격진을 이루고 양효진과 김수지의 미들 블로커진이 중앙을 맡았다. 박슬기도 꾸준히 선발로 코트를 밟았다. 김주하와 성장세에 있던 2년차 리베로 김연견이 수비를 맡았다. 신예지는 시즌 중에 은퇴 과정을 거쳐 실업팀으로 옮겼다. 신인 드래프트에선 전체 5순위로 정미선을 뽑았다.

흥국생명은 지난 2시즌 동안 팀의 공격을 주도한 미아와 결별하고 미국 국가대표 출신의 194센티미터 장신 휘트니 도스티를 영입했다. 휘트니와 나혜원, 주예나, 박성희가 좌우 날개를 맡고 김혜진과 실업팀을 거쳐 들어온 신인 이진화가 미들 블로커진을 이끌었다. 초반에 나혜원이 무릎 부상에서 재활하는 한편으로 코트를 밟고 아포짓과 미들 블로커를 오가는 2년차 정시영도 출전 기회를 받았다.

GS칼텍스는 장충체육관이 리모델링에 들어간 뒤 구미 박정희체육관을 임시 홈구장으로 사용했다. 그렇게 장거리를 오가며 뛰는 중에도 괜찮은 성적을 냈다. 베띠와 한송이, 이소영으로 이어지는 새로운 삼각 편대가 매 경기 코트를 맹폭했다.

하지만 IBK기업은행이 GS칼텍스의 독주를 가로막았다. 1라운드 맞대결에서 진 뒤 2라운드에선 3-1 승리를 거뒀다. 2라운드부터 단독 선두로 치고 나서더니 마지막 라운드까지 단 한 번도 1위 자리를 내주지 않고 챔피언결정전에 직행했다. IBK기업은행이 창단 2년 만에 급속히 성장한 것은 무엇보다 서른 살 동갑내기 두 베테랑, 윤혜숙(수비 3위)과 남지연(수비 1위)이 수비를 안정시킨 공이 컸다. 둘은 팀의 리시브를 양분해 공을 안정적으로 이효희 세터에게 배달했다.

흥국생명과 KGC인삼공사가 일찌감치 각각 5위, 6위로 처진 가운데 현대건설과 한국도로공사의 3위 경쟁이 막판까지 이어졌다. 결국 현대건설이 한국도로공사에 승점 2점 앞서 봄 배구로 가는 막차를 탔다. 파워와 지구력이 약한 야나가 해결사 능력이 떨어졌지만 마지막에 주전들의 저력이 돋보였다. 한국도로공사로선 삼일절에 열린 최하위 KGC인삼공사와의 경기에서 0-3 완패를 당한 게 뼈아팠다.

KGC인삼공사는 지난 시즌 통합 우승을 하고도 최하위(5승 25패)에 머무르며 롤러코스터를 탔다. 전력이 터무니없이 빠진 가운데 백목화가 사실상 에이스 노릇을 하고 이연주와 케이티가 고군분투했다. 시즌 초반 첫 승을 신고한 지 99일 만인 5라운드에 와서야 두 번째 승리를 챙기며 20연패의 사슬을 끊었다.

플레이오프는 싱거웠다. 1차전에서 황연주를 철저히 봉쇄하고 2차전에서 베띠가 41점을 쓸어 담는 괴력을 발휘한 끝에 GS칼텍스가 현대건설을 2연승으로 꺾고 챔피언결정전에 진출했다. 2차전 중반 이소영이 부상을 입은 중에 세터 이나연과 한송이가 경기의 흐름을 지킨 것도 결정적이었다.

포스트시즌 경험이 전혀 없는 IBK기업은행이 챔피언결정전 첫판을 승리로 이끌며 기선 제압에 성공했다. 발목이 접질린 부상으로 빠진 이소영의 빈자리가 컸다. 2차전에서 GS칼텍스는 배유나가 아웃사이드 히터로 옮기고 최유정이 미들 블로커로 나섰으나 상대편 알레시아와 박정아, 김희진의 삼각 편대를 막기는 역부족이었다. 이후 3차전에서 GS칼텍스는 극적인 역전 드라마를 쓰며 반전의 계기를 마련했다. 하지만 4차전에서 IBK기업은행의 벽을 넘지 못하고 준우승에 만족해야 했다.

4차전에서도 IBK기업은행은 초반에는 쉽게 경기를 풀어가지 못했다. 그러다 3세트에서 GS칼텍스가 잦은 범실로 운명을 자초했다. 4세트에서 IBK기업은행은 김희진의 블로킹, 알레시아의 서브득점으로 단숨에 돌파구를 마련했다. 그날 36점을 올린 알레시아가 정규리그 MVP에 이어 챔피언결정전 MVP도 수상했다. 그렇게 IBK기업은행이 창단한 지 2시즌 만에 통합 우승을 일구는 새 역사를 썼다. 지휘봉을 잡은 이정철 감독에게도 역시 생애 첫 프로 우승이었다. 그는 우승 소감에서 이효희와 윤혜숙, 남지연 '언니들' 셋의 이름을 먼저 불러 치하하고 그다음 삼각 편대의 활약에 공을 돌렸다.

V-LEAGUE

2013/14 시즌

정상 탈환

한국배구연맹은 FA 조건을 완화해 선수가 유상 임대로 외국에서 뛴 기간도 FA 자격 기한에 산입하기로 하고 그해 드래프트에서 뽑은 신인부터 적용했다. 물론 규정이 개정된 배경에는 지난 시즌 벌어진 김연경과 흥국생명 간의 갈등이 있었다.

시즌에 앞서 열린 컵대회에서도 정상에 오른 IBK기업은행에 맞설 적수가 없어 보였다. 하지만 IBK기업은행은 지난 시즌 정규리그·챔피언결정전 MVP 알레시아와의 재계약을 포기하고 윤혜숙이 떠날 때만 해도 걱정이 앞섰다. 팀의 에이스가 떠나고 서브 리시브를 전담하던 베테랑마저 떠나면서 공수 양쪽에서 타격을 입었다. 이정철 감독은 이번 시즌, 쉽지 않겠다고 짐작했다. 이후 지난 2008/09시즌 흥국생명에서 뛴 카리나를 영입하고 채선아를 주전으로 끌어올려 수비에 대비했다. 김희진이 아포짓으로 이동할 때는 유희옥과 최은지가 중앙 공격을 맡았다.

IBK기업은행의 독주를 막아설 팀으로는 지난 시즌 아쉽게 우승컵을 내준 GS칼텍스가 꼽혔다. GS칼텍스는 베띠와 재계약하고 순조로운 시즌을 기대하던 중 불의의 사고가 터졌다. 여름 컵대회에서 세터 이숙자가 아킬레스건을 다치는 부상을 입은 것. 이나연까지 개인 사정으로 팀을 이탈하며 세터진에서 빨간 등이 켜졌다. 초반에 시은미에게 주전 세터를 맡겼다가 부진하자 은퇴해 실업팀에서 뛰던 정지윤을 급히 데려왔다. 베띠와 한송이, 이소영이 다시 날개 주축을 이루고 정대영과 배유나가 중앙 공격을 이끌었다. 미들 블로커 최유정이 여전히 백업 멤버로 출전했다. 한편 고질적인 무릎 부상에 시달리다 1년간 쉰 김민지는 FA 미체결로 실업팀으로 옮겼다.

흥국생명은 지난 시즌 득점 3위 휘트니와 헤어진 뒤 불가리아 국가대표 출신 엘리사 바실레바를 영입했다. 무엇보다 김사니가 아제르바이잔 리그로 옮겨 공백이 생겼는데 초반에 우주리와 조송화를 번갈아 투입했다. 여기에 실업팀에서 뛰던 180센티미터의 장신 세터 이미현을 영입해 보강했다. 또 베테랑의 필요성을 느낀 신임 류화석 감독은 수차례 러브콜을 보낸 끝에 자유신분선수로 풀린 윤혜숙을 데려왔다. 나혜원이 부상을 극복하지 못하고 은퇴한 가운데 날개 공격진에 바실레바와 박성희, 주예나, 윤혜숙이 들어갔다. 미들 블로커진은 김혜진과 정시영이 맡았다. 리베로 김혜선이 부상으로 빠진 자리엔 한지현이 들어갔다. 전체 1순위로 뽑은 신인 공윤희는 시즌 전 입은 부상의 여파로 많은 경기에 나서지 못했다.

한국도로공사는 지난 시즌 득점 1위, 공격 2위를 차지한 니콜과 일찌감치 재계약을 확정했다. 또 트레이드를 통해 세터 이재은과 미들 블로커 이보람을 KGC인삼공사로 보내고 세터 차희선을 데려왔다. 여기에 KGC인삼공사의 신인 1라운드 지명권도 추가됐다. 결국 신인 드래프트에서 전체 2순위로 고예림을, 3순위로 세터 이고은을 함께 뽑을 수 있었다. 그리고 은퇴해 지도자의 길을 걷던 장소연을 플레잉 코치로 영입해 팀에 안정감을 불어넣고 전력을 보강했다. 그렇게 니콜과 황민경, 김선영이 날개 공격진을 맡고 하준임과 장소연, 표승주가 중앙 공격진을 이끌었다. 표승주는 중앙과 날개를 오고가며 멀티 포지션을 소화하고 신인 고예림과 김미연, 곽유화가 교체멤버로 코트를 밟았다. 차희선과 신인 이고은이 돌아가며 세터를 맡았다.

KGC인삼공사는 외국인 선수로 브라질 국가대표 조이스 다 시우바를 영입했다. 한은지와 김은영이 은퇴하고 차희선이 이적한 뒤 선수 수가 부족한 상황에서 세터 한수지가 좋은 컨디션으로 돌아왔다. 장영은도 재활을 마치고 2라운드에 복귀했다. '새 얼굴' 이재은과 이보람이 가세했다. 그렇게 조이스와 백목화, 이연주가 날개 전면에 서고 유미라가 중앙 공격을 책임졌다. 초반에 이보람이 부상으로 시즌아웃된 상황에서 3라운드에 유미라마저 부상으로 몇 경기 빠질 때는 한수지가 미들 블로커로 이동해 빈자리를 메워야 할 정도로 다급했다. 다행히 조이스와 백목화 쌍포가 막강한 화력으로 공격을 이끌었다. 하지만 미들 블로커진의 낮은 높이는 시즌 내내 약점이었다. 세터 자리는 한수지와 이재은이 번갈아 투입됐다.

현대건설은 내부 FA 양효진, 황연주, 강민정(미들 블로커)과 일찌감치 재계약하고 내실을 다졌다. 여기에 튀르키예 국가대표 엘리츠 바샤를 영입했다. 그렇게 황연주와 바샤, 2년차 정미선이 날개 공격진을 구성하고 미들 블로커 듀오 양효진과 김수지가 여전히 굳건했다. 그런데 시즌 개막을 하루 남겨두고 김연견이 팔 부상을 입으면서 아웃사이드 히터 김주하가 중반까지 리베로를 맡아야 했다. 김주하와 정미선이 어렵게 수비 라인까지 책임졌다.

정규리그는 1강 2중 3약 구도로 진행됐다. IBK기업은행은 카리나와 김희진, 박정아를 앞세워 안정적으로 경기를 풀어갔다. 1라운드에서 4승 2패를 기록해 출발이 다소 불안했으나 2라운드에서 전승을 거둬 선두로 올라섰다. 8승 2패. 당시 뒤쫓던 2위 GS칼텍스의 성적은 6승 4패. 무시할 수 없는 격차였다. KGC인삼공사는 1라운드에서 4승 1패를 기록하다가 주전들의 부상으로 2라운드부터 승률이 떨어져 GS칼텍스의 뒤를 바짝 쫓았다.

GS칼텍스는 시즌 초반 세터와 공격수들 간의 호흡 문제로 흔들렸다. 특히 세터와의 호흡이 필수적인 미들 블로커진의 이동공격 루트가 약해지면서 공격이 베띠 한쪽으로 심하게 몰렸다. 그러다 점차 맞아가면서 새로운 공격 활로가 열렸다. 무릎 부상으로 초반에 빠졌던 한송이도 돌아온 중에 전반기를 2위로 마쳤다. 1위 IBK기업은행과는 3점 차.

4라운드에 들어 KGC인삼공사가 약진하고 한국도로공사가 부진했다. GS칼텍스는 5라운드 IBK기업은행과의 홈경기에서 3-0으로 승리해 시즌 맞대결 첫 승을 거둠으로써 자신감을 되찾았다. 의미심장한 승리였다. 블로킹과 서브 리시브가 잘 풀리기도 했지만 선수들의 투지가 대단했다. 고비마다 주포 베띠가 해결사 능력을 보이고 블로킹의 압도적인 높이가 승리를 견인했다.

흥국생명은 바실레바 혼자 공격을 끌고 나가는 경기가 이어졌다. 설상가상으로 도중에 바실레바가 세계선수권대회에 참가하느라 불가리아로 귀국하는 바람에 주포 없이 경기해야 했다. 3라운드와 4라운드에 걸쳐 10연패를 당하며 최하위로 떨어졌다. 흥국생명이 10연패에서 탈출한 2월 그날 패한 현대건설은 앞에 선 한국도로공사를 따라잡을 동력을 잃었다.

5라운드 일찍 IBK기업은행이 사실상 정규리그 1위를 확정했다. 최종적으로 24승 6패를 거두며 2위 GS칼텍스(20승 10패)를 여유롭게 제쳤다. 세터 이효희가 여전히 중심을 잘 잡고 카리나가 2시즌 연속으로 팀의 공격을 이끈 알레시아의 공백을 잘 메웠다. 김희진과 박정아는 기량을 한 단계 더 끌어올렸다. 알레시아가 활약하던 때와 달리 이번에는 카리나가 40퍼센트 미만의 공격점유율을 유지하면서 공격이 김희진, 박정아에 걸쳐 고르게 분산됐다. 특히 윤혜숙이 떠난 뒤 풀타임 주전으로 올라선 채선아가 리시브 1위, 수비 2위를 차지하며 남지연, 신연경과 함께 탄탄한 수비를 일궜다.

KGC인삼공사는 14승 16패를 기록해 승률 5할이 안 되는 중에도 조이스의 활약에 힘입어 3위에 올라 봄 배구에 진출했다. 조이스가 시즌 1009점을 기록해 득점 1위를 차지하고 백목화가 서브 1위에 올랐다. KGC인삼공사 뒤에 한국도로공사(13승 17패)와 현대건설(12승 18패)이 자리했다.

현대건설은 서브 리시브를 담당하는 선수들의 부상이 계속되면서 연패가 이어졌다. 김연견이 올스타전 브레이크를 앞두고 돌아왔지만 그 사이 김주하와 정미선도 부상을 안고 뛰었다. 양효진이 날개 공격수가 아닌 포지션으로 처음 공격 1위에 오르고 염혜선이 4시즌 연속으로 세터 1위를 차지했다.

흥국생명은 결국 김사니의 빈자리를 메운 세터들이 경험 부족을 드러내면서 프로 출범 이후 두 번째로 최하위로 떨어졌다. 7승 23패에 그쳐 5위 현대건설과도 격차가 컸다.

플레이오프에서 GS칼텍스는 KGC인삼공사를 시리즈 전적 2승으로 물리쳤다. 물론 베띠뿐 아니라 KGC인삼공사의 조이스도 만만치 않았다. GS칼텍스는 정대영이 지키는 높이와 세터 정지윤이 맡은 공격 배분에서 다소 우위에 있고, KGC인삼공사는 수비 1위 임명옥이 이끄는 수비 조직력이 탄탄했다.

IBK기업은행은 통합 우승 2연패의 발판을 마련했으나 봄 배구에서 GS칼텍스의 기세를 넘지 못했다. 챔피언결정전에서 IBK기업은행과 GS칼텍스는 5차전까지 가는 접전을 치렀다. 1차전과 2차전에서 승패를 주고받다가 3차전에서 IBK기업은행이 풀세트 접전 끝에 3-2로 이겼을 때 분위기가 기울어 챔피언 등극을 눈앞에 둔 것 같았다. 카리나는 서브 에이스 5개로 상대의 리시브 라인을 흔들며 공격 성공률 54퍼센트 넘는 순도 높은 화력을 자랑했다. 반면 베띠 혼자 50점을 올리며 고군분투할 때 한송이와 이소영 둘은 20점 합작에 머물렀다.

4차전이 승부처였다. 1세트에 GS칼텍스는 22-24로 세트포인트를 허용하고도 이소영의 서브득점과 배유나의 블로킹으로 역전에 성공했다. 카리나가 한 점을 올리지만 다시 배유나와 베띠가 세트를 마무리했다. 이후 세트에서도 베띠의 맹활약이 이어지면서 GS칼텍스가 경기를 가져갔다.

5차전 4세트에서 GS칼텍스는 상대 박정아의 스파이크가 블로킹하던 이소영의 손에 맞고 상대 코트의 모서리에 떨어지는 행운이 따르면서 밀리던 분위기가 바뀌었다. 이후 27-27 듀스까지 끌고 온 다음 베띠가 후위공격을 성공시키고 또 한 번 강타를 꽂아 넣어 경기를 끝냈다. IBK기업은행은 그날 카리나가 트리플 크라운을 기록하고 김희진과 박정아 둘이 40점을 합작하고도 빛을 보지 못했다. 그날 베띠는 55점을 올려 챔피언결정전 역대 최다 득점을 기록했다.

그렇게 GS칼텍스가 6년 만에 챔피언결정전 정상에 우뚝 섰다. 5경기에서 무려 221득점을 올린 베띠가 챔피언결정전 MVP를 수상했다. 정규리그 MVP는 이효희에게 돌아갔다. 신인왕은 고예림이 차지했다.

한편 한국배구연맹은 V리그 10주년을 맞아 그해 1월에 역대 '베스트7' 명단을 발표했다. 팬들과 감독, 심판, 전문위원회, 언론사 등이 참여한 투표를 통해 선정한 포지션별 베스트는 다음과 같았다. 미들 블로커는 양효진과 정대영, 공격형 아웃사이드 히터는 김연경, 수비형 아웃사이드 히터는 최광희, 아포짓 스파이커는 황연주, 세터는 김사니, 리베로는 김해란이었다.

V-LEAGUE

2014/15 시즌

퍼펙트 챔프

그해 10월 인천 아시안게임 결승전에서 한국 여자배구가 중국을 누르고 20년 만에 금메달을 딸 때부터 열기가 비상치 않았다. 이를 반영하듯 리그 10년 동안 6개 팀 중 유일하게 챔피언결정전 우승을 하지 못한 한국도로공사가 FA 시장에서 과감한 투자에 나섰다.

한국도로공사는 고액 연봉자들인 베테랑 이효희와 정대영을 한꺼번에 데려오고 니콜과 3년 연속으로 재계약하며 단번에 우승 전력으로 급부상했다. 보상선수로 표승주와 곽유화가 떠났다. 그렇게 정대영과 하준임, 장소연이 중앙에 서는 중에 아웃사이드 히터로 전향한 문정원과 황민경, 고예림이 날개 공격을 맡았다. 여기에 김선영과 김미연, 전체 3순위로 뽑은 신인 하혜진까지 더했다. 아웃사이드 히터진은 지난 시즌에 이어 치열한 주전 경쟁이 펼쳐지는 중에 조금만 실수해도 언제든지 교체될 수 있는 상황이었다. 이효희와 이고은이 새터진을 이룬 중에 차희선은 은퇴했다.

IBK기업은행은 이효희가 떠난 뒤 아제르바이잔 리그에서 뛰다가 1년 만에 국내로 복귀한 김사니가 합류했다. 그리고 카리나가 중국으로 떠난 자리에 2009/10시즌 GS칼텍스에서 맹활약했던 데스티니가 들어와 날개를 달았다. 무엇보다 창단 멤버인 김희진과 박정아가 건재했다. 김희진을 중심으로 유희옥과 실업팀을 거쳐 돌아온 김유리가 미들 블로커진을 형성하고, 주전 2년차가 된 채선아와 제2의 전성기를 맞은 남지연이 함께 상대의 스파이크를 받아냈다. 최은지와 전체 5순위로 뽑은 신인 전새얀이 교체 멤버로 출전했다. 김민주는 은퇴했다.

현대건설은 내부 FA 중 염혜선을 잡고 김수지를 떠나보냈다. 그러면서 은퇴했던 김세영과 한유미를 다시 코트로 불러들여 높이를 보강했다. 여기에 특급 선수로 평가받던 아제르바이잔 폭격기 폴리나 라히모바(폴리)를 영입했다. 신임 양철호 감독은 신인 드래프트에서 전체 2순위로 세터 이다영을 뽑아 염혜선의 포지션 부담을 덜었다. 컵대회에선 황연주(MVP)가 부활을 알리며 팀에 우승컵을 안겼지만 정미선이 무릎 십자인대가 파열되는 부상을 입어 시즌 아웃되고 말았다. 그렇게 폴리와 황연주, 김주하가 날개 공격진을 구성하고 양효진과 김세영이 중앙 공격을 이끌었다. 아웃사이드 히터 김주하는 부상을 털고 돌아온 리베로 김연견과 함께 서브 리시브를 받아냈다. 한유미를 비롯해 김진희, 고유민, 정현주, 리베로 박혜미, IBK기업은행에서 데려온 정다은 등이 교체 멤버로 출전했다. 박슬기는 이른 나이에 팀을 떠났다.

흥국생명은 1980년대 스타플레이어였던 '코트의 여우' 박미희 KBSN 스포츠 해설위원을 신임 감독으로 선임했다. 박감독은 미디어데이에서 "끈끈한 조직력을 내세운 거미줄 배구를 펼치겠다"고 밝혔다. 우선 김수지를 FA로 데려와 김혜진과 함께 중앙에 세우고 다각 트레이드로 곽유화와 리베로 신연경을 데려왔다. 윤혜숙이 FA 미체결로 떠난 뒤 여러모로 수비 강화에 치중한 모습이었다. 또 외국인 선수 자리엔 호주 국가대표 레이첼 루크를 영입하고 무엇보다 신인 드래프트에서 전체 1순위로 이재영을 뽑았다. 그렇게 루크와 슈퍼루키 이재영, 주예나로 날개 공격진을 구성했다. 박성희와 곽유화는 교체 멤버로 출전했다. 또 김혜선이 주전 리베로로 나섰다.

GS칼텍스는 베띠가 튀르키예 리그로 떠난 뒤 지난 2010/11시즌 V리그에서 뛴 쎄라 파반과 손을 잡았다. 정대영이 FA로 떠난 뒤엔 보상선수로 표승주를 지명했다. 결국 이숙자가 은퇴해 비게 된 세터 자리는 동갑내기 정지윤과 복귀한 이나연이 물려받았다. 재계약해 남은 주장 한송이와 쎄라, 이소영, 표승주가 날개 공격진을 이루고 배유나가 중앙 공격을 맡았다. 한편 이선구 감독은 미들 블로커진이 팀의 약점으로 떠오르면서 포지션 변경을 계속 실험했다. 표승주가 시즌 초반 아웃사이드 히터로 시작했다가 중간에 미들 블로커로 나서고 결국 5라운드에 다시 아웃사이드 히터로 돌아오고, 한송이도 1라운드 마지막 경기에서 미들 블로커로 변신한 뒤 아웃사이드 히터 사이를 오갔다. 나현정이 주전 리베로를 맡았다. 한편 양유나는 은퇴했다.

KGC인삼공사는 서둘러 지난 시즌 득점 1위 조이스와 재계약했다. 세터 한수지의 지휘하에 백목화와 이연주가 주포 조이스를 지원하고, 유미라와 전체 4순위로 뽑은 190센티미터의 신인 문명화가 중앙 공격을 맡았다. 아쉽게도 문명화 외에는 다른 전력 보완이 없는 중에 2라운드에 이보람조차 팀에서 이탈했다. 장영은과 최수빈이 교체 멤버로 출전했다.

지난 시즌 최하위에 그쳤던 흥국생명이 첫 경기에서 디펜딩 챔피언 GS칼텍스를 꺾었을 때 돌풍이 예상됐다. 루크와 주예나, 김혜진, 이재영 등 주전 전원의 활약에 힘입어 3-2 승리를 거뒀다. 흥국생명은 1라운드에서 4승 1패를 거둬 당당히 1위에 올랐다. 그 뒤를 IBK기업은행이 잇고 GS칼텍스가 최하위(1승 4패)에 머물렀다.

하지만 흥국생명의 돌풍은 오래가지 못했다. 백업 선수층이 얇은 데다 루크와 이재영에 대한 의존도가 높았다. 수비도 흔들렸다. 그 사이 한국도로공사가 이효희와 니콜의 호흡이 좋아진 덕에 연승 행진을 달리기 시작했다. 무명 선수였던 문정원은 코트 맨 뒤에서 엔드라인까지 힘차게 달려 나오며 때리는 서브로 '27경기 연속 서브득점' 기록을 세우며 한국도로공사의 고속 행진에 힘을 보탰다. 다만 리베로 김해란이 올스타전에서 무릎 인대가 파열돼 시즌을 마감한 것이 아쉬웠다. 오지영이 주전 리베로를 맡아 남은 시즌을 버텼다.

IBK기업은행은 데스티니와 김희진, 박정아로 이어지는 삼각 편대가 갈수록 빛을 발했다. 무엇보다 공수 밸런스가 뛰어났다. 세터 김사니와 남지연, 채선아가 주최하는 후방 수비는 뛰어난 응집력을 보이며 감탄을 자아냈다. 그렇게 치열한 선두 다툼을 벌이던 중 1월에 데스티니가 발목 부상을 입어 3주간 결장했다. 그 사이 김사니가 아포짓으로 옮긴 김희진과 박정아 등의 공격을 끌어냈지만 데스티니의 탄력 있는 스파이크에는 비할 수 없었다.

현대건설은 폴리가 후위공격과 오픈공격으로 점수를 늘려가는 중에 황연주도 득점포에 가세했다. GS칼텍스는 쎄라의 파괴력이 떨어지는 상황에서 이소영이 분전하며 베띠의 공백을 절감해야 했다. 어쩔 수 없이 4라운드를 앞두고 부진한 쎄라를 내보내고 에커맨을 데려왔지만 저조한 성적이 이어졌다. 한국도로공사에선 문정원의 깜짝 활약이 시즌 내내 큰 관심을 끌었다. KGC인삼공사는 조이스와 백목화를 받쳐줄 공격수가 부족했다. 일테면 2015년 1월 3일 GS칼텍스와의 경기에서 3-0으로 이겨 12연패의 사슬을 끊었을 때 조이스의 공격점유율은 66.99퍼센트였다.

4라운드를 마쳤을 때 순위는 한국도로공사, 현대건설, IBK기업은행, 흥국생명, GS칼텍스, KGC인삼공사 순이었다. 5라운드와 6라운드 현대건설과의 맞대결에서 승리한 한국도로공사가 결국 정규리그 1위를 차지하고, 6라운드에서 전승을 기록한 IBK기업은행이 2위로 마무리했다. 현대건설은 승점은 같고 승수에서 뒤져 아깝게 2위를 놓쳤다.

현대건설은 기대한 대로 폴리가 득점과 공격, 서브에서 1위를 차지하고 양효진이 블로킹 부문에서 최고의 성적을 냈다. 하지만 수비가 발목을 잡았다. 리시브와 디그 등 수비가 불안정하면서 범실이 넘쳐났다.

흥국생명은 김연경 이후 오랜만에 출현한 이재영이라는 대형 신인 덕에 부진의 늪에서 벗어날 가능성을 보였다. 플레이오프 진출에는 실패했지만 4시즌 만에 5할 승률을 달성했다. 신인상은 이재영에게 돌아갔다.

5위에 그친 GS칼텍스는 이숙자의 자리를 이은 두 세터, 정지윤과 이나연이 기대를 충족시키지 못하고 외국인 선수들의 활약이 미진했다. 그래도 리베로 나현정이 수비 1위와 리시브 2위를 차지해 선배들을 제치고 '베스트7'에 뽑혔다. 다시 최하위로 떨어진 KGC인삼공사는 5라운드, 6라운드에서 승수를 챙기며 희망의 불씨를 남겼다.

플레이오프에서 IBK기업은행의 데스티니와 현대건설의 폴리는 나란히 주포로서 역할을 해냈다. 하지만 현대건설은 양효진을 제외한 국내 선수들이 득점에 가담하지 못했다. 반면 IBK기업은행은 박정아와 김희진이 데스티니의 어깨를 가볍게 했다. 결국 2연승으로 IBK기업은행이 챔피언결정전에 나섰다.

IBK기업은행을 이끄는 삼각 편대의 힘은 챔피언결정전에서도 여실히 드러났다. 3경기에서 니콜은 79득점을 기록하며 데스티니(81점)와 대등하게 싸웠지만 나머지 한국도로공사 선수들의 득점을 모두 합쳐도 박정아(50점)와 김희진(43점) 둘의 점수를 합친 것보다 적었다. 결국 공격성공률의 차이에서 승패가 갈린 셈이다. 특히 박정아 혼자 양 팀 미들 블로커들의 블로킹을 합친 것보다 많은 10개를 잡아내며 상대 공격수들의 날개를 꺾었다. 세터 김사니는 능수능란한 볼 배급으로 공격을 지휘하는 중에도 상대의 높은 블로킹을 신경 쓰며 데스티니에게 몰리지 않게 더욱 집중했다. 그리고 중요한 순간마다 집요한 목적타 서브로 상대의 리시브 라인을 흔들었다.

결국 IBK기업은행이 3전승으로 한국도로공사를 꺾고 정상에 올랐다. 리그 사상 첫 '전승 우승'이었다. 봄 배구를 5경기로 끝마치고 우승한 것. 정규리그 6라운드에서 올린 5연승까지 포함하면 그해 봄 10연승을 거두며 파죽지세로 우승을 거머쥔 것이다. 이로써 IBK기업은행은 창단한 지 4년 만에 통산 두 번째 챔피언결정전 우승을 차지했다. 챔피언결정전 MVP는 김사니에게 돌아갔다. 세터가 챔피언결정전 MVP에 오른 건 역대 최초였다. 물론 이정철 감독은 수비에서 보이지 않은 차이를 만들어낸 남지연과 채선아의 공을 따로 언급했다. 또 한국도로공사를 10년 만의 정규리그 1위로 이끈 이효희와 니콜이 정규리그 MVP를 공동 수상했다.

한편 한국배구연맹은 개인 기록상을 부문별이 아니라 포지션별로 최우수 선수를 뽑는 '베스트7'으로 바꿨다. '베스트7'은 아웃사이드 히터 2명, 아포짓 스파이커 1명, 미들 블로커 2명, 세터 1명, 리베로 1명 등을 선정한다.

V-LEAGUE

2015/16 시즌

전력 평준화

외국인 선수를 선발하는 방식이 자유계약에서 트라이아웃(공개 선발) 제도로 바뀌었다.

그 때문에 한국도로공사는 3년간 헌신한 니콜과 헤어지고 레슬리 시크라를 새로 뽑았다. 새로운 사령탑 이호 감독은 리베로 출신답게 서브 리시브와 수비 라인에 공을 들였다. 이효희의 정확한 토스와 미들 블로커진 정대영과 장소연의 높이가 건재한 중에 아웃사이드 히터진 김미연과 황민경이 리시브에 가담했다. 특히 김미연이 주전으로 뛰며 잠재력을 터뜨렸다. 김선영은 FA 미계약으로 실업팀으로 옮겼다. 수비 쪽에선 트레이드를 통해 13년간 몸담아온 김해란을 KGC 인삼공사에 보내고 임명옥을 데려왔다. 한편 하준임이 허리 부상으로 많은 경기에 나서지 못하는 동안 신인 미들 블로커 장혜진이 조금씩 코트를 밟았다. 아웃사이드 히터 쪽에선 하혜진과 고혜림이 성장세를 보이는 중에 아쉽게도 문정원이 시즌 전 무릎 부상을 입어 시즌 아웃됐다. 이때 대체선수로 실업팀에서 뛰던 최주희를 영입했다. 또 이효희의 부담을 덜기 위해 백업 세터로 실업팀에서 뛰던 이소라를 다시 데려왔다. 그런데 개막한 지 한 달 만에 이감독이 건강 악화를 이유로 사임하면서 박종익 감독대행 체제로 시즌을 치러야 했다.

3시즌 연속으로 챔피언결정전에 올랐던 IBK기업은행이 여전히 우승 후보 1순위였다. 컵대회에서도 결승에서 현대건설을 꺾고 우승컵을 챙겼다. 지난 시즌 우승의 주역인 데스티니가 중국 리그로 옮긴 뒤 처음 도입된 트라이아웃에서 푸에르토리코 리그에서 뛰던 198센티미터의 장신 아포짓 엘리자베스 맥마혼을 뽑았다. 중앙 공격은 김희진과 김유리가 이끌고 날개 공격진은 채선아가 초반에 부진할 때 2년차 전새얀이 한동안 주전으로 나섰다. 유희옥과 최은지도 꾸준히 교체 멤버로 코트를 밟았다.

대항마로 꼽힌 팀은 현대건설이었다. 지난 시즌 득점 1위, 공격 1위를 차지한 폴리가 떠난 뒤 리시브 능력이 탄탄한 아웃사이드 히터 에밀리 하통을 뽑았다. 지난 시즌 공격과 서브, 블로킹에 집중한 폴리와 달리 에밀리는 공수 밸런스가 뛰어났다. 에밀리가 수비에 가담하면서 황연주가 아포짓에서 살아나고 양효진과 김세영, 한유미(플레잉 코치)의 역할 또한 늘어났다. 그렇게 양철호 감독은 특정 선수에게 의존하지 않고 공격 루트를 다양화하는 배구를 추구했다. 황연주와 에밀리, 건강히 돌아온 정미선, 한유미가 날개 공격진을 구성했다. 염혜선이 주전 세터로, 이다영이 백업으로 뛰었다. 김주하와 정다은, 고유민 등이 교체 멤버로 투입됐다. 그리고 김진희가 이적하고 강민정과 정현주가 은퇴했다.

흥국생명은 다크호스로 꼽혔다. 새로 뽑은 아웃사이드 히터 테일러 심슨이 2년차 이재영과 대각으로 서고 아포짓 포지션에 정시영과 신연경을 교대로 투입했다. 김수지와 김혜진 트윈 타워가 중앙 공격을 이끄는 한편 리베로 김혜선과 한지현, 아웃사이드 히터 신연경이 수비에 가세했다. 또 1라운드에 주전 세터 조송화가 무릎 부상으로 출전이 어려울 때 김도희가 출전했다. 공윤희는 원 포인트 서버로 나서 서브 전문 선수로 활약했다. 그리고 곽유화는 은퇴하고 박성희는 실업팀으로 옮겼다. 신인 드래프트에선 전체 3순위로 이한비를 지명했다.

KGC인삼공사는 트라이아웃에서 모든 팀이 탐내던 198센티미터의 왼손잡이 아포짓 헤일리 스펠만을 뽑았다. 연습경기에서 유미라가 무릎 십자인대 부상을 입어 시즌 아웃되면서 문명화, 장영은이 미들 블로커진을 맡고, 헤일리와 백목화, 이연주가 날개 공격진을 형성했다. 신인 드래프트에선 전체 1순위 강소휘를 놓치고 2순위로 이지수를 뽑아 미들 블로커진을 보완했다. 하지만 새로 들어온 리베로 김해란과 김진희 말고는 여전히 전력을 보강하려는 시도가 부족했다. 게다가 백목화는 2012/13시즌 412득점에서 지난 시즌 277득점으로 떨어지고 있었다.

GS칼텍스는 아포짓과 미들 블로커를 겸비하는 캣벨을 뽑고 신인 드래프트에서 전체 1순위로 강소휘를 지명했다. 처음엔 캣벨과 이소영, 표승주가 날개 주축을 이루고 배유나와 한송이가 중앙 공격을 이끄는 구성이었다. 이후 표승주가 상승세를 보이며 공격 전면에 나서고 신인 강소휘도 선발 및 교체로 꾸준히 출전 기회를 받았다. 세터진에선 정지윤과 이나연이 번갈아 출전했다. 상대의 스파이크는 리베로 나현정이 받아내고 서브 리시브는 이소영과 표승주가 가담했다.

시즌 초반엔 현대건설이 선두를 달리고 흥국생명이 뒤를 쫓았다. 현대건설이 3라운드까지 12승 3패의 압도적인 성적을 냈다. 에밀리와 황연주, 양효진이 고르게 득점하며 공격에 균형이 잡혔다. IBK기업은행은 예년처럼 또다시 슬로 스타터의 모습을 보였다. 중반부터 IBK기업은행이 치고 올라가 현대건설과 치열한 선두 다툼을 벌였다. 반면 KGC인삼공사는 11연패를 기록하며 연패의 늪에서 헤어나지 못했다.

흥국생명은 김재영이 공격을 주도하는 중에 세터로 김도희와 플레잉 코치 이수정까지 기용하며 꾸준히 중상위권을 유지했다. 특히 미들 블로커 콤비 김수지와 김혜진이 빠른 발로 만들어내는 속공과 이동공격은 압권이었다. 하지만 5라운드 도중 테일러가 족저근막염 부상으로 시즌을 완주하지 못하고 떠난 게 뼈아팠다. 시즌 막바지에 대체선수로 미들 블로커 알렉시스가 들어왔을 때는 주장 김혜진이 아포짓 스파이커와 미들 블로커를 오가며 이동공격과 오픈공격을 겸했다.

후반에 결국 선두를 달리던 현대건설이 5승 10패로 뒤처지며 IBK기업은행에 추격을 허용했다. IBK기업은행은 세터 김사니와 맥마혼의 호흡이 물이 오를 대로 오른 덕에 2월 초까지 12연승을 거뒀다.

이후 3연패를 하고 2월 27일 현대건설과의 경기에서 이겨 정규리그 1위를 확정했다. 그날 팀의 주축인 맥마혼과 김희진 모두 손가락 골절상으로 출전하지 못한 중에 박정아가 32점, 최은지가 14점을 올려 승부에 마침표를 찍었다. 흥국생명은 3위. 이로써 IBK기업은행이 5시즌 동안 무려 4차례 챔피언결정전에 진출하게 됐다.

세 팀을 위협할 것으로 보였던 GS칼텍스는 승점 2점 차로 4위에 그쳤다. 캣벨과 이소영, 한송이, 강소휘, 표승주, 배유나, 나현정 등 멤버 구성이 나쁘지 않았으나 결정적일 때 승부처에서 무너졌다. 이선구 GS칼텍스 감독은 "공주 같은 배구를 한다"며 아쉬워했다. 시즌 막판 배유나가 발목 부상을 입은 것도 악재였다. 그해 신인왕은 강소휘에게 돌아갔다.

지난 시즌 정규리그 1위를 한 한국도로공사는 득점 2위, 공격 2위에 오르는 시크라의 활약에도 늘 뒷심이 부족해 5위로 떨어졌다.

KGC인삼공사는 헤일리가 득점왕에 올랐지만 7승 23패를 기록해 압도적인 꼴찌로 시즌을 마쳤다. 리시브 라인이 원활하지 않은 중에 헤일리에게 일방적으로 공격 루트가 몰리면서 자연히 체력이 떨어지고 범실이 잦아졌다.

봄 배구는 싱겁게 끝났다. 현대건설이 2연승으로 플레이오프를 통과했다. 양효진이 중심을 잡고 에밀리와 황연주 쌍포가 잘 풀리면서 모든 면에서 앞섰다. 흥국생명은 알렉시스가 기대만큼 득점을 내지 못했다. 또 이재영에 대한 의존도가 높아지던 중에 그가 압박을 받거나 후위로 내려가면 마땅한 공격 루트가 안 보였다.

공교롭게도 IBK기업은행은 맥마혼이 손가락 수술 후 회복하지 못해 주 공격수 없이 챔피언결정전에 나서야 했다. 1차전에서 현대건설이 IBK기업은행을 3-0으로 꺾고 상승세를 이어갈 때 그의 공백이 무척 아쉬웠다. 1월 말에 수술을 받은 김희진은 복귀했으나 경기 감각이 올라오지 않았다. 2차전에선 공격수들에게 맞춤형 세트를 해주는 염혜선의 세트 워크가 빛을 발했다. IBK기업은행은 홈에서 연속 패하며 한 세트도 이기지 못하고 무기력한 모습을 보였다. 결국 챔피언결정전도 현대건설의 3연승으로 끝났다.

그렇게 현대건설이 5년 만에 두 번째 별을 달았다. 1차전부터 3차전까지 내리 3-0으로 이겨 최초로 한 세트로 내주지 않고 우승하는 '무실세트 우승' 기록도 세웠다. 챔피언결정전 MVP는 양효진에게 돌아갔다. 양효진의 입맛에 맞게 공을 올려준 염혜선도 '우승 세터' 타이틀을 거머쥐었다. 황연주는 리그 최초로 다섯 번째 우승 반지를 꼈다. '든든한 언니들' 김세영과 한유미에게도 특별한 순간이었다.

V-LEAGUE

2016/17 시즌

징검다리 우승

2016년 리우데자네이루 올림픽에 참가한 영향으로 주전 선수들의 체력적 부담이 만만치 않고 몇몇은 몸 상태가 정상이 아니었다. 미디어데이에 참석한 감독들은 이구동성으로 "IBK기업은행이 우승후보다", "IBK기업은행을 넘어야 우승한다"고 했다. 지난 시즌 챔피언결정전에서 현대건설에 지기는 했어도 주축 선수들의 잇단 부상만 없었다면 우승할 전력이었다. 이정철 IBK기업은행 감독은 난감한 표정을 지으면서도 "욕을 많이 먹으면 오래 산다고 하는데 우승후보로 지명된 만큼 더 강해지겠다"고 맞받았다.

올림픽 일정 때문에 늦게 열린 컵대회에서 IBK기업은행이 우승한 것도 그런 전망을 높였다. 리그 최초의 컵대회 2연패였다. 그해 올림픽 8강전에서 부진해 마음고생을 했던 박정아가 컵대회 MVP에 올랐다.

IBK기업은행은 지난 정규리그 MVP로 활약한 맥마혼과 결별하고 미국 국가대표 출신 메디(매디슨 리쉘)를 뽑았다. 그는 183센티미터로 키가 큰 편이 아니지만 서브 리시브가 가능한 아웃사이드 히터였다. 그가 수비에 가담한 덕분에 박정아의 공격이 살아나는 측면이 있었다. 실제로 그해 메디는 공격 1위, 득점 4위뿐 아니라 리시브 4위를 기록했다. 또 트레이드를 통해 전새얀과 최은지를 한국도로공사에 보내고 세터 이고은과 아웃사이드 히터 김미연을 데려왔다. 또 유희옥을 KGC인삼공사에 보내고 유미라를 데려왔다. '새 얼굴' 김미연은 채선아 대신 주전으로 나서 리시브에 참여하며 서브 2위를 차지하는 등 기대를 뛰어넘는 활약을 펼쳤다.

GS칼텍스는 늘 활발했던 캣벨과 헤어진 뒤 차분한 성격의 알렉사 그레이와 계약하고 배유나가 FA로 팀을 떠난 뒤 보상선수로 황민경을 지명했다. 그렇게 이소영과 황민경, 표승주, 강소휘 등 날개 공격을 맡을 자원이 넘치는 중에 미들 블로커 자원이 부족해 물음표가 붙었다. 초반엔 한송이와 정다운, 최유정이 중앙 공격을 이끌었다. 세터진에선 이나연과 정지윤, 전체 3순위로 뽑은 신인 안혜진이 출전했다.

한국도로공사는 재계약을 발표했던 시크라가 허리 부상으로 이탈한 탓에 개막을 닷새 앞두고 이탈리아 리그에서 뛰던 케네디 브라이언을 영입했다. 장소연이 두 번째 은퇴를 선언하고 하준임이 실업팀으로 옮긴 중에 배유나를 FA로 데려왔다. 그렇게 미들 블로커진에 정대영과 배유나가 버티며 강력한 라인을 형성했다. 황민경이 보상

선수로 떠난 날개 공격진을 보강하기 위해 김미연과 이고은을 트레이드로 보내고 전새얀과 최은지를 데려왔다. 그렇게 고예림이 주전으로 도약한 중에 하혜진이 '새 얼굴' 최은지와 전새얀보다 많은 기회를 받으리라고 예상됐다. 김종민 신임 감독도 하혜진을 주목했다. 하지만 하혜진이 개막 직후 발등 부상을 입어 팀에서 이탈하고 문정원이 무릎 부상으로 주춤한 사이 공수를 겸비한 전새얀이 주전 아웃사이드 히터로 자리를 잡았다. 수비에선 부상을 털고 돌아온 문정원과 리베로 임명옥이 서브 리시브를 전담했다. 세터는 이효희와 이소라가 맡았다.

현대건설은 지난 시즌 득점 5위, 리시브 7위에 오른 에밀리와 재계약하고 내부 FA들인 양효진과 황연주, 한유미, 김주하를 모두 잡아 기존 우승 전력을 고스란히 유지했다. 달리 보면 오프시즌에 전력 보강이 거의 이뤄지지 않았다. 고유민이 시즌 전 부상으로, 정미선이 1라운드 때 무릎 수술로 이탈하는 이슈가 있었다. 그렇게 황연주와 에밀리, 한유미가 날개 공격진을 구성하고 양효진과 김세영 미들 블로커 듀오가 여전히 같은 자리를 지켰다. 염혜선과 이다영이 주전 세터를 놓고 경쟁했다. 정다은과 2년차 박경현 등이 교체 멤버로 투입됐다.

흥국생명은 트라이아웃 최대어로 손꼽히던 캐나다 국가대표 출신 타비 러브와 손을 잡고 신인 드래프트에선 전체 4순위로 공수를 겸비한 유서연을 지명했다. 러브와 이재영이 공격에 집중하는 사이 아포짓 포지션에 신연경이 줄곧 출전해 수비를 보완했다. 김수지와 김나희(김혜진의 개명)가 그대로 중앙 공격을 이끌었다. 세터 조송화가 무릎 부상에서 회복한 가운데 주전 리베로 한지현이 수비 라인을 지켰다. 주예나는 실업팀으로 옮겼다.

KGC인삼공사는 트라이아웃 1순위로 뽑은 사만다 미들본이 임신하는 바람에 갑작스레 외국인 선수를 교체해야 했다. 대체선수 알레나 버그스마는 경력이 화려하지 않지만 지난 트라이아웃에 이어 다시 신청할 정도로 한국에서 뛰고 싶은 열망이 강했다. 그런데 그동안 팀을 이끌어오던 백목화와 이연주가 나란히 FA로 나섰다가 끝내 계약 협상이 결렬되면서 졸지에 주전 둘을 잃고 말았다. 발등에 불이 떨어진 서남원 신임 감독은 아웃사이드 히터진에 벤치 멤버들을 투입했다. 전체 2순위로 뽑은 신인 지민경과 최수빈, 포지션을 바꾼 장영은이 경쟁했다. 4라운드부터는 김진희까지 끼어들어 주전 경쟁이 치열했다. 모두 리시브에선 다소 아쉬웠으나 고비마다 제 역할을 해냈다. 그리고 서감독은 한수지를 미들 블로커로 바꾸는 모험을 감행했다. 그렇게 한수지와 IBK기업은행에서 옮겨 온 유희옥이 중앙 공격을 맡았다. 이재은이 주전 세터를, 실업팀에서 데려온 김혜원이 백업을 맡았다. 이후 컵대회에서 봄 배구와는 거리가 멀어 보이던 팀이 결승에 올랐을 때 다들 깜짝 놀랐다.

시즌 초반 IBK기업은행이 선두로 앞서 나갔다. 2라운드까지 8승 2패를 기록하며 단독 1위를 지켰다. 메디와 김희진, 박정아로 이어지는 삼각 편대가 원활히 작동했다. 또 이고은이 고질적인 무릎 통증 등에 시달리는 김사니를 대체해 주전 세터를 물려받았다. 그러나 3라운드에 들어 내리 4연패를 당해 5할 승률마저 무너질 위기에 처했다. 12월 당시 이정철 감독은 "팀 창단 이후 최고의 위기"라며 어려움을 토로했다.

초반에 IBK기업은행의 뒤를 바로 쫓은 팀은 예상과 달리 현대건설이 아니라 흥국생명이었다. 3년차를 맞아 기량이 폭발한 이재영과 러브의 쌍포가 터지고 김수지와 김나희의 미들 블로커진이 비상해 순항했다. 리베로 한지현도 우려를 지우고 맹활약했다. 흥국생명은 3라운드 IBK기업은행과의 맞대결에서 승리해 1위로 올라섰다.

3라운드에 현대건설은 수비형에 가까웠던 에밀리가 공격에 몰두한 덕에 5연승을 거두며 IBK기업은행에 앞서 2위로 올라섰다. 정미선이 무릎 수술을 받아 장기 결장할 때 한유미가 공백을 잘 메웠다.

시즌 전반기를 마무리할 때 흥국생명과 IBK기업은행, 현대건설이 상위권을, KGC인삼공사가 추격권을, GS칼텍스와 한국도로공사가 하위권을 형성하고 있었다. 한국도로공사는 시즌 개막 후 3경기에서 2승을 올린 뒤 내리 9연패를 당했다.

무엇보다 지난 2시즌 연속으로 최하위에 그쳤던 KGC인삼공사의 약진이 눈에 띄었다. '미스 오레곤'이라는 경력이 오히려 주목받고 기본기도 약해 개막 전만 해도 '망했다'는 평가를 받던 알레나가 반전을 일으켰다. 국내 선수층이 약한 팀의 사정상 공격을 도맡은 그는 항상 웃으며 스파이크를 때렸다. 한수지가 세터에서 미들 블로커로, 장영은이 미들 블로커에서 아웃사이드 히터로 변신한 가운데 주전 세터 이재은과 김해란이 팀을 안정적으로 이끌었다. 무엇보다 돌풍의 숨은 주역들은 알레나의 뒤를 받치며 꾸준히 활로를 찾아낸 최수빈과 지민경, 김진희였다. 다만 아웃사이드 히터진에서 서브 리시브를 견뎌내지 못했다.

GS칼텍스는 시즌 초반 극심한 부진이 이어진 끝에 3라운드를 앞두고 이선구 감독이 자진 사퇴로 물러나고 수석코치 출신인 차상현 감독이 사령탑을 맡았다. 차감독은 우선 정지윤 대신 이나연을 주전 세터로 세우고 표승주를 중앙으로 옮겨 한송이와 짝을 이루게 했다. 시즌 중반에 이나연이 발목 부상으로, 강소휘가 무릎 부상으로 장기 결장할 때는 정지윤과 황민경이 출전해 공백을 지웠다. 후반에는 강소휘가 복귀하고 미들 블로커 이영 등이 중앙 공격을 지원해 전력을 끌어올렸다.

한국도로공사는 전반기 4승에 그치며 침체에 빠진 뒤 하위권에서 탈출하기 위해 부진한 브라이언과 계약을 해지하고 핀란드 리그에서 뛰던 힐러리 헐리를 새로 데려왔다. 하지만 그 후에도 부진을 면치 못하다가 시즌 막판에 5연승을 해 유종의 미를 거뒀다.

마지막 승자는 흥국생명이었다. IBK기업은행이 막판까지 따라붙었지만 흥국생명이 2017년 3월 7일 KGC인삼공사와의 경기에서 승리하며 1위를 확정했다. 흥국생명의 네 번째 정규리그 1위로 9시즌 만이었다. 그해 흥국생명은 김수지(미들 블로커), 이재영(아웃사이드 히터), 한지현(리베로), 조송화(세터)까지 '베스트7' 수상자를 4명이나 배출했다.

KGC인삼공사는 득점 1위, 공격성공률 2위, 블로킹 5위에 오르고 올스타전 MVP까지 차지한 알레나 덕에 현대건설을 제치고 3위를 차지해 포스트시즌행 막차를 탔다. 4라운드 현대건설과의 맞대결에서 승리를 챙겨 중반 4연승을 기록한 순간이 결정적이었다. 한수지가 블로킹 3위, 이재은이 세트 2위에 오르고 지민경이 구단 사상 첫 신인왕이 됐다.

4위로 떨어진 현대건설은 헤일리가 득점 5위, 수비 3위에 올라 제 역할을 하고 양효진과 김세영이 나란히 블로킹 1위와 2위를 차지했지만, 양효진이 올림픽에서 어깨를 다친 영향으로 제대로 스파이크를 때리지 못하고 세터 염혜선과 황연주까지 부진한 것이 뼈아팠다. 정미선이 무릎 수술로 장기간 결장할 때 베테랑 한유미가 올라와 존재감을 드러냈지만 결국 조직력이 흔들렸다.

한국도로공사는 외국인 선수들의 부상과 기량 미달로 골머리를 썩다 결국 최하위에 머물렀다. 그동안 레이첼 밴미터와 밀라, 니콜 등 외국인 선수 득점왕들을 꾸준히 영입해온 팀으로선 실패를 기록한 시즌이었다. 마땅한 해결사가 없는 중에 아웃사이드 히터 고예림이 공격성공률을 높이고 문정원이 서브 1위, 리시브 2위를 차지하며 공헌했으나 순위를 반등시킬 수는 없었다.

플레이오프는 IBK기업은행의 승리로 끝났다. 일단 김사니가 포스트시즌에 맞춰 팀에 합류했다. KGC인삼공사는 1차전을 내준 뒤 2차전에서 알레나가 역대 플레이오프 최다 득점인 55점을 올린 덕에 승리해 1승 1패로 맞서게 됐다. 하지만 리그가 출범한 이래 플레이오프 1차전에서 패배한 팀이 챔피언결정전에 진출한 경우는 한 번도 없었다. 3차전에서 알레나는 복부 근육이 파열되는 부상으로 4세트 도중 교체돼 벤치에서 메디의 득점 행진을 지켜봐야 했다.

기세를 탄 IBK기업은행은 챔피언결정전에서도 흥국생명을 누르고 축포를 터뜨렸다. 1차전에선 패했지만 내리 3경기에서 승리했다. 1승 1패로 맞선 3차전에서 역전승을 거둔 게 결정적이었다. 4차전에서 메디와 김희진, 박정아 삼각 편대가 공격을 이끌 때 김사니는 부상 투혼을 발휘하며 날카로운 토스를 올렸다. 그렇게 IBK기업은행은 6시즌 동안 징검다리를 건너듯 2년 주기로 3차례 우승을 달성했다. 집계해보면 컵대회, 정규리그, 챔피언결정전에서 각각 3차례씩 우승한 셈이다.

메디는 4경기를 합쳐 무려 139점을 올리는 괴력을 뽐내며 러브와의 화력전에서 앞선 공이 컸다. 봄 배구 13일 동안 7경기를 치르는 강행군을 이겨내고 챔피언결정전 MVP를 수상한 그는 지친 얼굴로 "힘들었지만 마지막 경기라고 생각하고 모든 힘을 쏟았다"고 소감을 밝혔다. 흥국생명은 이재영이 국내 선수 중 가장 많은 95점을 올렸지만 박정아(83점)와 김희진(56점)이 있는 IBK기업은행을 넘을 수 없었다. 흥국생명의 패배에는 코칭스태프와 선수들 대부분이 큰 경기에서 뛴 경험이 부족한 사정도 작용했다. 앞서다가도 세트 후반 역전당하는 등 경기 운영에서 미숙한 모습을 보였다. 정규리그 MVP는 이재영에게 돌아갔다.

한편 한국배구연맹은 KBSN 스포츠와 5년간 총 200억 원에 중계권 계약(남녀부 통합)을 맺었다. 직전 계약(3년 100억 원)과 비교하면 엄청난 증가세였다. 그해 여름 올림픽에서 한국 여자배구가 8강에 진출한 뒤 여자부가 인기 몰이를 하면서 시청률(0.72퍼센트)이 남자부(0.79퍼센트) 못지않게 오른 덕분이었다.

V-LEAGUE

2017/18 시즌

첫 우승

리그 사상 최대의 이적 시장이 펼쳐져 스타들이 대거 이동했다. 김수지와 김해란, 박정아, 염혜선, 황민경 등이 FA로 움직이고 이에 따른 보상선수로 또 남지연, 고예림, 김유리, 한유미 등이 팀을 옮겼다.

IBK기업은행은 박정아가 이적하고 김사니가 은퇴하면서 전력에 차질이 생겼다. 하지만 FA 시장에서 박정아를 빼앗기는 중에도 김희진을 붙잡은 데다 메디가 건재했다. 빈자리는 FA로 풀린 김수지와 염혜선을 영입해 메우고 보상선수로 고예림을 지명했다. 그 대신 보상선수로 남지연과 김유리를 보내야 했다. 김유리의 빈자리를 유미라가 채울 계획이었으나 그도 무릎 수술로 빠지면서 김미연이 미들블로커로 들어갔다. 수비는 기존의 노란과 리베로로 변신한 채선아,

흥국생명에서 옮겨 온 김혜선이 맡았다. 그렇게 메디와 고예림이 아웃사이드 히터진을, 김수지와 김미연이 중앙 공격을 맡는 구도가 짜였다. 여기에 이정철 감독은 염혜선과 이고은이 나란히 주전으로 뛰고 김희진과 김미연 모두 미들 블로커와 아포짓을 오가는 식으로 포지션 경쟁을 적극 끌어들였다. 시즌 중반에 채선아가 이적한 뒤에는 '새 얼굴' 최수빈이 노란의 백업 리베로로 출전했다.

지난 시즌 최하위에 떨어진 한국도로공사는 FA로 풀린 박정아를 데려오며 다시 한 번 우승 전력을 구축했다. 김종민 감독은 트라이아웃 현장에서 지난 2011/12시즌 대체선수로 들어와 팀을 정규리그 2위로 이끌었던 이바나를 발견했다. 반가운 얼굴이었다. 박정아를 아웃사이드 히터로 돌려 이바나와 쌍포를 이룰 구상. 미들 블로커진 배유나와 정대영까지 가세하면 공격 루트를 늘릴 수 있다는 판단이 섰다. 아웃사이드 히터로 옮긴 문정원이 리베로 임명옥과 함께 리시브에 가담했다. 고예림이 떠난 뒤에도 공격 자원은 풍부했다. 최은지와 전새얀, '새 얼굴' 유서연, 지난 시즌 전체 1순위로 뽑은 미들 블로커 정선아가 교체 멤버로 준비했다. 세터진은 주전 이효희 외에 이소라와 하효림, 전체 2순위로 뽑은 신인 이원정이 자리 잡았다.

흥국생명은 내부 FA 중 팀의 구심점인 김수지를 놓치고 조송화와 정시영을 지킨 가운데 보상선수로 남지연을 지명했다. 또 국가대표 리베로 김해란을 FA로 데려오는 대신 보상선수로 유서연을 보내야 했다. 그렇게 수비가 견고해지고 젊은 팀이 안정감을 찾았지만 지난 시즌 득점 3위 러브가 떠나면서 외국인 선수 자리가 흔들렸다. 예전에 뽑은 테일러 심슨을 다시 뽑았으나 이번에도 또 부상으로 이탈해 3라운드를 앞두고 벨라루스 대표 출신 크리스티나 미카일렌코를 새로 영입했다. 중앙 공격은 미들 블로커로 변한 정시영과 김나희가 이끌던 중에 시즌 중반부터 전체 5순위로 뽑은 신인 김채연이 꾸준히 코트를 밟았다. 이재영이 주포로 활약하는 한편 신연경이 1월에 무릎 수술을 받느라 시즌 아웃될 때 이한비와 공윤희가 번갈아 투입됐다. 세터는 조송화와 김다솔(김도희의 개명)이 맡았다. 리베로는 김혜선이 이적한 뒤에도 김해란, 남지연, 한지현, 도수빈 4명이나 돼 넘쳤다.

GS칼텍스는 무엇보다 대표팀에 차출됐다 무릎 십자인대가 파열되는 큰 부상을 입은 이소영의 공백을 강소휘와 표승주가 얼마나 최소화할지가 관건이었다. 외국인 선수로는 지난 시즌 득점 2위, 공격 3위에 오른 알렉사가 떠난 뒤 세네갈 출신의 듀크(파토우 듀크)와 계약했다. 세터는 정지윤이 두 번째 은퇴를 선언한 뒤 이나연이 주전으로, 안혜진과 전체 1순위로 뽑은 신인 한수진이 백업으로 출발했다. FA 자격을 얻은 황민경이 떠난 가운데 보상선수 지명권(한유미 지명 후 트레이드)으로 미들 블로커 김유리를 영입했다. 이어서 트레이드를 통해 한송이와 세터 시은미를 KGC인삼공사로 보내고 또 한 명의 미들 블로커 문명화와 김진희를 데려왔다. 그렇게 차상현 감독은 김유리와 문명화, 이영, 김현정으로 미들 블로커진을 구성했다. 어떻게 보면 팀으로선 세대교체가 완성된 순간이었다. 천안에서 열린 컵대회에선 강소휘와 듀크의 활약에 힘입어 우승을 차지했다. 한편 최유정은 은퇴했다.

KGC인삼공사는 김해란을 FA로 떠나보낸 뒤 트레이드(유서연 지명 후 트레이드)를 통해 리베로 오지영을 데려왔다. 또 지난 시즌 득점 1위 알레나와 재계약한 가운데 새로 들어온 한송이에게 지난 시즌과 달리 미들 블로커가 아니라 다시 아웃사이드 히터를 맡겼다. 그렇게 알레나와 한송이가 좌우 날개를 맡고 남은 한 자리엔 지민경, 최수빈, 신인 우수민 등이 번갈아 투입됐다. 그러던 중 시즌 중반 트레이드로 최수빈이 나가고 채선아와 고민지가 새로 들어와 아웃사이드 히터진은 또 달라졌다. 중앙 공격은 한수지와 유희옥이 계속 선전해 문명화의 빈자리를 지웠다. 공격진에 한송이가 합류하면서 높이가 좋아졌다.

현대건설은 우선 현역 시절 '컴퓨터 세터'로 이름을 날린 이도희 SBS 스포츠 해설위원이 새로 사령탑을 맡았다. 이감독은 염혜선이 FA로 떠나고 혼자 남은 이다영에게 주전 세터를 맡기고 에밀리가 떠난 뒤 약해진 수비를 보강하기 위해 황민경을 FA로 데려왔다. 새로 뽑은 엘리자베스 캠벨도 에밀리처럼 공수를 겸비해 서브 리시브에 가담했다. 그렇게 황연주와 엘리자베스, 황민경이 날개 공격진을 이루고 양효진과 김세영이 그대로 미들 블로커진을 지켰다. 여기에 한유미와 고유민 등이 교체 멤버로 들어갔다. 신인 드래프트에선 1라운드 3순위로 김주향을, 2라운드 4순위로 세터 김다인을 지명했다. 김주하는 실업팀으로 옮기고 정미선은 자유신분선수로 풀렸다.

실제로 1라운드에선 독주하는 팀 없이 현대건설과 IBK기업은행, KGC인삼공사, 한국도로공사 네 팀이 서로 승점 1점 차로 1위~4위에 몰렸다. 2라운드에도 현대건설과 한국도로공사가 조금 앞섰을 뿐 혼전 상황이 이어졌다.

3라운드에 들어 한국도로공사가 피치를 올렸다. 2라운드 막판부터 이어진 연승 행진을 '8'까지 늘리며 전반기를 단독 1위로 마쳤다. 박정아와 6년 만에 다시 V리그로 돌아온 이바나의 활약이 결정적이었다. 정대영과 배유나의 미들 블로커진과 임명옥과 문정원이 맡은 리시브 라인도 탄탄했다. 여기에 김종민 감독의 리더십과 세터 이효희의 절묘한 경기 운영 능력이 더해졌다.

순탄한 레이스는 아니었다. IBK기업은행이 앞선 한국도로공사를 한두 경기 차로 꾸준히 따라잡으며 압박했다. 특히 6라운드 첫 경기였던 맞대결에서 IBK기업은행이 3-0으로 완승을 거두면서 승점 차는 2점까지 줄어들었다. 그러나 IBK기업은행이 2월 21일 경기에서 흥국생명에 2-3으로 발목을 잡히고 이튿날 한국도로공사가 KGC인삼공사를 3-0으로 이기면서 다시 4점 차로 벌어졌다. 결국 한국도로공사가 3월 3일 흥국생명을 안방에서 꺾고 승점 1점 차로 3년 만에 정규리그 1위를 되찾았다. 2위 IBK기업은행은 아무래도 남지연이 빠진 리베로 자리에서 공백이 커 보였다. 새로 맞춰보는 세터들과 공격수들의 호흡도 연신 어긋났다.

한편 3위에 머문 현대건설은 양효진과 김세영 '트윈 타워'가 4시즌 연속으로 동시에 블로킹 3위권에 들며 높이의 배구를 했다. 하지만 5라운드에 엘리자베스가 발목 부상으로 이탈한 뒤 위기 상황에서 급히 구한 외국인 선수 소냐가 기대에 못 미치면서 막판에 6연패로 정규리그를 마감해야 했다. 4위로 정규리그를 마친 GS칼텍스는 4라운드에 표승주가 발목 부상을 입어 시즌 아웃된 순간이 결정적이었다. 그 무렵 이소영이 예상보다 일찍 복귀하고 강소휘와 듀크가 공격을 끝까지 책임졌지만 팀의 성적을 올리기는 쉽지 않았다.

최하위로 떨어진 흥국생명은 시즌 내내 전력 불균형이 심했다. 외국인 선수들이 연거푸 자리를 잡지 못한 상황에서 이재영이 고군분투하며 득점 5위(국내 선수 1위), 리시브 2위를 차지했지만 김수지가 떠난 빈자리가 컸다. 김나희와 정시영으로 꾸린 미들 블로커진이 높이에서 약점을 드러내자 박미희 감독은 시즌 중반에 신인 김채연을 투입했다. 그래도 블로킹 등이 부족한 중에 수비를 맡은 젊은 공격수들까지 계속 흔들렸다. 그해 신인상은 김채연에게 돌아갔다.

5위 KGC인삼공사는 3라운드를 앞두고 알레나의 부상이라는 악재를 만나면서 흔들렸다. 공격성공률과 득점이 급락했다. 그의 무릎에 팀이 달려 있다는 말이 나올 정도로 의존하던 상태에서 3라운드 전패를 당하며 성적이 곤두박질쳤다. 하지만 이내 알레나가 회복한 뒤 중위권으로 도약하는 희망을 품었다. 그런 가운데 트레이드 마감 직전에 2년차 박세윤과 최수빈을 IBK기업은행에 보내고 채선아와 고민지, 신인 세터 이솔아를 데려오는 과정에서 터닝 포인트를 마련했다. 리베로에서 아웃사이드 히터로 복귀한 채선아가 리시브와 수비를 담당하면서 팀의 분위기가 반전됐다.

플레이오프에서 IBK기업은행과 현대건설은 혈투를 벌였다. 1차전에서 IBK기업은행은 선수들의 고른 활약을 앞세워 현대건설을 3-0으로 완파했다. 현대건설은 새로 합류한 소냐가 기대에 부응하지 못했다. 하지만 현대건설은 2차전을 가져오며 승부를 원점으로 돌렸다. 특히 공격력이 확실하지 않은 소냐를 기용하지 않고 조직력으로 승부한 것이 적중했다. 양효진과 황연주, 황민경, 한유미 등이 모두 두 자릿수 득점을 해 자신감을 얻었다. IBK기업은행은 메디가 35득점을 올려도 김희진과 고예림이 부진해 뒤를 받치지 못했다. 3차전은 온전히 '메디 타임'이었다. 메디가 쉴 틈 없이 강타를 퍼붓고 김희진이 속공 등으로 점수 차를 더욱 벌렸다.

IBK기업은행의 '6시즌 연속' 챔피언결정전 진출. 이는 앞으로도 나오기 어려운 기록이다. 1차전에서 한국도로공사가 3-2로 아슬아슬한 승리를 거뒀다. 초반 두 세트를 가져오고 다시 두 세트를 내주다가 5세트 11-14, 패색이 짙은 상황에서 반격에 나서 듀스 접전 끝에 경기를 뒤집는 장면은 충격적이었다. 이바나와 박정아, 배유나가 고르게 득점하며 승리를 합작했다. 한국도로공사 선수단은 그때 승리한 뒤 모친상에도 불구하고 경기에 나선 리베로 임명옥과 함께 눈물을 펑펑 흘렸다. 한번 분위기를 가져온 한국도로공사는 이후 2연승을 거둬 챔피언결정전을 끝냈다.

챔피언결정전 MVP는 이바나가 주춤한 사이 공격의 핵심으로 올라선 박정아에게, 정규리그 MVP는 이바나에게 돌아갔다. 물론 김종민 감독이 박정아의 공격력을 살리기 위해 '3인 리시브'에서 그를 빼고 '2인 리시브' 체제로 가동할 때 서브 리시브를 전담하느라 온몸을 던진 임명옥과 문정원의 공도 지대했다. 특히 문정원은 당시 세트당 리시브 5개를 기록하며 리시브 1위에 올라 전문 리베로들을 뛰어넘었다. 6개 구단 중 당시 유일하게 우승이 없던 한국도로공사는 그렇게 구미와 성남을 거쳐 세 번째 연고지인 김천에서 마침내 정상에 올랐다.

V-LEAGUE	
2018/19 시즌	명승부

명승부

그해 대표팀은 세 대회에 나가 저조한 성적을 보였다. 발리볼네이션스리그 12위, 자카르타-팔렘방 아시안게임 동메달, 세계여자배구선수권대회 조별리그 탈락. 30경기 가까이, 그것도 대부분 풀타임으로 뛴 대표팀 선수라면 오프시즌 동안 체력 소모가 만만치 않았다. 이재영과 박정아, 이효희, 임명옥 등이 쉬지 못했다. 그렇게 대표팀의 일정이 마무리됐지만 도쿄 올림픽을 2년 남겨두고 분위기가 달아오르고 있었다.

우승 후보는 두 팀이었다. 지난 시즌에 마침내 첫 우승을 일군 한국도로공사와 전력을 순식간에 끌어올린 흥국생명. 다만 한국도로공사는 대표팀에 차출된 선수가 많고 흥국생명은 조직력을 새로 다져야 하는 과제가 있었다. 여기에 매년 우승권에 머물고 있던 IBK기업은행이 다크호스로 꼽혔다.

한국도로공사는 지난 통합 우승을 함께한 이바나와 재계약하고 우승 멤버를 고스란히 지켰다. 지난 시즌의 실험을 거쳐 박정아와 이바나가 대각을 이루고 리시빙 아포짓 문정원으로 이어지는 날개 공격진이 짜였다. 특히 박정아는 지난 챔피언결정전과 대표팀 경기를 거치며 한 단계 성장했다. 시즌 전 무릎 수술을 받은 배유나와 정대영이 중앙에서 버티고 정선아와 하혜진, 유서연 등이 백업 멤버로 출전했다. 세터진 이효희와 이원정도 굳건했다. 또 트레이드를 통해 세터 하효림을 KGC인삼공사에 보내고 세터 김혜원과 우수민을 데려왔다.

지난 시즌 최하위로 떨어진 흥국생명은 폴란드 국가대표 출신으로 유럽 리그를 두루 경험한 베테랑 베레니카 톰시아와 계약하고 FA 시장에서 김세영과 김미연을 동시에 영입해 전력을 보강했다. 그 대신 정시영이 보상선수로 떠나야 했다. 미들 블로커진은 김세영과 전체 1순위로 뽑은 신인 이주아가 주전으로 나서고 김나희와 김채연이 뒤를 받쳤다. 포화 상태에 있던 리베로는 남지연이 은퇴해 IBK기업은행의 코치로 복귀하고 한지현이 FA로 떠난 뒤 김해란과 도수빈이 최후방 수비를 담당했다. 결국 김미연의 가세로 이재영의 포지션 부담이 줄면서 이재영과 톰시아 쌍포의 위력이 한층 상승했다. 또 김세영이 중앙에 자리 잡은 뒤 공격 옵션이 늘어났다.

IBK기업은행은 지난 2시즌 동안 맹활약한 메디가 다시 트라이아웃에 나오지 않고 떠난 뒤 미국 국가대표 출신 어도라 어나이를 뽑았다. 그리고 트레이드를 통해 이고은을 GS칼텍스에 보내고 김희진의 입단 동기이자 창단 멤버인 이나연을 데려왔다. FA 시장에선 김미연을 떠나보내고 리베로 한지현을 영입했다. 김미연이 빠져나간 아웃사이드 히터진을 보강하기 위해 트레이드를 진행했는데 그 과정에서 백목화가 2년의 공백을 딛고 리그로 돌아왔다. 즉 노란을 KGC인삼공사로 보내고 백목화(사인 앤 드레이드)와 박상미를 데려왔다. 그때 신인 지명권들도 주고받았다. 초반에 한지현이 허리 부상으로 팀을 떠난 뒤에는 박상미와 신인 김해빈이 주전 리베로를 번갈아 맡았다. 그렇게 고예림과 백목화, 박상미가 수비와 연결 라인을 만들었다. 김희진과 김수지가 중앙 공격을 이끄는 중에 김희진이 아포짓 스파이커로 옮기면 종종 미들블로커 김현지(세터 김현지와 동명이인)나 변지수가 나섰다. 세터진은 이나연이 실질적인 주전 세터로, 염혜선이 백업으로 출전했다. 신인 드래프트에선 전체 5순위로 문지윤을 지명했다. 유미라는 은퇴했다.

KGC인삼공사는 지난 2시즌 함께 뛰어 규정에 따라 다시 트라이아웃에 나온 알레나를 운 좋게 1순위 지명권으로 재지명했다. '2시즌 연속 득점 1위'를 확보한 뒤 이번에는 아웃사이드 히터 최은지를 FA로 영입해 날개를 보강했다. 내부 FA 한수지는 최고액에 붙잡았다. 이후 최은지(MVP)와 채선아, 지민경 등의 활약에 힘입어 컵대회에서 GS칼텍스를 결승에서 꺾고 10년 만에 우승하며 분위기를 바꿨다. 처음은 알레나와 최은지, 채선아가 날개 공격진을 맡고 한수지와 다시 미들 블로커로 바꾼 한송이, 유희옥이 중앙 공격을 이끄는 구성이었다. 하지만 2라운드에 알레나가 발목 부상으로 빠지며 연패가 길어지자 초반 구상이 어그러졌다. 그러면서 서남원 감독은 신인들을 적극 기용했다. 한송이가 알레나가 빠진 아포짓으로 이동하고 전체 2순위로 뽑은 신인 박은진이 미들 블로커로 들어갔다. 신인 나현수와 이예솔도 기회를 많이 받았다. 12월 고민지가 부상을 입고 고의정이 무릎 십자인대가 파열돼 시즌 아웃되는 가운데 유희옥도 벤치로 밀렸다. 주전 리베로는 오지영이 맡았다. 무릎 부상이 재발한 장영은과 시은미는 은퇴했다.

GS칼텍스는 내부 FA 이소영과 일찌감치 재계약하고 지난 시즌 득점 3위 듀크와 헤어진 뒤 몰도바 출신 알리오나 마르티니우크를 영입해 강소휘, 표승주로 이어지는 날개 공격진을 구성했다. 여기에 김유리와 문명화, 김현정이 미들 블로커진을 맡았다. 주전 세터 이고은이 개막을 앞두고 무릎을 다쳐 재활하는 사이 안혜진이 1라운드와 2라운드를 책임졌다. 리베로 나현정이 시즌 중반에 갑자기 은퇴를 선언할 때는 한다혜와 김채원이 빈자리를 메웠다. 신인 드래프트에선 전체 3순위로 박혜민을 지명했다.

현대건설은 외국인 선수로 지난 2011/12시즌 GS칼텍스에서 뛴 페리를 뽑았다. 한유미가 은퇴하고 김세영이 FA로 떠난 뒤에 보상선수로 정시영을 지명했다. 전력 보강이 부족한 가운데 황연주와 페리, 황민경이 날개 공격을 이루고 양효진과 정시영이 중앙 공격을 맡았다. 황민경과 리베로 김연견이 수비를 이끌었다. 하지만 아웃사이드 히터진에서 페리가 리시브를 받지 못하고 2년차 김주향과 전체 4순위로 뽑은 신인 정지윤의 수비도 흔들리면서 공이 좀처럼 세터 이다영에게 연결되지 못했다. 정시영이 부상으로 빠진 뒤엔 정지윤이 미들 블로커진에 합류했다. 또 황연주는 시즌 중반 손가락 수술로 시즌 아웃됐다.

그해처럼 순위 경쟁이 치열한 시즌은 없었다. 예상을 뒤엎고 초반 선두에 나선 팀은 GS칼텍스였다. 알리는 서브는 아쉽지만 공격력이 나쁘지 않은 편이고 부상에서 완전히 회복한 이소영은 펄펄 날았다. 강소휘와 표승주 모두 측면에서 잘해줬지만 특히 표승주는 자리를 가리지 않고 여러 포지션의 대체 자원으로 투입됐다. 1라운드와 2라운드에 걸쳐 6연승을 기록하며 8승 2패로 앞서갔다.

현대건설은 개막 후 11연패에 빠지며 고전을 면치 못했다. 초반에 외국인 선수 페리가 부진과 부상으로 빠지고 김세영이 떠난 미들 블로커진이 흔들리던 중에 튀르키예 리그에서 뛰던 마야(밀라그로스 콜라)가 새로 들어왔다. 4라운드에 고유민과 황민경의 아웃사이드 히터진이 수비 위주로 전환하며 3연승을 거둬 분위기를 바꿨다.

한국도로공사는 이바나의 극심한 부진이 계속되자 계약을 해지하고 2라운드를 앞두고 지난 시즌 GS칼텍스에서 뛴 파튜(파토우 듀크)를 데려왔다. 한편 KGC인삼공사는 초반 알레나의 부상 이후 연패를 겪으며 성적이 급락했다. 리베로 오지영이 리시브 1위를 기록하는 중에도 3라운드와 4라운드에서 전패해 10연패로 전반기를 마쳤다.

3라운드에 들어서자 흥국생명과 IBK기업은행이 치고 나갔다. 흥국생명은 김세영과 톰시아가 높이를 보강하고 김미연이 리시브에 가담한 덕에 김해란과 이재영이 수비 부담을 한층 덜 수 있었다.

IBK기업은행은 어나이와 김희진, 고예림으로 이어지는 새로운 삼각 편대를 구성했다. 특히 어나이는 생애 첫 프로 시즌인데도 개막

전부터 40점을 터뜨리며 기대에 부응한 뒤 시즌 내내 압도적인 득점 1위를 고수했다. 디펜딩 챔피언 한국도로공사도 초반에 배유나의 부상과 외국인 선수 교체로 뒤처져 있다가 차츰 안정을 찾았다. 그렇게 4파전 구도로 흘러갔다. 올스타 휴식기 전까지 순위는 흥국생명(41점), GS칼텍스(40점), IBK기업은행(36점), 한국도로공사(33점).

선두 다툼은 생각보다 쉽게 갈라졌다. 나머지 팀들이 승패를 주고받는 사이 이재영의 맹활약을 앞세운 흥국생명이 격차를 벌렸다. 흥국생명은 3라운드가 끝날 때쯤 1위에 오른 뒤 이후 꾸준한 경기력으로 한 번도 자리를 내주지 않았다. 4라운드에서 톰시아와 김미연이 모두 부진할 때도 이재영이 오히려 높은 공격성공률을 기록하며 종횡무진 활약했다. 공격에서 이재영이 득점 2위와 공격 3위를 차지하며 이끄는 동안 수비에선 김해란이 디그 1위, 리시브 2위의 기록으로 후방을 떠받쳤다. 당시 흥국생명이 마지막 홈경기에서 우승컵을 들어 올리려다 한국도로공사에 패한 경기는 최고의 시청률을 찍었다.

이제 플레이오프 두 자리를 놓고 세 팀이 겨루는 구도로 전개됐다. 먼저 봄 배구행 티켓을 따낸 팀은 한국도로공사였다. 3라운드에 4승 1패를 거둬 도약의 발판을 마련했다. 그리고 평균 연령이 높은 주전들의 구성상 후반 일정이 부담이 크리라는 예상과 달리 5라운드와 6라운드에서 8연승을 쓸어 담으며 무서운 상승세를 보였다. 김종민 한국도로공사 감독은 경기의 흐름에 따라 이효희와 이원정 두 세터의 교체 타이밍을 절묘하게 조절했다. 이효희는 미들 블로커를 활용하는 세트 플레이에, 이원정은 사이드 공격 위주의 플레이에 강점이 있었다. 물론 한국도로공사는 정대영과 배유나가 각각 속공 1위와 이동공격 1위를 차지할 정도로 세트 플레이가 활성화된 팀이었다. 여기에 서브 1위와 수비 1위, 리시브 3위를 차지하며 팀의 모든 수비를 관장한 문정원의 공을 빼놓을 수 없다.

30경기를 모두 치른 GS칼텍스는 자력으로 3위를 확정하지 못한 채 마지막까지 다른 팀들의 경기를 지켜봐야 했다. 그때 알레나의 장기 부상으로 19연패에 빠져 있던 최하위 KGC인삼공사가 팀의 정규리그 마지막 경기에서 IBK기업은행을 3-0으로 꺾는 이변이 벌어졌다. 그날 19연패의 사슬을 끊은 주역은 역시 돌아온 알레나와 풀타임 첫 시즌에 팀 내 국내 선수 중 최다 득점을 기록한 최은지였다. 박은진은 데뷔 시즌에 25경기에 출전해 145득점과 세트당 0.45개의 블로킹을 기록했다.

결국 최종 순위는 흥국생명, 한국도로공사, GS칼텍스, IBK기업은행의 순서로 결정됐다. IBK기업은행이 7시즌 만에 포스트시즌 진출에 실패하고 흥국생명으로선 다섯 번째 정규리그 우승을 차지한 순간이었다.

플레이오프에선 예상 밖의 접전이 펼쳐졌다. 한국도로공사의 우세가 점쳐졌지만 GS칼텍스의 이소영이 손가락 부상을 견디며 고군분투했다. 약점으로 꼽히던 미들 블로커진도 김유리의 활약에 힘입어 상대인 정대영, 배유나 듀오와 대등하게 맞섰다. 1차전에서 파튜을 앞세운 한국도로공사가 승리해 손쉽게 챔피언결정전에 진출하는 듯했다. 하지만 2차전에서 GS칼텍스가 풀세트 접전 끝에 한국도로공사를 꺾었다. 그날 컨디션이 안 좋은 알리가 빠진 가운데 강소휘가 31점을 올리며 공격을 이끌고 이소영과 표승주가 뒤를 받쳤다. 3차전에서 기세를 탄 GS칼텍스가 두 세트를 연달아 이기는 동안 베테랑들이 많은 한국도로공사는 체력이 떨어진 모습을 보였다. 그러던 중 3세트에서 한국도로공사가 한다혜와 안혜진 등 상대 선수들이 큰 경기를 치러본 경험이 부족한 나머지 실책을 하며 조직력이 흔들리는 순간을 놓치지 않고 분위기를 살렸다. 결국 한국도로공사의 극적인 역전승. 2019년 3월 15일부터 이틀 간격으로 3경기 연속으로 풀세트 접전을 펼친 플레이오프는 끈끈한 조직력으로 승부를 펼치는 여자배구의 명장면으로 남았다.

하지만 한국도로공사로선 플레이오프에서 너무 많은 체력을 소모한 게 뼈아팠다. 김천에서 플레이오프를 마치고 인천으로 올라가는 버스의 내부는 지쳐 있었다. 느긋이 기다리던 흥국생명이 바라는 대로 됐다. 그래도 1차전에서 체력이 바닥이 난 한국도로공사를 상대로 흥국생명은 고전했다. 시즌 후반부터 하향세를 걷던 톰시아가 힘을 못 내는 상황에서 이재영의 결정력이 없었으면 이기기 어려웠다. 2차전은 한국도로공사의 완승이었다. 3차전에서 박미희 감독은 미들 블로커 김나희 카드를 꺼내 분위기를 일신했다. 김해란의 경험과 김미연의 가세로 리시브가 살아나는 중에 김세영과 김나희가 높은 벽을 세웠다. 4차전에서 되살아난 톰시아와 이재영이 각각 40점과 39점을 올려 각각 24점씩을 기록한 상대방 파튜와 박정아를 넘어섰다.

그렇게 흥국생명은 2006/07시즌 이후 12년 만에 통합 우승을 차지했다. 챔피언결정전 우승 트로피를 되찾은 건 2008/09시즌 이후 10년 만이다. 구단들 중 제일 먼저 네 번째 우승 트로피를 들어 올리게 됐다.

이재영이 정규리그 MVP에 이어 챔피언결정전 MVP까지 차지한 가운데 신인왕 투표에서는 최고의 접전이 펼쳐졌다. 현대건설의 정지윤이 14표를 얻어 13표를 받은 흥국생명의 이주아를 1표 차로 따돌렸다. 정지윤은 김세영이 떠난 미들 블로커 자리에서 210득점을 하며 시즌 중반 이후 팀의 중앙을 지켰다. 이후 두 선수는 나란히 국가대표로 발돋움하며 리그를 이끄는 간판선수로 성장했다.

한편 여자배구는 이때를 기점으로 '홀로 서기'에 성공했다. 남자부와 여자부의 경기 일정이 분리돼 운영된 것. 홈구장을 같이 쓰는 남녀부 팀의 경기를 하루에 동시에 치르는 방식은 지난 시즌에 사라지고, 중계방송을 위해 남자부에 앞서 평일 오후 5시에 열려온 경기는 이때부터 남자부와 마찬가지로 오후 7시에 시작했다. 시청률과 흥행에서 성공적이라는 판단을 내린 한국배구연맹은 다음 시즌부터는 수요일에 한해 여자부만 2경기를 동시에 치르는 규정도 폐지하기로 했다. 그만큼 여자배구의 위상이 높아졌다.

리그는 그해 FA부터 FA 등급제를 도입했다. 직전 시즌 연봉을 기준으로 A, B, C 등급으로 나눈다. 연봉 1억 원 이상의 A 그룹 선수를 영입한 팀은 직전 시즌 연봉의 200퍼센트와 보호선수 6명 외 선수 1명을 전 소속 팀에 내준다. 연봉 5천만 원 이상, 1억 원 미만의 B 그룹 선수를 영입하면 보상선수 없이 직전 시즌 연봉의 300퍼센트를 보상한다.

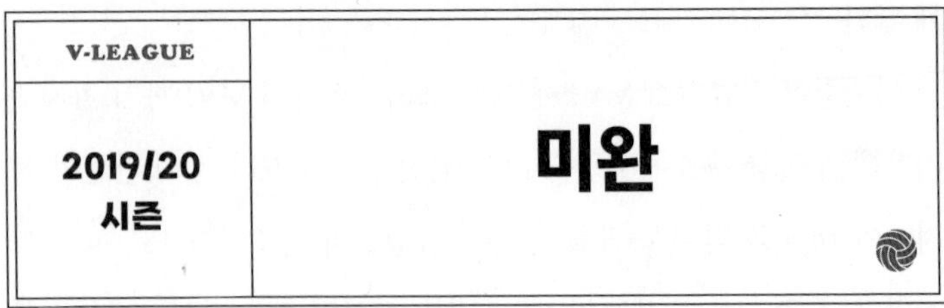

V-LEAGUE

2019/20 시즌

미완

개막을 앞두고 대다수 관계자들은 흥국생명을 절대 1강으로 꼽았다. 디펜딩 챔피언 흥국생명이 이재영과 김미연, 김세영, 이주아 등 기존 전력을 유지했을 뿐 아니라 지난 시즌 득점 3위 톰시아가 떠난 뒤 아르헨티나 대표팀의 주포인 루시아 프레스코까지 영입했기 때문이다. 내부 FA에서도 신연경과 김나희, 공윤희(시즌 전 은퇴)를 모두 지켰다. 또 중앙에서 김채연과 김나희가 변화를 더하고 수비진은 김해란과 신연경, 도수빈이 굳건했다. 이한비와 박현주, 신인 김다은도 꾸준히 교체 멤버로 나왔다.

대항마로는 지난 시즌 준우승한 한국도로공사와 현대건설, GS칼텍스가 꼽혔다.

현대건설은 지난 시즌 공격 5위 마야와 재계약한 가운데 고예림을 FA로 영입해 마땅치 않던 아웃사이드 히터 한 자리를 보강했다. 한국도로공사 시절의 단짝 황민경과 고예림이 다시 뭉쳐 날개를 맡고 양효진과 정지윤, 이다현의 미들 블로커진도 훨씬 활기를 띠었다. 지난 시즌 신인왕 정지윤은 신인왕에 도전하는 이다현과 미들 블로커 한 자리를 놓고 경쟁했다. 컵대회에서부터 효과가 나타나 고예림(MVP)과 김다인 백업 세터가 팀의 우승을 견인했다. 황연주는 아포짓 스파이커를 두고 마야에게 밀려 앉았다. 5라운드에 김연견이 부상을 입어 빠질 때 이영주가 주전 리베로로 나섰다.

한국도로공사는 파튜와 재계약하지 않고 높이와 힘이 좋은 셰리단 앳킨슨을 영입했다. 하지만 앳킨슨이 컵대회에서 무릎 인대가 파열되는 부상을 입자 다시 지난 흥국생명에서 2차례나 뛴 테일러를 데려왔다. 시즌 전 배유나가 어깨 수술을 받아 장기 결장이 예상되는 중에 유희옥을 자유신분선수로 영입했지만 중앙 전력이 약해질 수밖에 없었다. 그렇게 배유나의 빈자리에 정선아와 유희옥, 2년차 최민지가 번갈아 투입됐다. 날개 공격진에 박정아와 문정원 외에 외국인 공격수 자리가 시즌 내내 거의 비어 있다시피 하면서 출전 기회가 하혜진과 전새얀, 유서연 모두에게 골고루 주어졌다. 물론 성공 여부는 다른 문제였다. 세터진은 이효희가 주전 세터를 맡은 중에 전체 4순위로 뽑은 182센티미터의 장신 세터 안예림이 가세하고 김혜원이 실업팀으로 옮겼다.

GS칼텍스는 지난 시즌에 외면을 받았다가 감량하고 다시 트라이아웃에 도전한 리그 역대 최장신(206센티미터) 메레타 러츠를 뽑았다. 그리고 표승주가 FA로 떠난 뒤 트레이드를 통해 염혜선(지명 후 트레이드)과 이영을 KGC인삼공사에 보내고 한수지를 데려왔다. 한수지가 12년 만에 다시 돌아옴으로써 팀의 미들 블로커 부재라는 숙원이 풀리는 순간이었다. 한수지와 김유리를 중앙에 놓아 러츠와 함께 높이를 끌어올리고 이소영과 강소휘가 함께 득점을 배분하는 구도였다. 지난 시즌 주전으로 발돋움한 리베로 한다혜가 여전하고 세터 이고은이 재계약한 중에 2년차 박혜민과 안혜진 같은 백업 자원 역시 입지가 분명했다. 신인 드래프트에선 전체 3순위로 권민지를 지명했다.

KGC인삼공사는 알레나가 떠난 뒤 세계적 명성의 장신(203센티미터) 공격수 발렌티나 디우프를 영입하고 신인 드래프트에서 전체 1순위로 자카르타-팔렘방 아시안게임에 국가대표로 참가했던 정호영을 지명했다. 사람들은 디우프가 지난 몬타뇨 시절의 영광을 팀에 가져다주리라고 기대했다. 그리고 주전 세터 이재은이 은퇴함에 따라 그 공백을 메우기 위해 트레이드를 통해 한수지를 GS칼텍스로 보내고 염혜선을 데려왔다. 그렇게 한수지와 유희옥이 떠난 뒤 중앙에 2년차 박은진과 한송이의 블로킹 라인을 두고 최은지와 지민경, 고민지가 날개를 맡는 조합을 구성했다. 사실상 리빌딩이었다. 신인 정호영은 아웃사이더 히터로 20경기에 나와 20득점에 그쳤다.

IBK기업은행은 창단부터 10년간 팀을 이끌어온 이정철 감독이 물러난 뒤 김우재 감독이 새로 사령탑을 맡았다. 지난 시즌 득점 1위 어나이와 재계약한 뒤 내부 FA 중 고예림을 놓치고 이나연을 잡았다. 그리고 표승주를 FA로 영입해 보상선수로 데려온 김주향과 함께 날개 공격진을 맡겼다. 그 과정에서 염혜선이 보상선수로 떠나고 세터진에 이나연 혼자 남게 되자 실업팀에서 김하경을 다시 데려와 보강했다. 초반엔 어나이와 표승주가 아웃사이드 히터를, 김희진이 아포짓 스파이커를 맡고 김주향이 미들 블로커로 들어가는 구도였으나 효과가 없자 나중에 다시 김희진과 김수지의 미들 블로커진 구성으로 돌아왔다. 리베로도 초반엔 포지션을 바꾼 백목화가 주전으로 나섰으나 다시 박상미 체제로 돌아왔다. 다른 리베로들은 한지현이 다시 팀에 복귀하고 김해빈이 중간에 이적했다. 주전들이 올림픽 아시아예선전을 위해 대표팀에 차출됐을 때는 신인 최가은과 육서영, 변지수가 투입됐다. 시즌 후반 김희진이 종아리 부상으로 빠질 때는 '새 얼굴' 김현정이 미들 블로커진에 꾸준히 투입됐다.

가장 먼저 앞서나간 팀은 GS칼텍스였다. 러츠가 기대 이상의 실력을 발휘하고 강소휘와 이소영의 쌍포도 무서웠다. 1라운드 첫 경기에서 흥국생명을 3-0으로 완파하는 등 초반 선두로 달렸다. 흥국생명과 현대건설이 그 뒤를 쫓았다. 현대건설은 3라운드를 앞두고 마야가 부상으로 이탈할 때 2015/16시즌 득점왕인 헤일리를 영입했다. 이소영이 중간에 발목 인대 부상으로 빠진 사이 2라운드와 3라운드 GS칼텍스는 흔들렸다.

KGC인삼공사와 IBK기업은행, 한국도로공사는 하위권으로 처지며 일찌감치 레이스에서 멀어졌다. IBK기업은행은 표승주가 발목 부상으로 결장한 영향으로 1라운드에서 첫 경기를 이긴 뒤 5연패를 당했다. KGC인삼공사는 초반에 디우프의 컨디션이 올라오지 않았다. 3라운드엔 서남원 감독이 일신상 이유로 사퇴한 뒤 이영택 감독 대행이 팀을 맡아 이끌었다.

3라운드를 마친 뒤엔 잠시 휴식기를 가졌다. 도쿄 올림픽 본선 티켓이 걸려 있는 아시아 최종예선이 태국에서 열렸기 때문이다. 3라운드 최종전에서 국가대표 선수들이 빠진 뒤 팀들은 한 달 가까이 쉬며 재충전의 시기를 가졌다. 그 대신 올스타전이 열리지 않았다. 올림픽 브레이크 중엔 대표팀이 아시아 예선전에서 우승해 올림픽 본선 진출을 확정한 다음 날 갑작스럽게 트레이드 소식이 전해졌다. 미들 블로커 김현정과 아웃사이드 히터 박민지가 IBK기업은행으로, 문지윤과 리베로 김해빈이 GS칼텍스로 옮겼다.

재개된 4라운드에서 새로운 양상이 나타났다. 지난 시즌 5위에 그친 현대건설이 1위로 뛰어올랐다. 양효진이 공격, 블로킹, 속공 부문에서 1위를 지키고 이다영이 세트 1위(3시즌 연속)로 다양한 공격 패턴을 편성했다. 현대건설이 꾸준히 1위를 유지하는 가운데 이소영이 부상에서 복귀한 GS칼텍스가 흥국생명을 제치고 2위로 올라섰다. 반면 이재영이 대표팀에서 입은 무릎 부상으로 장기간 결장하면서 흥국생명은 7연패에 빠지며 3위로 처졌다.

한국도로공사의 고민은 배유나의 빈자리였다. 테일러는 세 번째 시즌인 이번에도 허리 부상으로 일찍 자리를 비웠다. 그가 이탈한 뒤 10경기에서 4승 6패를 기록했다. 3라운드까지 5승 10패를 거둬 5위로 전반기를 마쳤다. 1월 부진한 테일러를 내보내고 대체선수로 쿠바 국가대표 다야미 산체스를 영입했다. 여기에 전반기에 통째로 빠진 배유나가 4라운드에 복귀하면서 전기가 마련됐다. 하지만 지난 시즌 같은 후반기 대반전은 없었다.

IBK기업은행은 염혜선이 떠난 뒤 이나연 혼자만으로는 세터 자원이 부족했다. 또 백목화가 리베로로 전향하고 박상미가 좋은 모습을 보이는 중에도 리시브에서 불안감을 보였다. 시즌 막판 코로나19 유행을 우려한 어나이가 팀을 떠나 귀국하겠다고 고집을 부린 것도 악재였다.

결국 현대건설과 GS칼텍스가 나란히 5라운드에서 포스트시즌행을 결정짓고 정규리그 1위 싸움에 돌입했다. 현대건설은 2월 중 리베로 김연견이 발목을 다치는 악재로 리시브가 다소 흔들렸으나 고예림과 황민경이 리시브 라인을 안정시킨 끝에 1위를 지켜냈다.

하지만 코로나19의 유행으로 결국 6라운드 도중인 3월에 리그가 조기 종료됐다. 코로나19 확진자가 속출하고 선수들이 컨디션 난조를 보이면서 팀플레이 자체가 어려워진 것. 결국 5라운드까지의 성적을 기준으로 마무리하기로 결정되면서 그때까지 승점 52점을 따낸 현대건설이 GS칼텍스(51점)를 1점 차로 제치고 정규리그 1위를 차지했다. 이제 우승 칭호는 없지만 9년 만의 정규리그 1위였다. 양효진이 정대영에 이어 두 번째로 미들 블로커 포지션으로 정규리그 MVP를 수상했다.

흥국생명은 5라운드 중반에 이재영과 루시아가 복귀한 뒤 4연승을 거두며 3위 자리를 지켰다. 포스트시즌 진출을 확정하는 데 승점 1점을 남겨둔 상태에서 리그가 종료됐다.

KGC인삼공사는 디우프의 득점 1위(832점) 활약에 힘입어 5라운드에 파죽의 5연승을 거둬 지난 시즌 최하위에서 4위로 올라섰다. 13승 13패로 5할 승률을 맞췄다. 연승을 견인한 또 하나의 축은 미들 블로커로 고정된 뒤 제2의 전성기를 맞이해 이동공격 1위와 블로킹

4위를 차지한 한송이였다.

한국도로공사는 7연패로 시즌을 마감하며 3년 만에 다시 최하위로 추락했다. 배유나는 힘든 재활 끝에 올림픽 브레이크를 마치고 돌아왔으나 곧바로 또 팔꿈치 인대가 파열되는 부상을 입어 시즌 아웃됐다. 외국인 선수가 두 번이나 교체되는 동안 박정아 혼자 공격 부담을 지고 전체 공격의 활로가 단순해지면서 나란히 수비 1위, 2위를 차지한 임명옥과 문정원이 공을 잘 받아 올려주는 중에도 전력의 불균형이 심해졌다. 특히 문정원은 3시즌 연속으로 '리시브 시도 1000회 이상'을 기록했다.

신인왕 경쟁은 흥국생명 박현주와 현대건설 이다현의 2파전으로 압축됐다. 중앙여고 동기인 두 선수가 경쟁을 벌인 끝에 박현주가 1라운드 지명 선수들의 전유물이 돼온 전례를 깨고 리그 첫 '2라운드 출신 신인왕'에 올랐다.

한편 신인 드래프트에선 전면적인 확률추첨제가 도입됐다. 종전까지는 성적 하위 3개 팀만 1순위를 뽑을 수 있었으나 1위 팀에도 작은 확률(2퍼센트)이 분배됐다.

여자배구의 인기도 계속 상승세를 그렸다. 평균 시청률이 지난 시즌(0.90퍼센트)보다 0.15퍼센트포인트 증가한 1.05퍼센트를 기록해 처음으로 1퍼센트의 벽을 넘었다. 그리고 한국배구연맹은 앞으로 정규리그에선 '우승, 준우승'이라고 하지 않고 '1위, 2위'라고 부르기로 했다. 이제 우승이라는 호칭은 챔피언결정전에서 우승한 팀에만 주어진다.

V·LEAGUE

2020/21 시즌

트레블

시즌 개막을 앞두고 '어우흥(어차피 우승은 흥국생명)'이라는 말까지 나왔다. FA 시장에서 이재영과 재계약하고 쌍둥이 동생 이다영을 영입한 데 이어 코로나19의 여파로 김연경이 11년 만에 복귀하면서 흥국생명은 최강 전력을 구성했다. 팀의 '베스트7' 중 재계약한 루시아와 도수빈을 제외하면 5명(김연경, 이재영, 김세영, 이주아, 이다영) 모두가 전·현직 국가대표였다. 리베로를 제외하면 6명의 평균 신장은 186.5센티미터. 다른 구단의 사령탑도, 전문가들도, 팬들도 그들의 우승을 의심치 않았다. 한편 세터진은 조송화가 FA로 떠난 뒤 이다영과 전체 5순위로 뽑은 신인 박혜진이 책임졌다. 또 리베로 김해란이 출산을 위해 자리를 비우고 신연경이 보상선수로 팀을 떠난 사이 도수빈과 보상선수로 들어온 박상미가 빈자리를 메웠다.

현대건설은 내부 FA 중 이다영을 놓치고 황민경과 김연견을 잡았다. 그리고 트레이드를 통해 신연경(지명 후 트레이드)과 심미옥을 IBK기업은행으로 보내고 세터 이나연과 전하리를 데려왔다. 게다가 지난 시즌 후반 김연견의 부상으로 공백을 체감한 나머지 실업팀에서 뛰던 김주하를 다시 데려왔다. 신인 드래프트에서도 전체 6순위로 리베로 한미르를 뽑았다. 외국인 선수로는 베테랑 아웃사이드 히터 헬렌 루소를 뽑았다. 그렇게 날개는 루소가 아포짓을, 고예림과 황민경이 아웃사이드 히터를 맡고 미들 블로커진은 양효진 외 한 자리에 정지윤과 이다현이 번갈아 투입됐다. 정지윤이나 황연주가 아포짓으로 나올 때는 루소가 아웃사이드 히터로 움직였다. 간혹 정지윤은 황민경이 부상으로 빠진 자리에 나와 루소와 쌍포를 구성했다. 김다인이 주전 세터로 뛰고 이나연이 뒤를 받쳤다.

IBK기업은행은 내부 FA 김희진, 김수지와 재계약하고 조송화를 FA로 영입했다. 그러면서 박상미가 보상선수로 떠났다. 또 트레이드로 이나연과 전하리를 보내고 리베로 신연경과 심미옥을 데려왔다. 그렇게 세터진에 조송화와 김하경이, 리베로에 신연경과 한지현이 자리를 잡았다. 어나이가 떠난 자리엔 러시아 국가대표 출신 안나 라자레바가 들어왔다. 그의 파워 넘치는 공격력은 시즌에 대한 기대감을 높였다. 하지만 리시브에 가담하는 공격수 라인이 약한 고리로 분류됐다. 날개 공격진은 라자레바와 표승주가 붙박이로 나서고 김주향과 육서영이 번갈아 들어갔다. 김희진과 김수지 미들블로커 듀오가 여전한 가운데 김현정과 최가은이 교체 멤버로 출전했다. 김희진은 시즌 전에 입은 발목 부상의 여파가 지속되고 휴식이 없는 중에 득점력이 떨어졌다. 신인 드래프트에선 전체 3순위로 최정민을 지명했다. 백목화는 은퇴하고 변지수와 김현지, 최수빈은 실업팀으로 옮겼다.

한국도로공사는 이효희가 은퇴해 코치로 자리를 옮긴 뒤 이고은이 4년 만에 복귀해 주전 세터를 맡았다. 그리고 내부 FA로 나온 4명, 박정아와 정대영, 문정원, 전새얀과 모두 재계약해 전력을 유지했다. 지난 시즌 외국인 선수 문제로 시달린 터라 기술보다 높이에 강점이 있는, 스위스 리그에서 뛰던 켈시 페인을 지명했다. 그렇게 켈시와 박정아가 쌍포를 이루고 부상에서 회복한 배유나와 정대영이 중앙 공격을 맡았다. 특히 문정원이 득점과 디그가 떨어지던 중에 전새얀이 시즌 중반 주전으로 나와 공격과 리시브 양쪽에서 존재감을 드러냈다. 유희옥과 정선아는 은퇴했다.

GS칼텍스는 트레이드를 통해 이고은과 한송희가 한국도로공사로 떠나고 이원정과 유서연이 넘어오는 과정에서 친한 언니 동생 사이인 안혜진과 이원정 둘로 새롭게 세터진을 구성했다. 지난 시즌 득점 2위와 블로킹 5위를 차지한 러츠와 다시 손을 잡으면서 그와 이소영, 강소휘 셋이 한 번 더 공격을 떠맡게 됐다. 미들 블로커진은 리그 정상급인 한수지와 김유리가 지키는 중에 2년차 권민지가 가세했다. 리베로 한다혜와 한수진까지. 어떻게 보면 라인업에 별다른 변화가 없고 따로 보강하지 않았다. 시즌 중반 한수지가 발목 부상을 입어 시즌 아웃될 때는 문명화와 권민지가 공백을 충실히 메웠다. 신인 드래프트에선 전체 1순위로 세터 김지원을 지명했다.

KGC인삼공사는 지난 시즌 득점왕 디우프를 붙잡고 내부 FA들인 한송이와 염혜선, 오지영, 채선아와 재계약해 기존 전력을 유지했다. 하지만 한송이와 박은진이 버티는 미들 블로커진과 달리 날개 공격진엔 최은지 말고는 이렇다 할 국내 자원이 안 보였다. 개막 전에 지민경과 고민지가 나란히 부상을 입어 초반에 고의정과 전체 2순위로 뽑은 신인 이선우가 투입됐다. 이후 그 넷이 주전 경쟁을 펼쳤다. 특히 3년차 고의정은 데뷔 이후 처음으로 전 경기에 출전해 170득점을 기록하고 서브 2위를 차지했다. 날개 공격진에서 리시브가 흔들릴 때면 어김없이 채선아가 교체 투입됐다. 2년차 정호영은 190센티미터의 장신에 높은 타점을 갖춰 미들 블로커로 포지션을 바꿨다. 하지만 첫 경기에서 무릎 십자인대가 파열되는 부상을 입어 시즌 아웃 판정을 받았다. 5라운드에 염혜선이 손가락 골절상을 입어 시즌 아웃될 때는 하효림이 주전 세터를 맡았다.

예상대로 컵대회에서 흥국생명은 준결승까지 4경기 연속으로 3-0 승리를 거두며 승승장구했다. 그러다 외국인 선수들까지 출전한 결승에서 GS칼텍스에 발목을 잡혀 매운맛을 봤다. 그것도 0-3 완패였다. 김연경은 "이번 패배가 약이 될 것 같다"고 말했다.

정규 시즌에 돌입하자마자 흥국생명이 무섭게 질주했다. 1라운드 첫 경기인 GS칼텍스와의 대결은 김연경의 리그 복귀전이자 컵대회 결승 이후 재격돌이어서 큰 화제를 모았다. 흥국생명이 3-1로 이겼지만 3세트까지 연거푸 듀스가 이어졌다. 이다영이 한결 안정적인 토스를 하는 가운데 김연경과 이재영 모두 척척 득점으로 연결했다. 김연경은 상대편 러츠와 맞물려 돌아가던 중에 기술적으로 그의 블로킹을 따돌렸다.

흥국생명의 10연승(지난 시즌 마지막 4경기 연승까지 포함하면 14연승) 행진은 공교롭게 12월 5일 3라운드 맞대결에서 GS칼텍스에 지며 막을 내렸다. 3세트까지 줄곧 듀스 싸움이 벌어진 그날 몰리던 GS칼텍스가 세 세트를 연달아 이겨 역전승을 거뒀다. 1세트에서 루시아가 부상을 당해 흥국생명이 타격을 입은 중에 5세트 막판 김연경이 감정을 드러내며 네트를 잡아당길 때는 초조함이 읽혔다.

초반에 흥국생명이 연승을 거듭하는 동안 반대편에서 현대건설은 2승을 거둔 뒤 내리 6연패를 당했다. 무엇보다 황민경이 발바닥 통증 때문에 공격성공률이 떨어지고 루소가 연일 목적타를 받는 중에 리시브효율이 흔들렸다. 그 동안 한국도로공사도 6연패를 겪으며 떨어졌다.

결국 흥국생명은 루시아가 그날의 어깨 부상으로 이탈한 자리에 브라질 출신 브루나 모라이스를 데려와 후반기를 맞았다. 브루나는 높이가 뛰어나기는 해도 파괴력이 부족했다. 하지만 4라운드 GS칼텍스와의 맞대결에서 3라운드의 패배를 설욕하며 5연승을 이끌었다. 그렇게 17승 3패를 기록할 때만 해도 흥국생명은 압도적인 선두였다.

그러던 중 2월 쌍둥이 자매의 '학교 폭력' 사건이 밝혀지는 과정에서 둘이 징계를 받아 팀에서 이탈하면서 전력이 약해졌다. 게다가 루시아와 김세영이 부상으로 빠지면서 추락이 가속됐다. 위기 상황에서 급히 이한비와 세터 김다솔, 김채연 등이 투입됐지만 흥국생명은 결국 5라운드와 6라운드에서 2승 8패에 그쳤다. 그 사이 GS칼텍스가 무섭게 따라붙어 막판 6연승으로 질주하고 심지어 흥국생명과의 시즌 마지막 대결에서도 승리했다.

1위 GS칼텍스는 무엇보다도 웜업존 선수들의 활약이 대단했다. 부상당한 한수지의 자리에 권민지와 문명화가 들어가고 강소휘가 전반기 빠진 동안 유서연이 메웠다. 세터 안혜진이 흔들릴 땐 이원정이 들어갔다.

선두 다툼 못지않게 3위 싸움도 치열했다. 올스타 휴식기에 들어가기 전 3위 한국도로공사와 6위 현대건설 간의 승점 차가 9점에 불과해 마지막 10경기를 통해 순위가 뒤집어질 가능성이 있었다. 한국도로공사는 1라운드를 최하위로 마치며 답답한 흐름을 보이던 중에 새해 들어 승률 5할에 성공하며 중위권에 진입했다. 3위 싸움에 불을 붙인 이는 물론 켈시였다. 켈시와 박정아 쌍포의 활약도 매 경기 빛을 발했지만 전새얀이 투입될 때마다 조커로, 키 플레이어로 활동했다.

마지막까지 남은 팀은 IBK기업은행과 한국도로공사. 한국도로공사는 2월 27일 맞대결에서 IBK기업은행을 3-2로 이겨 불씨를 살렸다. 그러나 3월 3일 KGC인삼공사에 3-1로 뼈아픈 역전패를 당하면서 3위 싸움의 희비가 교차했다. 이후 남은 경기에서 IBK기업은행이 승점을 확보해 포스트시즌행을 확정했다. 승점 1점 차였다. IBK기업은행으로선 1월 29일 5라운드 GS칼텍스와의 맞대결에서 풀세트 접전 끝에 승리해 연패를 끊고 앞서 있던 한국도로공사와의 승점 차를 좁힌 시점이 결정적이었다. 그날 팀의 승리를 이끈 라자레바와 표승주, 김주향의 활약상은 IBK기업은행 전체 시즌의 축소판이었다.

5위 KGC인삼공사는 지난 시즌이 반복되는 느낌이었다. 이번 시즌에도 디우프가 공격을 이끌었다. 하지만 국내 공격수들의 지원이 부족해 날개 공격에서 나타나는 불균형이 여전했다. 세터는 득점이 필요한 상황에서 디우프에게 의존한다는 비판을 의식해야 했다. 한편 한송이가 블로킹 1위를 차지해 11시즌 동안 1위를 지킨 양효진을 밀어냈다.

현대건설은 13시즌 만에 최하위로 떨어졌다. 팀의 첫 번째 공격 옵션인 양효진이 공격과 블로킹 등에서 예전보다 부진한 성적을 냈다. 날개 공격진의 화력과 높이가 부족한 상황에서 그마저 흔들리자 팀은 갈팡질팡했다. 5라운드에 들어 이도희 감독이 "고비를 넘지 못하고 먼저 무너진 경기가 많았다"고 돌아본 것처럼 에이스의 결정력 부재가 팀의 성패를 좌우했다.

그렇게 GS칼텍스가 12년 만에 정규리그 1위를 차지했다. '베스트 7'에 GS칼텍스의 안혜진과 이소영이 뽑혔다. 한편 김우재 IBK기업은행 감독은 흥국생명과의 플레이오프를 앞두고 믿는 구석이 있었다. 득점 2위에 오른 라자레바는 백어택이 좋아 전·후위 어디서든 득점할 수 있는 전천후 공격수였다.

실제로 플레이오프에서 라자레바는 1차전과 2차전 합쳐 58점을 올렸다. 김연경을 막지 못해 1차전을 내준 IBK기업은행은 2차전에서 라자레바를 앞세워 승리했다. 그러나 시즌 막바지부터 허리 통증을 겪던 그가 결국 3차전에서 공격성공률이 떨어진 틈을 타 흥국생명이 챔피언결정전에 올랐다.

챔피언결정전에서 흥국생명은 기세가 오른 GS칼텍스에 3연패를 당하고 말았다. 무엇보다 플레이오프에서 IBK기업은행을 상대로

3차전까지 간 탓에 체력적인 부담이 큰 상태였다. 힘을 비축한 GS칼텍스는 1차전에서 삼각 편대가 가벼운 몸놀림으로 고루 득점했다. 반면 흥국생명은 브루나가 12득점에 그치는 등 전체적으로 선수들의 발이 잘 떨어지지 않았다. 2차전의 주인공은 '쏘쏘 자매' 이소영과 강소휘였다. 강소휘는 목적타를 이겨내는 중에도 최다 득점을 하고, 주장 이소영은 디그 20개를 기록하는 등 수비에도 헌신해 팀워크를 이끌어냈다. 3차전에선 러츠가 37득점을 올리며 흥국생명의 추격 의지를 꺾었다.

그렇게 GS칼텍스는 컵대회에 이어 첫 통합 우승까지 차지해 트레블이라는 새 역사를 썼다. 챔피언결정전 MVP는 삼각 편대의 두 축인 러츠와 이소영이 공동 수상했다. 정규리그 MVP는 김연경에게, 신인왕은 KGC인삼공사의 이선우에게 돌아갔다.

한편 2020년 12월 문화체육관광부가 배구를 포함한 프로스포츠에 표준계약서를 도입하기로 하면서 그동안 오프시즌마다 뜨거운 감자로 꼽히던 임의탈퇴가 임의해지로 바뀌었다. 즉 구단이 선수가 이적을 거부할 경우 임의탈퇴를 시킬 수 있다는 조항이 삭제됐다. 그러면서 한국배구연맹 규약 제52조 1항과 2항에 '선수가 계약 기간 중 자유의사로 계약 해지를 원하는 경우 구단에 서면으로 임의해지를 신청할 수 있다'고 명시했다. 또 공시일로부터 자유롭게 풀리는 기간도 따로 명시했다. 선수등록규정 제15조 2항에 따르면 임의 해지된 선수는 '공시일로부터 3년이 되는 날까지는 다른 구단과는 선수 계약을 체결할 수 없고, 해지 당시의 소속 구단과만 선수 계약을 체결해 복귀할 수 있다.'

V-LEAGUE

2021/22 시즌

다시 미완

'제7 구단' 페퍼저축은행이 창단돼 합류하면서 10년 만에 막내 구단이 바뀌었다. 사령탑은 2012년 런던 올림픽에서 한국 배구를 4위로 이끈 김형실 감독. 7개 팀으로 확대되면서 정규리그의 경기 수도 팀당 36경기, 총 126경기로 늘어났다. 일정상 일주일에 2경기를 소화해야 하는 만큼 선수들의 체력 관리가 중요해졌다. 백업 선수들이 주전들의 빈자리를 채울 수 있느냐도 변수가 됐다.

페퍼저축은행은 기존 6개 구단으로부터 1명씩 영입하고(이한비, 지민경, 최민지, 최가은, 이현. 현대건설은 미지명) FA로 하혜진을 데려온 다음 신인 드래프트에서 선수 7명을 뽑아 첫 시즌에 나섰다. 신생 팀 창단 조건으로 드래프트 1라운드에서 6명을 우선 지명했는데, 김형실 감독은 맨 먼저 세터 박사랑을 뽑았다. 트라이아웃 1순위로 뽑은 외국인 선수는 헝가리 리그에서 뛰던 엘리자벳 바르가였다. 이후 날개에 엘리자벳과 이한비, 박경현, 중앙에 하혜진과 최가은, 세터에 이현, 리베로에 문슬기와 김세인으로 이어지는 라인업을 구성했다. 지민경은 초반 무릎 수술에 이어 시즌 후반에 또 한 번 수술을 받았다.

도쿄 올림픽에서 4강 신화를 쓴 뒤 여자배구의 인기가 리그까지 이어진 가운데 미디어데이에서 대다수 감독들은 우승 후보 1순위로 한국도로공사와 현대건설을 꼽았다.

한국도로공사는 박정아와 배유나, 정대영, 세터 이고은 등 선수단의 변화가 거의 없고 켈리도 재계약해 남았다. 그중에 키 플레이어로 떠오른 전새얀과 늦깎이 신인 세터 이윤정이 눈에 띄었다. 그렇게 날개 공격진은 켈시와 박정아 외에 전새얀과 문정원이 번갈아가며 선발로 투입되고, 세터진은 이윤정과 이고은이 함께 주전 세터를 맡았다. 김종민 감독은 최민지와 하혜진이 이적한 뒤 실업팀에서 뛰던 미들 블로커 하유정(하준임의 개명)과 이예림을 데려와 백업진을 보강했다. 또 신인 드래프트에서 전체 4순위로 이예담을 뽑았다.

현대건설은 196센티미터의 키에 파워를 겸비한 야스민 베다르트를 영입했다. 그해 리그 무대를 처음 밟은 외국인 선수 6명 중 가장 완성된 공격수를 보유한 가운데 양효진과 이다현의 미들 블로커진도 막강했다. 김다인이 두 번째 풀타임 시즌을 맞아 주전 세터로 발돋움하며 비상하는 동안 고예림과 황민경, 김연견으로 이어지는 리시브 라인이 끈끈한 수비력으로 뒷받침했다. 도쿄 올림픽 직후 열린 컵대회에선 아웃사이드 히터로 변신한 정지윤(MVP) 등의 활약에 힘입어 GS칼텍스를 결승에서 누르고 우승했다. 정지윤은 교체 멤버로 계속 투입돼 야스민, 양효진과 삼각 편대를 이루며 상당한 득점포를 가동했다.

반면 GS칼텍스는 이소영이 KGC인삼공사로 이적하고 러츠가 이탈하면서 지난 우승 전력을 지키지 못했다. 그래도 내부 FA에서 강소휘와 한수지, 김유리, 한다혜를 붙잡고 보상선수로 도쿄 올림픽의 디그 1위 리베로 오지영을 데려오며 전력 손실을 줄였다. 새로운 외국인 선수 모마는 신장이 작은 편이지만 상당한 수비력과 서브를 갖춘 선수로 주목받았다. 또 트레이드를 통해 박혜민을 KGC인삼공사로 보내고 최은지를 데려왔다. 그러면서 강소휘와 유서연이 모마와 함께 날개 공격진을 이루고 최은지와 권민지, 문지윤이 백업 멤버로 출전했다.

흥국생명도 김연경이 중국 리그로 떠나고 김세영이 은퇴하는 등 핵심 전력이 흔들렸다. 물론 리베로 김해란이 복귀하고 캣벨이 트라이아웃을 통해 다시 K리그로 돌아왔지만 대체로 중위권 이상의 성적을 기대하기는 어려웠다. 세터 김다솔과 박혜진의 지휘하에 어느새 스타팅 멤버에 이름을 올리는 선수들의 평균 연령이 확 낮아져 있었다. 김세영이 떠난 자리에 김채연이 올라와 이주아와 함께 미들 블로커진을 구성했다. 또 이한비가 이적한 뒤 실업팀에서 뛰던 최윤이와 미들 블로커 변지수를 영입해 공격 전력을 보강했다. 날개 공격진은 캣벨과 주장 김미연이 고정되고 최윤이과 김다은, 신인 정윤주가 번갈아 출전했다. 하지만 김해란을 빼면 리시브 라인이 흔들렸다.

IBK기업은행은 라자레바 같은 확실한 득점원이 떠난 상황에서 3명의 올림픽 스타 김희진과 김수지, 표승주 등에게 기대해야 했다.

김희진과 김수지, 최정민이 미들 블로커진을 구성한 중에 중후반 외국인 선수가 자리에 없거나 아웃사이드 히터를 맡을 때는 김희진이나 최정민이 아포짓으로 이동했다. 최정민과 김현정은 선발과 교체 멤버로 계속 투입됐다. 날개 공격진에선 김주향과 육서영이 꾸준히 코트를 밟았다. 그래도 팀의 리시브 문제를 해결할 자원이 여전히 부족한 중에 최수빈을 1년 만에 실업팀에서 다시 데려왔다. 또 시즌 초 외국인 선수 레베카 라셈의 기량 부족이 드러나자 팀은 빠른 타이밍으로 푸에르토리코 국가대표 출신 달리 산타나를 영입해 교체했다. 리베로는 한지현이 FA 미계약으로 팀을 떠난 뒤 신연경과 김수빈이 남았다.

예상 밖에 FA 최대어 이소영을 영입한 팀은 KGC인삼공사였다. 2시즌 연속으로 득점왕을 차지한 디우프가 이탈리아 리그로 복귀한 뒤 힘과 높이의 배구에 능한 옐레나 므라제노비치를 데려온 중에 이소영까지 영입하며 약점으로 꼽히던 국내 거포를 확보했다. 오지영이 보상선수로 떠난 주전 리베로 자리는 노란이 맡았다. 한송이와 박은진, 정호영이 미들 블로커진을 이끌고 남은 날개 공격진 한 자리는 '새 얼굴' 박혜민이 맡았다. 이소영과 박혜민이 휴식이 필요할 때는 고의정과 이선우가 나섰다. 지민경이 이적한 뒤에도 아웃사이드 히터진이 넘쳐나고 있었다. 3라운드에 염혜선이 다시 손가락 골절 수술로 이탈할 때는 하효림이 선발로 나서고 실업팀에서 뛰던 김혜원이 급히 투입됐다. 4라운드에 노란이 부상으로 빠질 때는 채선아가 리베로를 맡았다.

시즌 전 예상대로 현대건설이 개막 후 무시무시한 속도로 독주했다. 라바리니호에서 수석코치를 지낸 강성형 감독이 새로 지휘봉을 잡아 지난 시즌 최하위로 떨어진 팀을 '개막 후 최다 연승'인 12연승으로 이끌었다. 3라운드 첫 경기에서 한국도로공사에 졌지만 이후 다시 '단일 시즌 최다 연승' 기록인 15연승을 거뒀다.

KGC인삼공사는 1라운드 때 좋은 성적으로 출발했지만 중반 들어 이소영과 한송이가 주춤하고 염혜선과 노란이 부상으로 빠진 뒤 성적이 가파르게 떨어졌다. 대표팀 차세대 미들 블로커로 꼽히는 박은진도 막판에 발목 부상을 입었다. 하효림이 주전 세터를 맡은 가운데 박혜민과 정호영이 중간중간 선발로 나서 주목을 받았다.

IBK기업은행은 세터 조송화와 김사니 코치가 팀을 이탈하는 풍파를 겪는 중에 시즌을 7연패로 시작했다. 조송화가 이탈한 뒤엔 김하경이 주전 세터를 맡았다. 팀 전체가 어두운 터널을 지나는 동안 3라운드와 4라운드에 8연패에 빠졌다. 이후 김하경의 지휘 아래 점점 선수들의 호흡이 맞아가면서 시즌 후반 들어 팀이 반등했다. 5라운드엔 5승 1패를 기록했다.

주전들이 여럿 빠져나간 흥국생명은 시즌 초반 전력난을 겪으며 부진했지만 김다솔이 안정감을 찾은 뒤 상승세를 타기 시작했다. 신생 팀 페퍼저축은행도 힘든 초반을 보내며 승점을 쌓지 못했다. 팀은 엘리자벳의 활약에 힘입어 6경기 만에 창단 첫 승을 거뒀다. 이후 2라운드와 3라운드에서 전패하고 4라운드와 5라운드에 각각 1승을 거두며 어려운 시즌을 보냈다.

이들과 달리 한국도로공사는 1라운드에서 3승 3패, 2라운드에서 5승 1패를 기록하며 상승세를 보였다. GS칼텍스는 이소영이 없는 중에도 모마와 강소휘 쌍포의 공격에 힘입어 상위권을 유지했다. 2라운드부터는 미들 블로커 권민지와 유서연이 주전 자리로 올라왔다.

하지만 현대건설은 마지막 점을 찍지 못했다. 당시 현대건설은 6라운드 첫 경기까지 승점 82점을 거둬 정규리그 우승에 승점 1점만을 남겨둔 상태였다. 하지만 코로나19로 리그가 두 차례나 중단과 재개를 반복하다가 결국 포스트시즌 없이 시즌을 조기 종료하기로 결정됐다. 현대건설로선 2019/20시즌에 이어 두 번이나 코로나19로 정규리그 1위를 차지하고도 챔피언결정전을 치르지 못하는 아픔을 겪어야 했다. 통합 우승이 유력한 상황이어서 더욱 아쉬움이 컸다. 그 대신 31경기만 치르고도 최다승(28승 3패), 최고 승률(90.62퍼센트), 최다 승점(82점) 기록을 세우는 위업을 달성했다.

그해 블로킹 1위와 속공 1위, 오픈공격 1위를 되찾은 양효진이 정규리그 MVP를 수상하고 블로킹 2위와 속공 2위로 성장한 이다현과 세트 2위 김다인이 처음 '베스트7'에 뽑혔다.

2라운드 중반부터 12연승을 올리며 한창 상승세를 그리던 한국도로공사 역시 시즌 조기 종료를 아쉬워했다. 현대건설을 상대(2승 4패)로 유일하게 두 번이나 이겨 켈시와 박정아 등 선수들도 맞대결에서 자신감을 드러냈으나 24승 8패로 2위에 만족해야 했다. 특히 주장 임명옥은 3시즌 연속으로 리시브 1위, 디그 1위의 기록으로 수비 1위를 차지해 최고의 시즌을 보내던 터라 아쉬움이 남달랐다.

GS칼텍스가 3위. 4라운드와 5라운드에 한국도로공사와의 2연전에서 비긴 것이 2위 싸움의 분수령이 됐다. 백업 멤버 최은지가 무릎 인대가 파열돼 이탈한 뒤엔 선수층이 얇아졌다. 하지만 4위 KGC인삼공사와 비교해 승점 차가 16점이나 될 정도로 강팀의 면모였다. 특히 에이스 모마는 득점 1위, 공격 1위, 서브 2위를 차지해 위용을 떨쳤다.

흥국생명(10승 21패)은 페퍼저축은행 덕분에 간신히 꼴찌를 면했다. 캣벨 혼자 공격을 책임지며 고군분투하는 중에 김미연과 블로킹 3위 이주아가 뒤를 받쳤지만 실질적인 지원은 되지 못했다. 시즌 중엔 김다솔과 박혜진 두 세터가 번갈아가며 출전했다. 페퍼저축은행은 세터들의 경험 부족을 실감하며 17연패를 당하는 등 시즌 내내 부진하다가 목표로 세운 5승에 못 미치는 성적(3승 28패)으로 첫 시즌을 마쳤다.

지난 시즌의 '학교 폭력' 사건에 이어 또다시 경기 외적인 이슈가 코트를 흔들었다. IBK기업은행은 서남원 감독을 새로 선임했다. 그런데 2021년 11월 김사니 코치와 세터 조송화가 서감독의 지시에 불만을 품고 팀을 이탈하는 사태가 일어났다. 팀 내 불화가 밖으로 드러났을 때 구단은 서감독에게 책임을 물어 사실상 경질했다. 이후 김사니 코치가 대행을 맡았으나 분란은 가라앉지 않고 오히려 사태가 일파만파로 커졌다. 다른 팀의 감독들은 김코치와 경기 전 악수하는 것을 거부하고 팬들은 트럭 시위를 벌였다. 우여곡절 끝에 김코치가 팀을 떠난 뒤 김호철 감독이 팀을 이끌게 됐다. 그나마 5위로 정규리그를 마쳤지만 승점이 같은 흥국생명에 세트득실률에서 앞섰을 뿐이다.

연이은 사건 사고에도 불구하고 그해 여자배구는 흥행 가도를 달렸다. 그해 도쿄 올림픽에서 국민적 관심을 받은 뒤 대표팀 출신 선수들에 대한 팬덤이 커져갔다. 김희진이 그 중심에 있었다. 대다수 구단이 최다 관객 신기록을 세우고 여자배구 시청률은 지난 시즌(1.23퍼센트)에 이어 역대 2위(1.18퍼센트)를 기록했다.

한국도로공사의 세터 이윤정은 뒤늦게 '늦깎이 신인왕'에 올랐다. 야구나 축구와 달리 배구는 당해 연도 신인 선수에게만 신인상을 수상할 자격을 준다. 1997년생인 이윤정은 2018년 수원전산여고를 졸업할 때 프로로 향하는 신인 드래프트에 나서지 않고 실업배구 수원시청에 입단했다. 그러다 김종민 한국도로공사 감독의 러브콜을 받아 2021년 프로행 도전장을 내민 끝에 2라운드 2순위로 지명됐다. 처음엔 이고은의 백업 세터로 기용되다가 출전 시간과 함께 활약도 늘어 세트 부문 7위에 올랐다.

V-LEAGUE	
2022/23 시즌	리버스 스윕

리버스 스윕

개막을 앞두고 꼽힌 우승 후보는 두 팀이었다. 지난 시즌 최고의 성적을 내고도 별을 달지 못하고 아쉬움을 삼킨 현대건설, 그리고 지난 6위의 성적에도 김연경이 중국으로 떠난 지 1년 만에 돌아온 흥국생명이다.

현대건설은 양효진과 고예림, 이나연, 김주하 등 내부 FA 전원을 붙잡고 지난 시즌 공격 2위 야스민과도 재계약해 전력을 대부분 유지했다. 양효진은 팀의 샐러리캡을 고려해 자신의 연봉을 낮춰 계약할 정도로 우승 의지가 남달랐다. 그렇게 야스민과 정지윤, 황민경, 고혜림이 날개 공격진을 이루고 양효진과 이다현 미들 블로커 듀오가 중앙 점유율을 높였다. 시즌 후반 황민경과 고혜림이 부상을 겪으면서 정지윤이 주전으로 나오는 경기가 많았다. 또 야스민이 어깨 부상으로 결장한 동안 황연주가 들어가 오랜만에 전성기 시절의 활약을 보였다. 새로 들어온 나현수와 김주하, 이영주가 백업 멤버로 대기하고 그해 아웃사이드 히터로 포지션을 바꾼 정시영이 모처럼 출전 기회를 받았다.

흥국생명은 외국인 선수로 지난 시즌 KGC인삼공사에서 뛰며 득점과 공격 모두에서 5위에 든 옐레나를 데려오고 내부 FA 김다솔을 지켰다. 박혜진이 시즌 개막을 앞두고 무릎 수술을 받아 세터진에 김다솔과 박은서만 남게 된 중에, 중반에 GS칼텍스와의 트레이드를 통해 이원정을 데려왔다. 김연경이 상하이에서 돌아와 옐레나와 김미연, 김다은과 함께 날개 공격진을 이루고 이주아와 김나희가 중앙 공격을 맡았다. 신인 드래프트에선 전체 2순위로 미들 블로커 임혜림을 뽑았다.

두 팀을 위협할 후보로는 GS칼텍스가 꼽혔다. 지난 시즌 득점과 공격 모두에서 1위에 오른 모마와 재계약하고 내부 FA들인 안혜진(지난 세트 1위)과 유서연을 붙잡았다. 모마와 강소휘, 유서연이 좌우 날개를 맡고 최은지와 포지션을 아웃사이드 히터로 바꾼 권민지가 꾸준히 교체 멤버로 들어갔다. 미들 블로커진은 한수지가 고정되고 남은 한 자리에 문명화, 오세연, 문지윤이 번갈아 출전했다. 큰 변화를 주지 않았지만 컵대회에서 문지윤(MVP)과 권민지, 김지원의 한층 발전된 기량에 힘입어 우승했다. 주전 세터 안혜진이 1라운드에 어깨 부상으로 빠질 때는 이원정과 김지원이 빈자리를 채웠다. 리베로는 한다혜가 주전으로 나서고 오지영과 한수진이 교체 출전했다.

IBK기업은행은 지난 시즌 대체선수로 뛴 산타나에게 다시 한 번 기회를 주고 내부 FA들인 표승주, 신연경, 최수빈과 재계약했다. 김호철 감독은 김희진을 또다시 아포짓 스파이커로 돌려 산타나, 표승주와 함께 날개 공격진에 배치했다. 김희진이 선발로 나서지 못하거나 결장할 때는 육서영이 아포짓으로 나왔다. 미들 블로커진은 최정민이 김주향의 부상 공백을 메우느라 이동한 동안 김현정이 2라운드까지 선발로 출전했다. 김희진은 시즌 초부터 무릎 통증이 있던 중에 5라운드를 앞두고 수술을 받았다. 굳건히 자리를 지켰으나 성적이 떨어질 수밖에 없었다. 반면 표승주는 529득점을 올려 국내 선수 득점 2위를 차지하며 데뷔 후 최고의 활약을 펼쳤다. 지난 시즌에 이어 김하경이 주전 세터를 맡고 실업팀에서 다시 데려온 이솔아와 이진이 백업 역할을 했다. 신연경이 부상을 입을 때는 최수빈과 김수빈이 번갈아 주전 리베로로 나섰다.

한국도로공사는 지난 2시즌간 공격을 이끈 켈시가 튀르키예 리그로 떠난 뒤 스위스 리그에서 뛰던 아웃사이드 히터 카타리나 요비치를 영입했다. 내부 FA 중 임명옥을 잡고 이고은을 놓친 상황에서 보상선수로 리베로 김세인을 지명했다. 이윤정 세터 체제로 전환한 가운데 박정아와 카타리나, 문정원, 전새얀의 날개 공격진, 정대영과 배유나 부동의 미들 블로커진을 꾸렸다. 이예림도 꾸준히 선발로 출전해 주전들의 공백을 메웠다.

페퍼저축은행은 지난 시즌 평범한 활약에 그친 엘리자벳과 헤어진 뒤 브라질 리그 득점왕 니아 리드를 영입했다. 그리고 이고은을 FA로 영입해 경험이 적은 세터진을 안정시켰다. 니아 리드와 이한비, 박경현이 좌우 날개를 맡고 최가은과 서채원 듀오가 미들 블로커진으로 나섰다. 하혜진은 시즌 전에 어깨 인대가 파열되는 부상으로 시즌 아웃되고, 박은서는 3라운드와 4라운드에 선발로 출전하다 또 발목 부상을 입었다. 리베로는 문슬기 외에 김세인이 보상선수로 떠난 상황에서 자유신분선수로 풀린 김해빈을 데려왔다. 전체 1순위로 뽑은 신인 염어르헝은 2경기 만에 무릎 통증으로 시즌 아웃됐다.

KGC인삼공사는 트라이아웃에서 지난 시즌 페퍼저축은행에서 뛴 엘리자벳을 뽑았다. 하효림이 은퇴하면서 비게 된 백업 세터 자리에 트레이드를 통해 나현수를 현대건설에 보내고 김현지를 데려왔다. 김채나(김혜원의 개명)도 백업 세터로 남았다. 여기에 전체 4순위로 신인 세터 박은지를 뽑아 보강했다. 리베로 노란이 시즌 전 대표팀에 차출됐다 아킬레스건 부상을 입었는데 4라운드에 복귀할 때까지 신인 최효서와 고민지가 책임졌다. 그렇게 이소영과 엘리자벳, 박혜민이 좌우 날개를, 정호영과 박은진, 한송이가 미들 블로커진을 구성했다. 특히 정호영은 속공과 블로킹에서 기량이 발전해 355득점을 기록했다. 교체 멤버로는 날개 공격수 이선우와 고의정, 채선아가 출전했다.

리그 전체에서 눈여겨볼 만한 변화는 사령탑이었다. 지난 시즌 중반 IBK기업은행에 김호철 감독이 부임한 데 이어 권순찬 감독이 흥국생명에서, 고희진 감독이 KGC인삼공사에서 지휘봉을 잡았다. 기존의 김종민과 강성형 감독까지 포함하면 남자부 사령탑을 지낸 감독이 5명이나 됐다.

예상대로 시즌 초반부터 2파전이 벌어졌다. 흥국생명은 주전 세터 김다솔과의 호흡 때문에 어려움을 겪기는 했지만 현대건설과 선두 다툼을 벌였다. 현대건설도 야스민이 두 시즌째 무난한 모습을 보이는 가운데 개막전부터 15연승으로 달리며 순항했다. 양효진 외에도 이다현, 정지윤, 황민경 등이 중앙과 날개에서 골고루 힘을 보탰다.

GS칼텍스는 출발이 다소 기대에 못 미쳤다. 1라운드에선 안혜진이, 2라운드에선 강소휘가 어깨 부상을 입어 빠졌다. 3라운드에 강소휘가 복귀해 공격의 활로를 열고 모마가 부담을 덜면서 팀은 3연패에서 벗어났다. 그러면서 한국도로공사와 3위 다툼을 벌였다.

한국도로공사는 외국인 선수 문제로 1라운드에서 3승 3패, 2라운드에서 4승 2패, 3라운드에서 2승 4패를 쓰며 들쑥날쑥했다. 페퍼저축은행은 개막 후 10연패의 늪에 빠지면서 김형실 감독이 최하위 성적에 책임을 지고 전격 사임했다. 그렇게 2강 4중 1약의 구도가 그려졌다.

하지만 변수가 발생했다. 새해가 되자마자 흥국생명이 권순찬 감독을 경질한 것. 딱 시즌 절반을 치른 뒤 휴가를 다녀와 복귀한 날 구단으로부터 통보를 받았다. 구단 고위층이 선수단 운용과 관련해 내린 지시를 이행하지 않았다는 게 주원인이었다. 이후 이영수 코치가 감독대행을 맡아 한 경기를 치른 뒤 떠나 김대경 코치가 대행의 대행을 맡는 파행까지 일어났다. 결국 김연경과 페네르바체에서 함께했던 마르첼로 아본단자 감독이 오고야 사태가 진정됐다.

또 3라운드에 들어 현대건설은 야스민이 허리 부상으로 장기 결장하면서 꿈이 깨지기 시작했다. 자리를 비워놓고 기다렸으나 회복 속도가 더뎌 결장 기간이 길어졌다. 5라운드, 끝내 야스민이 돌아오지 않자 대체선수로 스위스 리그 득점왕 출신 이보네 몬타뇨를 데려왔다. 하지만 리베로 김연견이 발목 인대가 파열되는 부상을 입고 주장 황민경도 허리 부상으로 주춤하면서 이미 힘이 빠진 뒤였다. 공수의 핵심이 빠져나간 상황에서 1위 자리를 흥국생명에 내줘야 했다.

흥국생명은 그런 우여곡절을 겪고도 현대건설을 누르고 정규리그 1위를 차지했다. 흥국생명의 여섯 번째 정규리그 1위였다. 물론 흥국생명의 우승엔 공격 1위, 득점 5위를 기록한 김연경과 득점 3위를 기록한 옐레나의 활약을 빼놓을 수 없다. 또 날개 공격수 김다은이 공격력에서 급속도로 성장한 모습을 보이고 변지수가 중후반 김나희가 빠진 자리를 충실히 메웠다.

치열한 3위 싸움에선 KGC인삼공사가 한국도로공사에 밀렸다. 한국도로공사는 4라운드를 앞두고 카타리나를 방출하고 지난 시즌 흥국생명에서 뛴 캣벨을 대체선수로 영입해 큰 도움이 됐다. 3차례나 V리그를 찾은 캣벨은 마지막에 복덩이였다. 박정아의 공격력이 시즌 중반 살아난 가운데 배유나와 정대영도 맹활약해 나란히 블로킹 2위, 3위에 올랐다. 특히 배유나는 36경기에서 443득점을 올려 리그 정상급 미들 블로커임을 증명하고, 임명옥은 4시즌 연속으로 리시브 1위와 수비 1위, '베스트7' 모두에 이름을 올렸다.

6라운드 2월 28일 KGC인삼공사는 한국도로공사를 꺾고 6연승을 거둬 3위 자리를 유지했다. 그날 경기로 4위 한국도로공사와 승점 2점 차로 벌어졌다. 이후 매 경기가 끝날 때마다 3위가 뒤바뀌는 숨 막히는 접전이 펼쳐진 끝에 한국도로공사가 4점 차로 따돌리고 3위를 결정지었다. KGC인삼공사는 승점 1점이 모자라 단판 준플레이오프에 나설 기회를 아깝게 놓쳤다. 엘리자벳이 득점 1위(1015점), 서브 1위, 공격 3위로 뜻밖에 대활약했지만 시즌 전 5명이나 국가대표에 차출되고 부상을 당한 노란이 3라운드에나 돌아오는 등 어려움을 겪는 중에 힘이 모자랐다.

GS칼텍스는 4라운드를 앞두고 중위권 싸움에 몰두하는 중에 신인 1순위 지명권을 확보하는 게 더 낫다는 판단에서 주전 경쟁에서 밀린 오지영과 이원정을 각각 페퍼저축은행과 흥국생명으로 트레이드했다. 그런데 GS칼텍스의 전력이 5위로 한 계단 떨어지는 중에 오히려 두 선수는 트레이드된 뒤 소속 팀에서 주축으로 변신해 전력을 끌어올렸다. 한편 팀이 중앙의 높이에서 약점을 드러낸 중에도 한수지가 블로킹 1위에 올랐다.

IBK기업은행은 김호철 감독 체제로 처음 풀시즌을 치렀으나 역부족을 드러내며 6위로 마쳤다. 무릎 부상을 겪던 김희진이 수술을 받기 위해 일찍 시즌을 접은 뒤 세터진과 외국인 선수 등 약한 고리를 극복하지 못했다. 다행히 표승주가 500점을 돌파하는 득점을 올리고 신연경이 리시브와 디그에서 활약해 팀을 견인했다. 페퍼저축은행은 김형실 감독이 사임한 뒤 남은 시즌을 이경수 감독대행 체제로 치렀다. 첫 시즌(3승 28패)보다는 낫지만 여전히 초라한 5승 31패라는 성적을 남겼다.

포스트시즌에선 역대급 승부가 펼쳐졌다. 플레이오프에서 한국도로공사가 현대건설을 물리치고 챔피언결정전에 올랐다. 1차전에서 캣벨과 박정아가 46득점을 합작하고 배유나가 지원하는 중에 무엇보다 임명옥이 리시브에서 차이를 만들었다. 프로 2년차 세터 이윤정도 세트 1위 김다인에 맞서 노련하게 공격을 조율했다. 외국인 선수들의 맞대결에서도 밀렸지만 현대건설은 무엇보다 선수들의 부상에 발목이 잡혔다. 수술을 미룬 채 무릎 부상을 안고 뛴 고예림 대신 정지윤이 선발로 투입됐을 때 목적타 서브에 시달려야 했다. 기세를 잡은 한국도로공사는 2차전에서 일찌감치 승부에 쐐기를 박았다. 그날 오후 한국도로공사의 버스는 김천에서 인천으로 향했다.

챔피언결정전에서 한국도로공사는 2연패 뒤 3연승을 거두는 리버스 스윕을 만들었다. 1차전과 2차전을 내주고 김천으로 내려온 뒤 일대 반전을 이뤘다. 3차전과 4차전에서 흥국생명이 1세트를 따내고 2, 3, 4세트를 내리 내주며 무너지는 패턴을 되풀이할 때 기적은 조금씩 감지되고 있었다. 무엇보다 시즌을 절반밖에 치르지 않은 캣벨에게 힘이 남아 있었다. 끝장 승부 5차전에서 캣벨이 고비마다 스파이크를 터뜨리며 리드를 잡으면 김연경이 끈질기게 추격했으나 막판에 흥국생명이 뒷심이 부족했다. 그때까지 리그를 통틀어 챔피언결정전에서 1, 2차전을 연달아 승리한 팀의 우승 확률은 100퍼센트였으니, 1, 2차전을 먼저 내준 팀이 역전 우승을 차지한 건 리그 최초요, 기적이라 불릴 만했다. 5년 만에 이룬 한국도로공사의 두 번째 챔피언결정전 우승이었다.

김종민 감독은 가장 중요한 5차전을 앞두고 선수들에게 "우린 이미 불가능을 가능으로 만들었다. 기적을 기록에 남기느냐, 배구 팬의 기억에 잠시 스치느냐는 5차전에 달렸다"고 독려했다. 이에 선수들은 기적의 완성으로 화답했다. 챔피언결정전 MVP는 5경기에서 112점을 올린 캣벨에게 돌아갔다.

정규리그 MVP는 투표인단 만장일치로 흥국생명을 정규리그 1위로 이끈 김연경에게 돌아갔다. 신인상은 KGC인삼공사의 집안싸움 끝에 최효서가 박은지를 제쳤다. 리베로로는 최초이고 2라운드 지명 선수로는 역대 두 번째였다.

한편 한국배구연맹은 포지션 이름을 국제 표기에 따라 레프트(윙스파이커)는 아웃사이드 히터(OH)로, 라이트는 아포짓 스파이커(OP)로, 센터는 미들 블로커(MB)로 바꾸기로 했다. 리베로는 영어 약자가 Li에서 L로 바뀌었다.

V-LEAGUE

2023/24
시즌

세 번째 별

대표팀은 발리볼네이션스리그 12연패(2021년 3연패, 2022년과 2023년 각각 12연패), 아시아선수권 6위, 파리 올림픽 예선전 7연패 최하위를 기록하며 수모를 겪었다. 2022년 항저우 아시안게임에서도 졸전 끝에 5위라는 성적표를 받았다.

2023/24시즌은 예측하기 힘든 시즌이었다. 아시아쿼터가 처음으로 도입되면서 전력 변화가 많았기 때문이다. 태국 대표팀 주전 세터 폰푼 게드파르드는 최초의 외인 세터로 IBK기업은행의 유니폼을 입고, 인도네시아 출신 메가왓티는 아포짓 스파이커로 정관장(KGC인삼공사)에 입단했다. GS칼텍스는 처음엔 메디 요쿠를 뽑았으나 세터 자리를 보완하기 위해 개막 전에 태국의 세터 소라야로 교체했다. 그러나 한 달 만에 소라야가 임신으로 팀을 떠나면서 또다시 필리핀 출

신 톨레나다로 교체하는 소동을 겪었다.

IBK기업은행은 트라이아웃 1순위로 푸에르토리코 대표팀의 왼손잡이 아포짓 브리트니 아베크롬비를 영입하고 아시아쿼터 1순위로 폰푼을 데려와 기대가 컸다. 내부 FA에선 김희진을 잡고 김수지를 놓쳤다. 그런 중에 황민경을 FA로 영입했다. 보상선수로 2년차 임혜림을 데려오고 김주향을 보냈다. 그렇게 날개 공격진은 표승주와 황민경, 아베크롬비가 주전을 구성하고 육서영이 다시 아웃사이드 히터로 옮겨 교체 멤버로 출전했다. 미들 블로커진은 김희진이 수술 여파로 초반에 빠진 가운데 최정민이 고정되고 김현정과 임혜림이 출전 시간을 분담했다. 세터진은 폰푼과 김하경이 주전 세터 자리를 두고 경쟁하는 가운데 이진이 실업팀으로 옮겼다. 또 리베로 신연경이 부상을 입고 최수빈이 은퇴하면서 생긴 공백에 대비해 실업팀에서 뛰던 김채원을 영입했다.

GS칼텍스는 2시즌 동안 득점 1위, 2위를 유지한 모마와의 동행을 멈추고 새로 지젤 실바를 영입했다. 김유리가 은퇴한 자리엔 FA로 풀린 정대영이 복귀해 높이를 지켜냈다. 날개 공격진은 실바와 주장 강소휘가 쌍포를 꾸린 가운데 유서연과 최은지, 권민지가 번갈아 투입됐다. 정대영과 한수지 베테랑 듀오가 꾸린 미들 블로커진에선 오세연과 문지윤, 문명화가 뒤를 받쳤다. 컵대회에선 강소휘(MVP)가 권민지와 문지윤 등을 이끌고 우승해 연속으로 정상에 올랐다. 강소휘로선 세 번째 컵대회 MVP였다. 그리고 안혜진이 어깨 수술로 빠진 사이 지난 시즌부터 선발 경기를 늘린 김지원이 주전 세터로 나섰다. 주전 리베로 한다혜와 백업 한수진이 수비를 맡았다.

페퍼저축은행은 대대적인 투자를 진행했다. FA 시장에서 지난 시즌 우승의 주역이었던 박정아를 최고액에 영입하고 수비에 능한 채선아도 데려왔다. 내부 FA에도 투자해 이한비와 오지영을 붙잡았다. 그런데 이고은이 보상선수로 지명되면서 주전 세터가 비게 되자 어쩔 수 없이 엿새 만에 한국도로공사에 주전 미들 블로커 최가은을 보내고 이고은을 재영입했다. 그 과정에서 한국도로공사에 신인 1라운드 지명권도 내줘야 했다. 그리고 지난 2시즌 동안 현대건설에서 활약한 '돌아온' 야스민을 영입해 공격에 날개를 달고 아시아쿼터로 미들 블로커 필립스를 지명했다. 그렇게 야스민과 박정아, 이한비가 날개 공격진을 이루고 필립스와 염어르헝이 중앙 공격을 맡았다. 염어르헝이 2라운드 말에 또 한 번 무릎 수술로 시즌 아웃될 때는 하혜진이 주전으로 나섰다. 박은서도 꾸준히 교체 멤버로 코트를 밟았다. 세터진은 이고은과 박사랑이 남았다. 리베로는 후반에 오지영이 물의을 일으켜 빠질 때는 채선아가 맡았다. 한편 새로 선임한 아헨 킴 감독이 4개월 만에 사퇴하면서 시즌을 앞두고 조 트린지 감독이 사령탑을 맡아 이끌었다. 창단 멤버인 이현, 구솔, 이은지가 팀과 작별하고 지민경이 부상 수술 후 재기하지 못하고 안타깝게 은퇴했다.

디펜딩 챔피언 한국도로공사는 내부 FA 중 박정아와 정대영을 놓치고 배유나와 문정원, 전새얀을 잡아 우승 전력이 흔들렸다. 보상선수로 이고은을 지명해 복귀시키려 했으나 최종적으로 최가은을 데려오고 양도받은 신인 1라운드 지명권으로 드래프트의 핵심인 김세빈을 뽑았다. 그렇게 미들 블로커진에 팀의 에이스 배유나와 김세빈, 최가은을 배치할 수 있었다. 여기에 미국 대학팀에서 뛰던 반야 부키리치와 아시아쿼터 타나차를 지명했다. 그뿐 아니라 트레이드를 통해 아웃사이드 히터 김세인과 세터 안예림을 정관장에 보내고 고의정과 세터 박은지를 데려왔다. 부키리치와 타나차, 문정원이 날개 공격을 맡고 배유나와 김세빈이 중앙 공격을 이끌었다. 이예림과 전새얀, 최가은이 꾸준히 교체 멤버로 나서고 2년차 이예은이 원 포인트 서버로 자리 잡았다.

정관장은 지난 시즌 득점 1위 엘리자벳이 떠난 뒤 이탈리아 리그에서 뛰던 아웃사이드 히터 지오바나 밀라나(지아)를 뽑았다. 아시아쿼터에선 인도네시아 대표팀 아포짓 메가를 지명했다. 내부 FA 중에 염혜선과 한송이를 잡고 채선아를 놓쳤다. 선발 라인업에 다른 변화는 없지만 다만 지난 시즌 직후 어깨 수술을 받은 이소영의 회복을 기다려야 했다. 일단 메가와 지아의 쌍포, 박혜민이 날개 공격진 전면에 서고 정호영과 박은진이 미들 블로커진을 구성했다. 여기에 백업 멤버로는 고의정과 고민지가 이적한 뒤 아웃사이드 히터진에 이선우와 '새 얼굴' 김세인이 대기했다. 백업 세터로는 김현지가 은퇴한 뒤 안예림과 김채나가 출전했다.

현대건설은 내부 FA 중 황연주와 김연견, 정시영을 붙잡고 황민경을 놓쳤다. 그 과정에서 김주향이 보상선수로 지명돼 4년 만에 다시 돌아왔다. 아시아쿼터에선 아웃사이드 히터 위파이 시통을 지명하고 트라이아웃에서 GS칼텍스가 포기한 '검증된 선수' 모마를 선택했다. 김주하가 은퇴한 뒤 백업 리베로로 고민지를 데려왔다. 부상 이슈도 있어, 고예림은 지난 시즌이 끝나고 양쪽 무릎 수술을 받아 재활에 전념하고 정지윤은 대표팀에 차출됐다 발목 부상을 입었다.

황민경과 고예림이 빠진 팀은 컵대회에서부터 서브 리시브에서 약점을 드러냈다. 이제 수비가 필요한 아웃사이드 히터진에서 위파이가 어떤 활약을 보여줄지가 관건이었다. 정지윤이 2라운드에 돌아올 때까지 모마와 위파이, 김주향이 날개 공격진을 구성했다. 고예림은 4라운드에 복귀했다.

흥국생명은 지난 시즌 득점 3위 옐레나와 재계약하고 아시아쿼터에서 아웃사이드 히터 레이나 도코쿠를 지명했다. FA 시장에선 김연경과 도수빈을 붙잡고 김수지를 영입했다. 그 대신 임혜림이 보상선수로 떠났다. 좌우 날개는 옐레나와 김연경이 쌍포를 이루는 중에 김미연과 레이나가 들어가고, 미들 블로커진은 이주아와 김수지, 김채연이 형성했다. 하지만 부상 이슈가 많았다. 대표팀에 다녀온 김다은이 어깨를 다쳐 장기 결장하고 김해란은 시즌 전에 무릎 부상을 입어 전반기에 합류하지 못했다. 또 김수지가 시즌 전에 받은 무릎 수술로 재활이 필요하거나 김채연까지 부상을 입을 때 결국 레이나가 쉬지 못하고 미들 블로커까지 소화했다. 도수빈이 3라운드까지 주전 리베로를 맡았다.

시즌 초반 예상대로 1강으로 꼽힌 흥국생명이 9연승을 하며 선두 자리를 굳건히 지켰다. 주전 세터 이원정이 무릎 부상을 안고 뛰고 김해란이 빠져 리시브와 연결이 불안정했지만 김연경과 레이나의 공격력이 모든 것을 커버했다. 무엇보다 레이나가 목적타 서브를 받고 포지션을 여럿 소화하는 중에도 잘 버텼다. 그 뒤를 GS칼텍스가 잇고 정관장이 3위에 랭크됐다.

정관장은 1라운드에서 4승 2패를 기록하며 호성적을 보였다. 특히 메가와 지아는 매서운 공격뿐 아니라 시간차와 후위 공격에서도 1위, 2위를 다툴 정도로 다재다능한 실력을 뽐냈다. IBK기업은행은 폰푼이 늦게 합류하고 부상 선수들이 속출하면서 선수들의 손발이 잘 맞지 않아 고전했다. 한국도로공사도 박정아와 정대영이 빠져나간 전력에다 외국인 선수들까지 받쳐주지 못해 주춤했다. 무엇보다 부키리치와 타나차가 늦게 합류한 만큼 다른 선수들과 호흡을 맞출 시간이 부족했다.

현대건설은 고예림과 정지윤이 부상 여파로 비운 자리를 김주향과 위파위가 잘 메웠다. 특히 위파이는 공격과 수비 모두에서 안정감을 보였다. 하지만 김다인과 이다현이 대표팀에 다녀온 뒤 컨디션이 완벽하지 않았다.

2라운드 중반부터 현대건설의 경기력이 살아났다. 현대건설은 파죽의 9연승을 거두며 흥국생명과 2강 체제를 이뤘다. 양효진과 이다현 미들 블로커진이 중앙에서 높이와 힘을 발휘하는 중에 모마가 공격을 주도했다. 그쯤 김다인과 정지윤의 경기력이 올라왔다. 막판에 위파이가 어깨 부상을 입으면서 조직력이 흔들렸으나 복귀 후 다시 기세를 살렸다. 매번 외국인 선수 문제로 애를 먹던 팀이 이번에는 성공을 거둔 셈이었다. 여기에 원 포인트 서버로 나서 힘을 보탠 고민지와 한미르의 활약도 빼놓을 수 없다.

4라운드까지 GS칼텍스는 상승세를 이어가며 선두들을 뒤쫓았다. 하지만 초반 기세를 유지하지 못하고 5라운드와 6라운드에 걸쳐 단 3승을 올리는 데 그쳤다. 실바가 1005점을 올리며 득점 1위로 맹활약하고 5라운드에 안혜진이 돌아왔을 때도 아웃사이드 히터진은 살아나지 못했다. 한 시즌 동안 아시아쿼터 선수를 3차례나 교체했으나 공격력을 다시 끌어올리기에는 역부족이었다.

5라운드를 앞두고 흥국생명이 부진한 옐레나를 방출하고 대체 선수로 윌로우 존슨을 영입한 것은 절묘한 수가 됐다. 이후 윌로우와 김연경, 레이나의 삼각 편대가 활발해지고 팀 분위기도 한층 올라왔다.

6라운드 맞대결에서 현대건설이 흥국생명에 졌다. 하지만 최하위 페퍼저축은행이 야스민의 활약을 앞세워 흥국생명을 잡은 덕에 승점 1점 차로 1위를 차지했다. 지난 시즌 함께 뛰던 야스민의 허리 부상을 위해 거액의 치료비를 투입한 현대건설로서는 1년이 지나 보상을 받은 셈이었다.

페퍼저축은행은 박정아의 가세로 기대를 모았지만 리그 최다 연패(23연패)를 기록한 끝에 결국 조 트린지 감독이 중간에 사퇴했다. 세터와 선수들 간의 호흡이 맞지 않고 새로 영입한 주전들이 대부분 부진한 탓에 우려한 대로 이번에도 기존 구단들과의 전력 차를 좁히지 못했다. 지난 시즌과 마찬가지로 5승 31패를 기록했지만 6라운드에서 3승 3패를 거둬 달라진 모습을 보인 점이 고무적이었다.

IBK기업은행과 한국도로공사도 일찌감치 봄 배구 레이스에서 떨어졌다. 5위 IBK기업은행은 GS칼텍스와 승점이 같았으나 승수에서 밀렸다. 아베크롬비가 득점 2위로 제 몫을 다했으나 아웃사이드 히터진에서 공격을 받쳐주지 못해 화력이 떨어진 것이 결정적이었다. 하지만 김희진의 복귀가 시즌 중반을 넘어 지체되는 동안 최정민이 블로킹 1위를 차지하며 미들 블로커 한 자리를 굳건히 지키고, 후반 들어 폰푼과 신연경이 부상을 입어 이탈할 때 김하경과 김채원이 존재감을 보였다.

6위 한국도로공사는 최적의 날개 공격진을 찾지 못하고 박정아의 빈자리를 실감해야 했다. 전새얀과 이예림, 고의정 등 아웃사이드 히터진에서 한마디로 '치고 올라오는' 선수가 안 보였다. 첫 프로 시즌을 뛴 부키리치는 득점 3위로 활약하는 중에도 결정력이 아쉬웠다. 문정원과 임명옥이 이끄는 리시브와 수비는 정상급이었지만 공격과 서브, 블로킹 등 전반에 걸쳐 화력이 부족했다. 데뷔 시즌 주전으로 자리 잡은 김세빈이 그해 신인상을 수상했다.

3위 자리는 정관장이 차지했다. 성적이 떨어질 무렵 4라운드에 이소영이 완전히 복귀하자마자 거짓말처럼 추락이 멈췄다. 메가와 지아, 이소영으로 이어지는 삼각 편대가 제대로 작동하면서 중앙 공격까지 살아났다. 그때 7연승을 기록하며 급격한 상승세를 타고 후반기엔 1위, 2위 선두들과의 맞대결에서도 승리하며 상위권에 근접했다. 4라운드 이후 13승 3패. 무엇보다 메가와 지아로 이뤄진 외국인 듀오가 7개 구단 중 제일 훌륭했고, 정호영과 박은진의 국가대표 미들 블로커 라인도 제 몫을 했다.

결국 3월 7일 GS칼텍스와의 경기에서 승리하며 7년 만에 봄 배구 진출이 결정된 날 한송이와 염혜선, 이소영 등 정관장의 베테랑들은 감격의 눈물을 터뜨렸다. 4위와의 준플레이오프도 무산돼 플레이오프에 직행했다. 하지만 아쉽게도 그날 2세트에서 이소영이 블로킹을 하고 착지하는 과정에서 발을 잘못 디뎌 발목이 꺾이는 부상을 입었다.

포스트시즌을 앞두고 3위 정관장의 선전이 예상됐다. 그러나 이소영의 부상으로 다시 큰 공백이 생겼다. 1차전에서 흥국생명에 패한 뒤 안방 대전에서 열린 2차전, 정관장은 지아와 메가 쌍포가 55점을 합작하고 김세인이 고비마다 깜짝 활약을 펼친 끝에 승리해 시리즈를 3차전으로 끌고 갔다. 하지만 3차전에서 끝내 부상 악재를 극복하지 못하고 패해 봄 배구를 마감해야 했다.

챔피언결정전에선 매 경기 5세트까지 가는 혈전이 벌어졌다. 현대건설은 1차전과 2차전 모두 세트 스코어 3-2로 역전승을 거뒀다. 흥국생명은 막판에 체력에 발목이 잡혔다. 결국 강성형 감독과 현대건설이 3연승으로 시리즈를 끝내며 코로나19로 중단된 두 번의 시즌에서 1위를 차지하고도 챔피언결정전을 치르지 못한 아쉬움을 잊고 마침내 웃었다. 현대건설로선 세 번째 챔피언결정전 우승이자 13년 만의 통합 우승이었다. 챔피언결정전 MVP는 모마에게 돌아갔다. 강 감독의 말대로 모마와 위파위를 영입한 게 신의 한 수였다.

한편 신인 드래프트에선 본격적으로 직전 시즌 7위부터 1위까지 7개 팀에 확률이 분배되는(35, 30, 20, 8, 4, 2, 1퍼센트) 방식이 실시됐다. 또 V리그 공이 달라졌다. 한국배구연맹은 공식 사용구를 스타에서 미카사로 바꿔 그해 컵대회에서부터 '미카사 V2002W' 공을 사용했다. 임명옥은 "공이 바뀌면서 서브가 좀 더 예리해졌다"고 했다.

2011/12시즌 KGC인삼공사 통합 우승. **사진** 발리볼코리아닷컴

2016/17시즌 IBK기업은행의 챔피언결정전 우승. **사진** IBK기업은행 배구단

2018/19시즌 흥국생명 통합 우승. **사진** 발리볼코리아닷컴

2020/21시즌 GS칼텍스 트레블 우승. **사진** 발리볼코리아닷컴

2022/23시즌 한국도로공사의 챔피언결정전 우승. **사진** 한국도로공사 배구단

2023/24시즌 현대건설의 통합 우승. **사진** 현대건설 배구단

열정의 역사

미들 블로커가 후위공격까지

정대영

- 2005시즌 -

프로배구 20주년을 맞이한 2023/24시즌 위대한 선수 두 명이 은퇴를 선언했다. 정대영과 한송이가 그 주인공이다. 특히 1981년생으로 최고령 선수였던 정대영은 실업배구를 포함해 무려 25년간 이어온 성인 배구 경력을 마감한 것이다.

정대영은 V리그 역사에서 새로운 이정표를 여럿 세웠다. 미들 블로커인데도 후위에 설 때 교체되지 않고 플레이를 했다. 그러면서 2005년 원년 정규리그에서 득점왕과 블로킹왕, 수비상을 싹쓸이했다. 세 상을 한꺼번에 받은 선수는 지금까지 그가 유일하며 앞으로도 나오지 않을 가능성이 높다. 역대 최고의 올라운드 플레이어를 뽑으라면 김연경과 함께 첫손에 꼽힐 선수다. 최초로 출산휴가 개념을 갖고 코트에 복귀한 선수이기도 하다. 40대 나이에 FA로 팀을 옮기기도 했다.

준비된 선수

프로배구가 출범하기 전 1990년대 후반은 유망주들이 폭발적으로 등장한 시기였다. 1980년생인 이효희를 시작으로 1981년생 동갑내기 정대영과 김사니, 1982년생 한유미(생일이 빨라 1981년생들과 동기로 지냄)가 황금 세대로 꼽힌다.

정대영은 김사니, 한유미와 함께 1999년 캐나다 세계여자청소년배구선수권대회에서 한국을 3위로 이끌었다. 그는 당시 대표팀의 높이를 책임졌다. 그해 양백여상을 졸업한 뒤 실업팀 현대건설의 유니폼을 입고 성인 무대에 데뷔했다. 청소년대표팀 동기들인 한유미와 박선미도 함께 현대건설에 입단했다.

현대건설은 실업배구 시절 강호였다. 구민정과 장소연, 강혜미, 이명희 등 쟁쟁한 선수들이 많았다. 그중 장소연과 이명희는 미들 블로커로 활약하는 정대영에게 멘토가 돼주었다. 그도 기대에 부응하며 실업 무대에 성공적으로 적응했다. 그는 데뷔 시절을 돌아보며 "현대건설에서 뛸 때는 선배들의 도움을 정말 많이 받았어요"라고 말했다.

그의 스타일은 정통 미들 블로커와 차이가 났다. 속공과 블로킹뿐 아니라 후위공격도 가능하고 수비와 리시브에도 빠지지 않다 보니 '전천후 선수'로 분류됐다. 지금의 배구 팬들은 이해하기 어려울지 모르지만 이유가 있었다. 당시엔 리베로 제도가 없었기 때문이다.

수비 전문 선수인 리베로는 국제배구연맹이 주최한 1997년 월드리그(발리볼네이션스리그의 전신)에서 도입됐다. 한국에는 이듬해인 1998년 슈퍼리그에서 등장했다. 리베로는 서브와 공격에 참여하지 않고 후위에서 수비를 전담한다. 그런데 리베로 제도가 도입되기 전에는 미들 블로커와 아웃사이드 히터, 아포짓 스파이커, 세터 모두 후위로 자리를 이동하면 서브 리시브와 수비에 가담해야 했다. 그러다 보니 공격과 수비 모두에서 일정한 실력을 갖춘 선수들이 지금과 비교해 많이 나올 수밖에 없었다.

미들 블로커는 일반적으로 전위에서만 공격하고 후위에 가면 리베로와 교체되지만 정대영은 달랐다. 리시브 능력도 뛰어나고 백어택까지 때릴 수 있었다. 리베로 제도가 도입된 뒤에도 후위에 올 때 코트 밖으로 나가지 않았다. 아포짓 스파이커를 대신해 후위에서 공격에 가담했다. 서브도 뛰어났던 그는 2002년 슈퍼리그에서 서브와 블로킹 부문에서 동시에 1위에 올랐다. 국가대표팀에선 미들 블로커 대신 주로 아포짓으로 뛰며 2004년 아테네 올림픽에서 8강에 오르는 데 기여했다.

올라운드 플레이어

1997년 외환위기의 여파로 SK케미칼, 한일합섬, 효성, 후지필름까지 실업배구 4개 팀이 줄줄이 해체됐다. 그에 앞서 1994년 미도파가 모기업의 경영난으로 효성에 흡수된 것까지 포함하면 10개였던 실업팀이 순식간에 절반인 5개로 줄었다.

우여곡절 끝에 2004년 한국배구연맹이 설립되며 프로리그로 가는 첫발을 내디뎠다. 프로 출범에 반대하는 목소리도 있었지만 프로

화는 피할 수 없는 대세였다. 대한배구협회(KVA)는 2003/04시즌 실업리그를 프로 출범 전 단계인 세미프로 형식으로 치르기로 결정하고 V투어라는 이름을 붙였다. 실업리그 소속 팀들에 연고지를 지정하고 2005년에는 프로리그를 출범하기로 결의했다.

2005년 2월 V리그가 첫선을 보였다. 5개 팀이 각각 1, 2라운드를 소화했다. 정대영의 소속 팀 현대건설이 프로배구 첫 경기를 치렀다. 2005년 2월 20일 올림픽제2체육관에서 한국도로공사와 맞대결을 펼쳤다. 선배들에게 밀려 많은 기회를 얻지 못하던 정대영은 프로화 이후 주축 선수가 됐다. 그러면서 역사에 남는 기록들도 세웠다.

1세트에서 한국도로공사가 먼저 서브권을 가지면서 세터 김사니가 리그 사상 1호 서브의 주인공이 됐다. 김사니가 때린 서브를 정대영이 받으면서 그가 리그 1호 리시브를 기록했다. 그는 당시를 떠올리며 "내가 1호 기록을 세운 줄도 몰랐어요"라며 웃었다.

리그 사상 1호 디그도 그의 것이다. 정대영이 리시브를 받고 세터 이숙자가 토스를 보낸 다음 이진희가 오픈공격으로 연결했다. 이진희가 때린 공을 한국도로공사의 미들 블로커 김미진이 블로킹으로 막았다. 이때 블로킹에 맞고 떨어지는 공을 정대영이 걷어내고 리베로 이현지가 연결한 공을 한유미가 때렸다. 오픈공격이 통해 현대건설이 리그 사상 첫 득점을 내면서 한유미가 리그 사상 1호 공격득점의 주인공이 됐다.

정대영도 곧 자신의 프로 첫 득점을 올렸다. 현대건설이 4-5로 끌려가는 상황에서 한국도로공사의 한송이가 때린 스파이크를 이현지가 받아 수비에 성공했다. 그 공을 이숙자가 정대영에게 속공으로 연결했다. 그 공격이 성공해 현대건설이 5-5를 만들었다. 그날 현대건설은 한국도로공사를 3-2로 이겼다. 후위공격에 능한 정대영은 23점을 올리고 상대의 공격을 7차례나 가로막으며 승리의 주역이 됐다.

아웃사이드 히터 한유미가 무릎 부상으로 수술을 받고 코트로 돌아온 지 얼마 되지 않아 류화석 현대건설 감독과 홍성진 코치는 정대영에게 리시브까지 맡겼다. 그러면서 정대영은 득점, 리시브, 블로킹에서 모두 1위를 차지하는 괴력을 발휘했다. "처음 주축 선수가 되다보니 어린 선수들끼리 똘똘 뭉쳐 뭐든지 재밌게 했어요. '(리시브나 백어택을 하면서) 내가 왜 이걸 해야 하지'라는 생각도 했어요. 아무래도 처음이라 능숙하지 않아서 욕도 많이 먹고 버겁기도 했습니다."

그래도 고생한 보람이 있었다. 현대건설은 5개 팀 중 3위에 그쳐 챔피언결정전에 가지 못했지만 리그 초대 MVP는 정대영에게 돌아갔다. "아무래도 V리그 첫 MVP이니까 엄청 기뻤어요."

2005/06시즌 그는 28경기 110세트에 나와 687점을 올려 득점 2위를 기록했다. 2005년 12월 25일 마산체육관에서 열린 GS칼텍스와의 홈경기에선 35점을 기록하며 리그 최초로 500득점 고지에 올랐다.

2006/07시즌에는 큰 변화가 생겼다. 외국인 선수 제도가 도입된 것. 현대건설은 세르비아 출신의 산야 토마세비치를 영입했다. 장신 아웃사이드 히터로서 워싱턴대 재학 시절 2005년 NCAA(전미대학체육협회) '올해의 선수'에 뽑힌 경력 때문에 기대를 모았다. 하지만 산야는 기대에 못 미쳤다. 그 빈자리를 정대영이 커버했다. 해당 시즌 정대영이 515점, 한유미가 335점, 산야가 318점을 기록했다.

현대건설은 13승 11패로 정규리그 3위를 차지해 플레이오프를 거쳐 챔피언결정전에 올라갔다. 상대는 김연경이 뛰고 있던 흥국생명. 정대영을 중심으로 이숙자와 한유미, 윤혜숙 등이 뭉친 현대건설이 1차전에서 3-1로 이겨 기선을 제압했다. 하지만 2~4차전을 내리 패해 준우승에 머물렀다.

국가대표팀에서도 꾸준한 활약을 펼쳤다. 특히 2000년대 초반엔 자원이 부족한 대표팀 사정상 미들 블로커 대신 아포짓 스파이커로 나섰다. 김희진이 2020년 도쿄 올림픽에서 했던 역할과 비슷하다. 정대영은 "당시 김철용 감독이 운동을 많이 시켰어요. 그래도 그때 백어택 기술이 많이 늘어 프로에서 도움이 됐죠"라고 했다. 태극마크를 달고 총 225경기에 출전한 그는 김연경(296경기), 김희진(242경기), 양효진(241경기)에 이어 역대 출전 4위에 올라 있다. 2012년 런던 올림픽에서 4강에 오른 멤버이기도 하다.

출산과 복귀

V리그는 2007/08시즌을 앞두고 FA 제도를 도입했다. 연수 합산에 실업배구 경력도 포함되면서 정대영은 첫 FA 자격을 얻었다. 현대건설은 한유미와의 재계약에는 성공하지만 정대영과 이숙자까지 붙잡을 여력이 없었다. 정대영과 이숙자는 GS칼텍스로 향했다. "현대건설에선 더 이상 잘하기 어렵다고 생각했죠. GS칼텍스는 젊은 팀이니까 내가 갔을 때 가장 발전 가능성이 높아 보였어요. 숙자 언니랑 그동안 많이 맞춰봤으니 같이 가자고 하게 됐죠."

GS칼텍스는 당시 미들 블로커 손현과 세터 정지윤이 은퇴한 자리에 정상급 선수 둘을 한꺼번에 영입한 뒤 전력이 오히려 향상됐다.

세터 이숙자를 중심으로 김민지와 정대영, 나혜원의 다양한 공격이 가능해졌다. 그해 컵대회 결승에서 KT&G를 꺾고 우승할 때 MVP에 뽑힌 정대영이 정규리그 우승까지 하고 싶다고 말한 것은 빈말이 아니었다. 2007/08시즌 정규리그를 3위로 마친 GS칼텍스는 플레이오프에서 KT&G를 2연승으로 물리치고 챔피언결정전에 진출했다.

챔피언결정전의 상대는 김연경을 앞세워 통합 우승 3연패를 노리는 흥국생명. GS칼텍스는 그런 흥국생명을 오히려 압도했다. 정대영은 고비마다 후위공격을 터뜨리며 챔피언결정전 4경기에 걸쳐 74점을 올렸다. 선수로서 기량이 절정에 달했던 시기였다. GS칼텍스는 1차전을 내준 뒤 2~4차전을 연달아 잡아내며 우승 트로피를 들어 올렸다. GS칼텍스뿐 아니라 정대영과 이숙자에게도 프로 출범 후 첫 우승이었다. "기다림의 끝은 언제나 기쁨, 노력의 끝은 언제나 성공이다. 지금 힘들어도 다가올 좋은 날들이 많다." 입버릇처럼 되뇌던 그의 말은 그해 그가 챔피언결정전 MVP에 선정되며 현실이 됐다.

그는 2009년 1년간 팀을 떠나 있었다. 구단과 언론은 출산휴가라고 표현했지만 실상은 조금 달랐다. "2년만 더 하고 은퇴할 생각이었는데 구단에서 너무 아깝지 않냐며 '2+1년' 계약을 제안했죠." 그는 출산한 지 4개월 만에 팀에 합류했다. "당시 난 운이 좋았어요. 감독(조혜정)과 코치가 모두 여성이었어요. 장윤희 코치도 출산하고 돌아와 1년 더 뛰고 은퇴했기에 내 사정을 잘 이해해줬죠."

합숙 훈련과 이동이 많은 여자 프로선수가 육아를 병행하는 건 불가능에 가깝다. "석 달 정도 모유 수유를 했어요. 딸이 젖병으로는 잘 안 먹어서 선수로 복귀하기 직전에 분유로 바꾸느라 힘들었어요. 백일 때부터는 친정 엄마가 함께 지내며 돌봐줬고요." 다만 출산하고 서른 줄에 접어들며 운동 능력이 떨어져 과거와 같은 전천후 플레이는 보여주지 못했다. 속공과 블로킹 등 미들 블로커의 임무에 충실했다.

2010/11시즌이 끝난 뒤 두 번째 FA 자격을 얻었을 때도 GS칼텍스와의 동행이 이어졌다. 팀 성적은 좋지 않은 중에도 그는 베테랑에 걸맞은 예우를 받았다. 2011/12시즌부터는 이숙자에 이어 팀 주장까지 맡았다. 그해 GS칼텍스로 이적해 온 한송이와 신인 이소영을 미들 블로커의 위치에서 도왔다. 상대의 블로킹을 자기 쪽으로 유도해 둘의 공격 효율을 끌어올렸다.

무엇보다 후배 배유나가 성장하는 데 결정적인 멘토가 된다. 배유나는 훗날 GS칼텍스와 한국도로공사를 거치는 동안 "미들 블로커로서 가장 본받을 만한 플레이를 코트에서 보인 선수가 정대영 선배"라고 여러 차례 언급했다.

GS칼텍스도 돌아온 베띠와 정대영, 한송이 3인방이 뭉쳐 다시 한 번 도약했다. 베테랑들이 위력을 유감없이 발휘했다. 2012/13시즌 챔피언결정전에서 IBK기업은행에 밀려 준우승에 머물렀으나 2013/14시즌 챔피언결정전에선 같은 상대를 다시 만나 설욕했다. GS칼텍스와 정대영 개인 모두에게 통산 두 번째 우승으로 2007/08시즌 이후 6년 만이었다.

늘 푸른 소나무

2013/14시즌이 끝난 뒤 세 번째 FA 자격을 얻은 정대영은 7년 전과 같은 상황과 마주쳤다. 2007년의 현대건설처럼 GS칼텍스도 한꺼

번에 여러 선수가 FA 자격을 얻었다. 정대영과 한송이, 리베로 나현정이 대상이었다. GS칼텍스는 한송이와 나현정에 집중했다. 그 사이 미들 블로커가 필요했던 한국도로공사가 전격적으로 움직여 정대영과 계약했다. 한국도로공사는 베테랑 세터 이효희까지 영입했다. 정대영은 이렇게 회상했다. "'GS칼텍스에 남느냐, 은퇴하느냐'의 갈림길이었어요. 그때 서남원 감독이 나를 불러줬죠."

첫해인 2014/15시즌 종아리를 다치는 바람에 컨디션이 떨어졌지만 부상에서 회복한 뒤에는 당시 플레잉 코치를 맡고 있던 장소연과 함께 미들 블로커로서 제 몫을 했다. 한국도로공사는 니콜 포셋을 중심으로 장소연, 정대영, 이효희 등 베테랑들이 힘을 더해 챔피언결정전까지 올라가 준우승했다.

하지만 흐르는 세월을 붙잡을 수는 없었다. 나이가 들면서 예전과 비교해 움직임이 둔해지고 공격과 수비 능력은 조금씩 내려갔다. 그래도 노련미와 센스는 여전했다. 2017/18시즌 한국도로공사가 정규리그 1위에 이어 챔피언결정전 우승에 올라 프로 출범 후 첫 우승이자 통합 우승을 달성할 때, 그는 챔피언결정전 3차전에서 블로킹 5개를 포함해 19점을 올렸다. 30대 중반의 미들 블로커가 팀의 주포인 박정아와 똑같은 득점을 올려 승리를 이끈 것이다. 2018/19시즌 챔피언결정전에선 흥국생명의 김세영과 함께 나란히 포스트시즌 통산 100블로킹 고지에 올랐다.

그는 2022/23시즌까지 한국도로공사에서 뛰면서 한 차례 더 우승을 거머쥐었다. 그런 중에 자신처럼 FA로 이적해 와 다시 한솥밥을 먹게 된 배유나와 호흡이 좋았다. 당시 김종민 한국도로공사 감독은 "(정대영은) 나보다 일곱 살밖에 어리지 않다"고 말해 웃음을 자아냈다. 김감독은 "노장 선수를 왜 계속 기용하냐는 말이 있다는 걸 알고 있다. 그러나 나이 든 선수가 코트에 나오는 데는 이유가 있다. 그만큼 실력이 있고 자기 관리가 철저하다는 의미다. 프로는 실력으로 증명하는 곳이다. 팀이 필요로 하기 때문에 남아 있고 코트에 나와 뛰는 것이다. 그런 점을 팀 내 어린 선수들은 배워야 한다"고 정대영의 존재 가치를 설명했다.

2022/23시즌 챔피언결정전은 그의 '라스트 댄스'였다. 그를 비롯해 박정아, 배유나 등 FA를 앞두고 있던 주축 멤버들은 지금이 아니면 다시 우승할 수 없다는 걸 알고 있었다. 한국도로공사가 극적으로 우승한 직후 그는 다시 한 번 FA 자격을 얻었다. 그리고 이번엔 9년 만에 GS칼텍스로 돌아갔다. 당시 전화를 건 필자에게 그는 "(GS칼텍스 숙소가 있는) 청평에서 요양할 생각"이라며 웃었다.

나이 차가 많은 후배들과도 잘 어울렸다. 하지만 2023/24시즌 GS칼텍스에서 뛴 성적은 아쉬웠다. 잔부상에 시달리며 22경기에 출전해 57득점에 머물렀다. 결국 시즌을 마치고 은퇴를 결정했다.

리그의 아이콘
김연경

- 2005/06시즌 -

"앞으로 이런 선수가 나오는 일은 다시없을 것 같다."

2005년 10월 26일, 2005/06시즌을 앞두고 열린 신인 드래프트. 당시 현장을 찾은 사령탑 5명(5개 팀)을 비롯해 한국배구연맹 관계자, 여고 배구부 지도자들이 한목소리로 얘기했다. 주인공은 한일전산여고(현 한봄고)의 김연경이었다. 2004년 2학년 무렵부터 공격뿐 아니라 수비와 서브 리시브에서도 고교 무대 수준을 뛰어넘는다는 평가를 받았다.

그해 드래프트에서 김연경은 직전 시즌 최하위였던 흥국생명의 유니폼을 입었다. 2005년 12월 4일 수원에서 열린 현대건설과의 경기가 데뷔 무대였다. 당시 서브 에이스 2개와 2점짜리 백어택 7개를 포함해 29점을 올리며 3-1 승리를 이끌었다. 리그 역사를 새로 쓸 선수의 화려한 등장이었다.

전설의 시작

그가 입단한 당시 프로배구에도 시범경기가 있었다. 이미 대표팀에서 주전 아웃사이드 히터로 활약했지만 시범경기에서도 주전으로 나섰다. 고교를 갓 졸업한 호리호리한 몸매의 소녀는 말 그대로 코트 위를 날아다녔다. 2006년 1월 22일 KT&G와의 경기에선 무려 44점을 올렸다. 이는 그의 V리그 최다 득점 기록이다(일본 리그 45점). 그 기록은 2009년 1월 30일 GS칼텍스의 베띠가 KT&G와의 경기에서 45점을 올려 경신하기 전까지 한동안 자리를 지켰다.

당시 '미녀 군단'으로 불리던 흥국생명은 전력이 약했다. 리그 원년에는 최하위인 5위에 머물렀다. 드래프트에서 최대어인 김연경을 뽑으려고 일부러 져주었다는 논란이 있었지만 애초 우승권과 거리가 멀었던 것도 사실이다. 하지만 김연경이 합류한 뒤 흥국생명은 완성된 팀이 됐다.

2005/06시즌 흥국생명은 17승 11패로 승패 동률을 이룬 한국도로공사를 점수와 세트 득실에서 제치고 정규리그 1위에 올랐다. 챔피언결정전에 직행한 흥국생명은 한국도로공사와 다시 만났다. 시리즈 전적 3승 2패를 거둬 정상에 올랐다. "신인왕도 좋고 MVP도 좋지만 우승하지 못하면 아무 소용이 없다"던 김연경의 말이 현실이 됐다.

그해 통합 우승을 달성한 데에는 김연경의 공이 막대했다. '흥국생명의 우승이 아니라 김연경의 우승'이라는 말까지 나왔다. 김연경은 신인왕에 이어 정규리그와 챔피언결정전 모두에서 MVP로 뽑혔다. 아직까지도 한 시즌에 세 상을 모두 받은 건 그뿐이다.

데뷔 당시의 그는 지금보다 더 공격력이 뛰어난 선수였다. 2023/24시즌 4차례 30점 이상 득점하던 중에 2024년 3월 5일 IBK기업은행과의 경기에선 36점을 기록했다. 하지만 2005/06시즌의 '소녀 거포'는 무려 12차례나 30점 이상을 올렸다. 그중 세 경기는 챔피언결정전이었다. 기록 부문에서도 그해 득점상과 공격상, 서브상 등을 휩쓸었다. 특히 756득점을 기록해 리그 최초로 700점을 돌파했다.

V리그에는 전 세계에서 유일한 로컬룰이 있다. 한 경기에서 후위공격과 서브, 블로킹을 각 3개 이상씩 달성할 경우 시상하는 트리플 크라운이다. 다재다능한 그는 트리플 크라운 머신이었다. 2006년 2월 3일 GS칼텍스와의 경기에서 후위공격 10점, 서브 에이스 4개, 블로킹 3개를 기록한 것은 리그 사상 두 번째 트리플 크라운이었다. 갓 데뷔한 신인이 트리플 크라운을 달성한 건 그가 유일하다.

흥국생명은 단번에 하위 팀에서 우승을 노리는 팀으로 도약했다. 2006/07시즌에도 강팀의 전력을 유지했다. 김연경 효과도 지속됐다. 정규리그에서 20승 4패를 거둬 1위를 차지하며 다시 한 번 챔피언결정전 직행 티켓을 손에 넣었다. 이번에는 챔피언결정전에서 현대건설을 상대했다. 1차전에서 덜미를 잡혔지만 2~4차전에서 연달아 이겨 3승 1패로 우승 트로피를 들어 올렸다. 김연경은 이번에도 정규리그와 챔피언결정전에서 모두 MVP가 됐다. 흥국생명은 2시즌 연속으로 통합 우승을 달성하고 그도 2회 연속으로 '통합 MVP' 수상자가 됐다.

그가 국가대표로 막 뽑히기 시작할 무렵 상대 팀들은 부담을 줄 목적으로 그에게 서브를 몰아 넣었다. 리시브를 많이 받는 사이 자연히 체력이 소모되고 공격에 집중하지 못하게 되기 때문이다. 물론 통하지 않을 때가 더 많았다. 큰 키를 살린 블로킹과 날카로운 서브도 일품이다. 기본기가 워낙 탄탄해 2단 연결도 능숙했다. 그가 튀르키예 리그의 페네르바체에서 뛰던 시절 라이벌 팀인 바키프방크의 지오바니 귀데티 감독이 "20년 동안 이런 선수를 본 적이 없다"고 말했던 이유다.

아이러니하게도 그가 만능선수가 된 건 '작은 키' 때문이었다. 초등학교 4학년 때 여섯 살 많은 언니를 따라 배구를 시작했다. 당시엔 다른 선수들보다 키가 한 뼘가량 작았다. 중학생이 돼서도 팀 내 최단신이었다. 그래서 공격수가 아니라 세터를 맡았다. 고등학교에 들어가서는 수비 전문 선수인 리베로로 뛸 마음을 먹었다. 하지만 그때부터 자라기 시작했다. 1년에 10센티미터씩 자랐다. 심지어 프로에 들어와서도 계속 자랐다. 신인 드래프트 당시 190센티미터 안 되던 키가 192센티미터에 이르렀다. 그는 "입단할 당시 185센티미터이던 키가 그 후 사오 센티미터 더 자랐어요"라고 했다.

2006/07시즌 외국인 선수 제도가 도입될 때 그의 공격 비중과 영향력이 줄어드리라는 예상이 나왔다. 하지만 기우였다. 공격은 외국인 선수만큼 강력하고 수비와 리시브도 전혀 밀리지 않았다. 당시 필자는 "7명의 김연경이 코트에 선다면 어떨까요?"라고 물은 적이 있다. 그는 "봄 배구는 할 수 있지 않을까요. 하지만 서로 말을 하려고 해서 코트가 정말 시끄러울 것"이라며 웃었다. 평소 코트에서 파이팅

을 많이 외치는 그다운 대답이었다.

당시 여자배구는 '들러리' 신세였다. 남자배구의 화끈한 공격력과 비교해 시원한 맛이 떨어진다며 팬들이 찾지 않았다. 아기자기하고 긴 랠리가 주는 매력이 있지만 스타플레이어가 없었다. 경기 운영과 경기장 관리는 연고지를 공유하는 남자 팀에 기대는 경우가 많았다. 경기 시간도 남자부에 앞서 평일 오후 5시에 열렸다. 주말 경기는 남자부가 끝난 뒤 치러졌다. 연봉 역시 남자부 선수들의 절반 수준도 안 됐다. 그러나 김연경이 등장한 뒤 분위기가 조금씩 바뀌었다.

경기 도중 판정 항의에 따른 무더기 징계도 나왔다. 2007년 2월 21일 흥국생명과 한국도로공사와의 경기에서 5세트 14-14 듀스로 맞서고 있던 상황에서 김연경이 퀵오픈을 시도했다. 그때 주심의 휘슬이 울렸다. 김연경의 네트터치가 선언되면서 한국도로공사가 15-14로 리드를 잡았다. 김연경이 판정에 계속 항의하다 퇴장당했다. 황현주 흥국생명 감독도 판정에 대해 큰 목소리로 항의하면서 경기가 중단됐다. 김연경을 대신해 미들 블로커 최효진이 코트로 들어가고 어수선한 가운데 경기가 다시 이어졌다. 마지막에 한국도로공사가 웃었다. 긴 랠리 끝에 윌킨스가 시도한 후위공격을 미들 블로커 김미진이 블로킹으로 가로막아 16-14로 5세트 승부를 마치면서 경기가 3-2로 마감됐다. 경기 후 한국배구연맹은 상벌위원회를 개최해 김연경과 황감독, 최정순 당시 주심에게 각각 1경기, 2경기, 3경기 출장정지를 부과했다. 3월 31일 챔피언결정전에서도 비슷한 상황이 벌어졌는데 그때 김연경은 적극적으로 감독을 만류하며 자제했다.

첫 좌절과 절치부심

데뷔하고 지금까지 늘 성공하며 탄탄대로만 걸어온 건 아니다. 선수로서 국내와 해외에서 모두 인정을 받았지만 소속 팀의 우승은 별개 문제였다.

2007/08시즌에도 흥국생명은 24승 4패의 성적을 거둬 정규리그 1위에 올랐다. 2위 KT&G(17승 11패)와도 격차가 컸다. 김연경은 득점 2위(649점), 공격 1위, 리시브 4위에 오르며 정규리그 MVP를 수상했다.

수월하게 챔피언결정전에 진출한 흥국생명은 리그 최초로 '통합우승 3연패'를 노리고 있었다. 심지어 상대는 2위 KT&G가 아니라 승률 5할(14승 14패)에 그친 3위 GS칼텍스였다. 세터 이숙자와 미들 블로커 정대영, 특급 신인 배유나, 장신 아웃사이드 히터 김민지, 아포짓 스파이커 나혜원이 버티고 있었지만 흥국생명보다는 한 수 아래로 꼽혔다.

천안 유관순체육관에서 열린 1차전, 흥국생명이 GS칼텍스를 3-1로 쉽게 꺾었다. 김연경이 29점, 황연주가 25점을 올려 화력 대결에서 압도했다. 하지만 2차전은 풀세트까지 가는 접전 끝에 GS칼텍스가 3-2로 이겼다. 분위기를 바꾼 GS칼텍스가 안방인 인천 도원체육관에서 3, 4차전을 모두 잡아 3승 1패로 우승했다. 김연경으로선 프로에 온 뒤 처음 기록한 준우승이었다. 챔피언결정전 MVP는 정대영이 수상했다.

대표팀에서도 고전이 이어졌다. 그는 '한국 여자배구의 미래를 10년 이상 책임질 선수'로 평가받았다. 하지만 당시 대표팀은 암흑기를 겪고 있었다. 2006년 도하 아시안게임에서 처음으로 주전이 됐지만 8강전에서 만난 태국에 1-3으로 덜미를 잡혀 5위에 머물렀다. 여자배구가 아시안게임에서 '노메달'을 기록한 건 1962년 자카르타 대회에서 정식 종목으로 채택된 이래 44년 만에 처음 있는 일이었다.

2008년 베이징 올림픽에서도 대표팀은 본선행 티켓을 손에 넣지 못했다. 그때 황현주 흥국생명 감독이 오프시즌 동안 김연경과 황연주, 한송이를 대표팀 소집에 내보내지 않아 팬들로부터 많은 질타를 받았다. 공교롭게도 세 선수는 직전 시즌이 끝난 뒤 나란히 수술대에 올랐다. 김연경과 황연주는 무릎, 한송이는 발목이었다. 당시 올림픽 예선에서 대표팀을 이끌었던 이정철 감독은 훗날 섭섭한 마음을 내비쳤다. "솔직히 당시에는 황감독에 대한 마음이 썩 좋지 않았다. 부상에 따른 선수 보호를 이해하지 못하는 건 아니지만 연경이도 그렇고 연주와 송이까지 대표팀에서 뛸 수 없다 보니 100퍼센트 전력을 구성할 수 없었다." 황현주 감독은 "나 자신만을 위한 결정은 아니었다"고 변명했지만 비난을 피하기는 어려웠다.

2008/09시즌 정규리그에 돌입한 흥국생명은 좀처럼 힘을 내지 못했다. 황감독은 선수 기용을 두고 구단 프런트와 마찰을 빚었다. 그는 정상 컨디션이 아닌 세 선수를 고려해 출전 시간을 조정하려고 했다. 장기 레이스인 정규리그와 봄 배구를 위한 페이스 조절이었다. 하지만 구단은 이를 받아들이지 않았다.

결국 황감독이 시즌 도중 팀을 떠나고 우여곡절 끝에 어창선 코치가 감독대행을 맡았다. 흥국생명은 16승 12패를 거둬 정규리그를 3위로 마치고 2위 KT&G와 플레이오프를 치르게 됐다. 김연경이 공격 2위, 득점 4위(670점), 서브 1위, 수비 6위, 디그 7위에 올라 공수에서 빼어난 성적을 냈지만 아쉽게도 정규리그 MVP는 GS칼텍스의 베띠에게 돌아갔다.

승부처는 2009년 3월 26일 대전 충무체육관에서 열린 1차전이었다. 풀세트까지 치른 접전 끝에 흥국생명이 KT&G에 3-2로 승리했다. 그날 김연경은 40점을 올려 공격효율 42.8퍼센트, 공격성공률 58.7퍼센트를 기록했다. 리시브효율도 70.5퍼센트에 이르렀다. 공수겸장이라는 그의 장점이 여실히 드러난 경기였다. 여세를 몰아 흥국생명은 이틀 뒤 천안 유관순체육관에서 열린 2차전에서 3-1로 이겨 챔피언결정전에 올랐다. 김연경은 1차전만큼 활약하지는 못했으나 카리나 오카시오와 함께 쌍포를 이뤄 힘을 실었다.

챔피언결정전의 상대는 다시 만난 GS칼텍스. 이번엔 반대로 정규리그 1위인 GS칼텍스가 유리하다는 예상이 많았다. 시즌 최고의 외국인 선수로 평가받은 베띠와 김민지, 지난 시즌 우승을 이끌었던 베테랑들 정대영과 이숙자가 버티고 있었다.

2009년 4월 4일 인천 도원체육관에서 열린 1차전. GS칼텍스는 23점을 올린 베띠를 앞세워 3-0 완승을 거뒀다. 김연경은 11점에 그치고 범실도 4개를 기록했다. 하지만 이틀 뒤 같은 장소에서 열린 2차전에서 흥국생명은 승부의 균형을 맞췄다. 김연경이 23점, 카리나가 35점을 올리며 활약한 끝에 결국 3-2로 이겼다. 그리고 안방으로 돌아온 3차전에서 3-1로 승리해 우위를 점했다.

4월 11일 열린 4차전에서 김연경이 33점을 올리는 사이 베띠가 36점을 올리며 맞섰지만 흥국생명이 GS칼텍스를 3-1로 꺾었다. 딱

1년 만에 복수에 성공해 흥국생명은 우승을 의미하는 세 번째 별을 달았다.

해외 진출

김연경이 해외 진출을 꿈꾸기 시작한 건 2006년 도하 아시안게임을 마친 직후였다. 그는 훗날 "당시 태국전에서 패배하고 느낀 점이 많았어요"라고 했다. "경기가 끝난 뒤에야 알게 됐는데 태국 선수들 대부분이 해외에서 뛰고 있었어요. 해외 리그에서 뛴 경험이 쌓이면서 실력이 많이 는 것 같았습니다."

당시 황현주 감독은 "연경이는 아직 어리고(22세) 실력이 더 늘 가능성이 충분하다"며 이른 해외 진출에 대해 선을 그었다. 김연경이 유럽과 남미 선수들에 비해 파워가 떨어지는 점도 지적했다. "아직은 때가 아니다. FA 자격을 얻은 뒤 해외에 진출해도 늦지 않고 충분하다."

황감독이 이후 현대건설로 자리를 옮겨 팀을 이끌 때 필자는 당시 상황에 대해 다시 물은 적이 있다. 김연경이 일본 리그에 이어 튀르키예 리그에서 활약을 이어가고 있을 때였다. 황감독은 "그때(도하 아시안게임 직후) 해외로 안 보낸 게 지금의 연경이를 만든 것"이라며 껄껄 웃었다. 하지만 "만약 다시 그때로 돌아간다면 해외 진출에 대해 좀 더 힘을 실어줬을 수도 있겠다"고 여지를 남겼다.

2009년 김연경은 본격적으로 해외로 눈을 돌린다. 흥국생명은 그의 해외 진출 의사를 확인한 뒤 연맹 사무국과 함께 알아본 끝에 일본 V. 프리미어리그로의 진출을 결정했다. 이로써 JT 마블러스에서

'1+1년' 임대 계약으로 뛰게 됐다. V리그 최초의 해외 임대 사례였다. 사실 흥국생명이 김연경의 임대 계약을 흔쾌히 허락한 건 아니었다. 연봉을 비롯해 그가 후배 선수들을 위해 지급하던 배구 장학금 후원 등 여러 조건이 얽혀 있었다. 그 부분이 나중에 양측이 대립하는 단초가 됐다.

일본 리그에 진출한 초반 현지의 반응은 지금과는 좀 달랐다. '한국 여자대표팀과 흥국생명에서 에이스로 뛰었지만 JT의 성적을 단번에 끌어올릴 만한 선수는 아니다', '외국인 선수를 같은 아시아권(한국) 선수로 채우는 건 잘못된 결정'이라는 말도 나왔다.

하지만 정규리그에 돌입한 뒤 모든 평가가 달라졌다. 그는 일본 리그에서 진정한 전성기를 맞았다. JT는 단숨에 리그 하위권 전력에서 우승을 넘보는 팀으로 뛰어올랐다. 그는 흥국생명 시절보다 더 확고하게 에이스로 자리 잡았다. 연승이 이어지면서 JT는 홈과 원정을 막론하고 그의 플레이를 보려는 관중들로 성황을 누렸다. 덩달아 현지 방송과 언론도 그를 주목했다. 방송들은 그와 JT를 조명하는 다큐멘터리 프로그램까지 제작했다.

2009/10시즌 JT는 26승 2패를 거둬 리그 1위를 차지했다. 직전 시즌에 10승 17패를 거둬 9위에 머물던 팀엔 상전벽해 같은 변화였다. 2010/11시즌에도 20승 6패를 기록하며 1위에 올랐다. 동일본 대지진의 여파로 챔피언결정전은 열리지 않았으나 1956년 창단한 이래 JT가 처음 차지한 우승이었다. 그는 MVP를 수상했다.

해외 리그에서 연착륙에 성공한 다음 이번에는 유럽 무대로 눈을 돌렸다. 그가 선택한 곳은 튀르키예 리그였다. 해당 리그에서 '빅 4'

로 꼽히는 명문인 페네르바체의 유니폼을 입었다. 페네르바체에서 그는 주전 아웃사이드 히터로 활약했다.

2011/12시즌 페네르바체가 유럽배구연맹(CEV)이 주최한 최상위 클럽 대항전 챔피언스리그에서 우승할 때도 주역이었다. 이 역시 페네르바체 사상 첫 우승이었다. 개인 기록도 뛰어났다. 그해 챔피언스리그에서 득점과 공격, 서브 부문에서 1위를 석권했다. 그가 활약하는 동안 페네르바체는 리그 상위권을 계속 유지하며 2014/15시즌과 2016/17시즌에 리그 우승을 차지했다.

대표팀에서도 전성기를 맞았다. 2012년 런던 올림픽에서 올림픽 무대에 데뷔해 그동안 맺힌 한을 풀었다. 김형실 감독이 이끄는 대표팀은 1976년 몬트리올 올림픽에서 동메달을 딴 지 36년 만에 올림픽 4강 진출에 성공했다. 대표팀은 동메달 결정전에서 일본에 패해 메달 획득에 실패했지만 그는 득점 1위를 차지해 대회 MVP에 선정됐다. 그 후 그는 한국과 일본을 넘어 배구계의 월드 스타로 자리매김했다.

그가 없는 사이 흥국생명은 빈자리를 뼈저리게 느꼈다. 2009/10시즌 황연주와 한송이가 부상에서 회복해 복귀하고 카리나와 세터 이효희 같은 직전 시즌 우승 멤버가 건재했지만 8승 20패에 그쳐 4위로 떨어졌다. 2010년 1월 일본 출신 반다이라 마모루 감독이 팀을 맡은 뒤 2010/11시즌엔 정규리그를 3위로 마치고 챔피언결정전까지 진출해 준우승을 차지했지만 잠시였다. 2011/12시즌과 2012/13시즌 연속 5위, 2013/14시즌 6위로 추락했다. 김연경이 떠난 JT도 3년 연속으로 중위권으로 떨어졌다. '김연경 효과'가 얼마나 컸는지 알 수 있는 대목이다.

득점 1위에서 블로킹 1위로
한송이

- 2006/07시즌 -

2023/24시즌이 끝난 4월 26일 정관장 구단이 한송이의 은퇴를 발표했을 때 모든 언론 기사는 그의 은퇴 소감 중에 "꿈같은 시간이었다"는 말을 헤드라인으로 뽑았다. 그가 코트에서 보낸 지난 20시즌을 그 한마디로 갈음할 수 있을까. 그 말은 오랫동안 지켜보며 줄곧 응원해온 팬들에게도 지극히 가 닿았을 것이다. 미처 마음의 준비를 못 한 이들은 놀랐을 테지만. 특히 말년에 팀을 위해 포지션을 움직이며 마음고생을 한 선수의 말이라 더 울림이 컸다.

"미련은 없습니다. 오히려 결정을 쉽게 한 편입니다." 한송이는 2023/24시즌 일정을 모두 마친 뒤 FA 자격을 또다시 얻었지만 정관장이나 다른 팀과 계약할 생각이 없었다. 그동안 정들었던, 기쁨과 슬픔 등 모든 감정이 깃든 코트에 이별을 고했다. 프로선수 생활에 마침표를 찍고 긴 여정을 마쳤다. "이젠 정말 그만할 때가 됐다고 생각했어요. 내가 이토록 오래 선수 생활을 할 줄은 몰랐습니다."

장신 아웃사이드 히터

한송이는 한국 여자배구에서 김민지, 김연경, 박정아에 앞서 본격적인 장신 아웃사이드 히터 시대를 알린 선수다. 신장 186센티미터의 그는 높은 타점을 활용한 스파이크와 사이드 블로킹에서 밀리지 않는 높이가 장점으로 꼽혔다. 고교 졸업반 시절 또래 선수들 중 랭킹 1순위에 꼽혀 당시 배구계로부터 많은 관심과 조명을 받았다. 레전드로 꼽히는 윤정혜와 김남순의 자리를 이어받을 선수라는 평가였다.

2001년 한일전산여고 재학 중에 청소년대표팀에 선발되며 태극마크와 인연을 맺었다. 그가 속한 청소년대표팀은 포르투갈에서 열린 세계선수권대회에서 준우승을 차지했다. 그리고 실업배구의 2002년 신인 드래프트에서 전체 1순위로 한국도로공사에 뽑혀 배구계에 입문했다. 2002/03시즌 슈퍼리그에서 신인왕을 받을 정도로 훌륭한 기량을 선보였다. 2004년 아테네 올림픽에도 대표팀의 막내로 참가했다.

아테네 올림픽이 끝난 뒤 한국 배구는 변화를 겪었다. 2005년 V리그가 출범했다. 한국도로공사는 그해 한송이를 앞세워 정규리그에서 1위를 차지했다. 득점 순위에서 정대영과 윤수현, 최광희, 김민지가 앞에 있었으니 그가 한국도로공사의 주포였다. 흥미롭게도 언니 한유미와 득점수가 같아 공동 5위였다.

2007/08시즌에는 외국인 선수뿐 아니라 김연경과 황연주 등 쟁쟁한 국내 스파이커들을 제치고 692점을 올려 득점 1위에 당당히 올랐다. 외국인 선수 제도가 도입된 2006/07시즌 이래 현재까지 득점 부문에서 국내 선수가 1위에 오른 건 그가 유일하다. 당시 그럴 만한 이유가 있었다. 소속 팀에서 해결사 노릇을 하던 레이첼 밴 미터가 부상을 당하고 대체선수로 들어온 케이티 존슨까지 부진하면서 자연히 그에게 공격 루트가 쏠렸다. 해당 시즌 후위공격 부문에서도 가장 앞자리에 이름을 올렸다.

2007/08시즌이 끝나고 FA 자격을 처음 얻었을 때 유니폼을 바꿔 입었다. 한국도로공사도 당연히 그를 붙잡으려 하고 다른 팀들의 러브콜도 있었지만 최종 행선지는 흥국생명이었다. 흥국생명은 3년 계약을 맺고 그에게 첫해 연봉으로 1억 5천만 원이라는 파격적인 금액을 지급했다.

흥국생명은 그렇게 김연경과 황연주, 한송이, 카리나로 이어지는 막강한 공격진을 구성할 수 있었다. V리그에서 다시 나오기 힘든 조합이었다. 2008/09시즌 흥국생명은 챔피언결정전에서 우승을 차지했다. 한송이도 우승에 대한 갈증을 풀었다. 당시 한국도로공사는 늘 우승 후보에 꼽히고 정규리그에서 좋은 성적을 내고도 항상 뒷심에서 밀려 정상에 오르지 못했다. 그는 흥국생명에 와서야 고교 후배들인 황연주, 김연경과 함께 자신의 프로 첫 우승을 일궜다.

그런데 그는 그 무렵 발목 인대 부상을 입는 바람에 2008년 베이징 올림픽을 앞두고 세계예선전을 준비하는 대표팀에 들지 못했다. 김연경과 황연주, 정대영도 수술과 부상 여파로 끝내 합류하지 못하면서 대표팀은 본선 진출에 실패했다.

2010년 광저우 아시안게임에 참가해 다시 태극마크를 달았지만 대표팀이 다 잡은 금메달을 놓치면서 국민들이 크게 실망했다. 금메달 획득에 대한 기대가 너무나 컸을까. 11월 27일 한국은 중국과의 결승전에서 첫 두 세트를 가볍게 따냈다. 하지만 3세트에 들어 갑자기 흔들렸다. 동시에 주최국 중국의 관객들이 끓어올랐다. 한국은 세트 스코어 2-2로 맞선 5세트, 14-12로 앞서고도 4점을 연달아 내줘 14-16으로 무릎을 꿇었다. 승기를 잡은 상황에서 상대에 반격할 여지를 주고 세트 리드를 지키지 못한 결과였다. 한송이는 얼굴이 흠뻑 젖을 정도로 울음 범벅이 된 모습으로 코트를 떠났다.

대표팀에서 김연경이 공격점유율을 높이며 공격을 이끄는 사이 또 한 명의 아웃사이드 히터인 한송이는 뒤에서 서브 리시브를 책임져야 했다. 또 김연경과 코트에서 대각에 서는 구도상 한송이에게 상대 팀의 목적타 서브가 몰릴 때가 많았다. 그래도 한송이는 자신을 "리시브를 위해 들어온 선수"라고 부르며 김연경이 공격에 집중할 수 있게 뒤에서 잘 받쳐주는 역할을 다했다.

동료들에게 에너지를 건네다

한송이는 묵묵히 자리를 지켰다. 2010/11시즌엔 352점을 올려 득점 5위(국내 선수 1위)를 차지했다. 김연경에 이어 황연주까지 떠난 뒤 전력이 약해진 흥국생명은 시즌 초반에 최하위까지 떨어졌지만 한송이가 중심을 잡은 덕에 챔피언결정전까지 올라갈 수 있었다.

그리고 시즌이 끝난 뒤 다시 FA 자격을 얻었다. 이번에도 현실에 안주하지 않고 변화를 선택해 GS칼텍스로 이적했다. 그 시기 GS칼텍스는 최하위를 걷는 중이었다. 2011/12시즌 그가 팀 내 최다 득점을 하는 가운데 팀은 2시즌 연속으로 최하위에 머물렀다.

그리고 2012년 런던 올림픽은 그에게 결코 잊지 못할 대회로 남는다. 그는 세계예선전과 본선에서 모두 자기 몫을 다했다. 대표팀은 1976년 몬트리올 대회에서 동메달을 획득한 지 36년 만에 다시 한 번 4강에 진출했다. 그도 4강 멤버로 함께했다. 경기 상황에 따라 주전 혹은 교체로 코트를 밟았다. 브라질과의 조별리그에서 16득점, 이탈리아와의 8강전에서 17득점을 기록하며 대표팀에서 두 번째로 많은 102득점을 올렸다.

특히 8강전인 이탈리아와의 경기에서 큰 활약을 펼쳤다. 그동안 수비에서 불안한 모습을 없애기 위해 개인 훈련을 통해 리시브를 집중 연습한 것이 결실을 맺었다. 그는 그 경기에서 73.53퍼센트의 리시브 성공률을 기록하며 대표팀을 4강으로 이끌었다. 그렇게 올림픽 기간 8경기에서 54.98퍼센트의 높은 리시브효율을 기록했다.

당시 대표팀을 이끌던 김형실 감독은 특히 한송이에 대한 고마운 마음을 드러냈다. 김감독은 후일 런던 올림픽을 되돌아보며 "모든 선수가 고생했다. 최선의 결과를 이뤄내지 못한 점은 감독으로서 미안했다. 그러나 가장 미안한 마음이 들었던 선수가 한송이였다. 리시브에 대한 부담을 갖게 한 상황을 만들었던 점이 그랬다"고 얘기했다.

그 무렵 GS칼텍스는 베띠가 복귀하면서 우승 후보로 부상했다. 2013/14시즌 챔피언결정전에서 GS칼텍스는 IBK기업은행을 누르고 승리를 거둬 2007/08시즌에 이어 두 번째로 정상에 올랐다. 한송이도 흥국생명 시절에 이어 두 번째 우승의 기쁨을 누렸다. 베띠, 신인 이소영과 날개 공격진을 이끌던 시즌 중에 그는 아포짓으로 포지션을 옮겼다. 베띠의 수비 부담을 덜어주기 위해 그가 블로킹에 더 매달려달라는 이선구 감독의 요청에 따른 것이다. 한송이는 두세 경기를 뛰다가 더는 못 하겠다고 털어놨다. 자기 자리가 아닌 것 같았다. 하지만 이내 자신을 내려놓고 팀을 위해 희생했다. 애초 스물다섯에 은퇴하는 걸 목표로 삼던 그는 어느새 20대 후반이 되어 배구에 대해 새롭게 눈을 뜨고 있었다.

2014년 인천 아시안게임에 출전해 드디어 금메달을 목에 걸었다. 중국과의 결승전에서 한송이는 중요한 고비마다 블로킹을 성공시키며 상대의 기를 꺾었다. 3세트에선 극적인 역전을 이뤄냈다. 1-7로 뒤진 상황에서 한송이의 블로킹, 박정아의 오픈공격, 김희진의 중앙속공이 이어지며 12-13까지 추격한 한국은 김희진과 이다영의 연이은 블로킹으로 14-13 역전에 성공했다. 3-0 완승이었다. 하지만 그때가 그가 대표팀에서 주전으로 나선 사실상 마지막 대회였다. 나이 서른이었다.

2016년 리우데자네이루 올림픽은 그에 대한 평가가 바뀌는 계기가 되기도 했다. 아쉽게도 그는 예비 엔트리에 들고도 최종 엔트리에 포함되지 못해 대표팀에 승선하지 못했다. 올림픽에 한 번 더 나갈 날을 손꼽아 기다려온 그는 매일같이 아쉬운 마음을 달래야 했다. 그 대신 세계예선전에서 특별 해설위원으로 마이크를 잡았다.

당시 대표팀 아웃사이드 히터진은 김연경과 박정아, 이재영으로 구성됐다. 런던 올림픽 때의 멤버와 비교해 더 낫다는 평가가 나옴에 따라 메달을 획득하리라는 기대가 컸다. 하지만 8강전 네덜란드와의 경기에서 대표팀의 리시브 라인은 크게 흔들렸다. 그 결과 김연경과 리베로 김해란 또는 김연경과 남지연으로 버틴 2인 리시브 체제는 패배 원인 중 하나로 지목됐다. 한송이가 대표팀에서 차지하고 있는 비중과 중요성이 오히려 그날 경기의 패배로 드러난 셈.

한송이는 대표팀에 뽑히지 않은 뒤에도 동료들을 응원했다. GS칼텍스에서 KGC인삼공사로 유니폼을 바꿔 입은 뒤인 2018년 자카르타-팔렘방 아시안게임에서도 MBC 해설위원으로 현장을 찾아 선수 밀착형 해설을 선보였다. 당시 동메달에 그친 결과를 그 누구보다 더 아쉬워했다.

진정한 멀티 포지션

한송이는 실업과 프로를 거치는 22년 동안 세 포지션을 소화했다. 아웃사이드 히터, 아포짓 스파이커, 미들 블로커다. 그중에서도 특히 미들 블로커 변신은 쉽지 않았다. 2014/15시즌을 앞두고 정대영이 FA로 이적했을 때 당시 이선구 GS칼텍스 감독은 한송이에게 미들 블로커 자리를 권했다. "센터로 포지션을 바꿔보면 어떻겠냐?" 아웃사이드 히터가 맡는 서브 리시브에 대한 부담을 덜어 30대에 접어든 한송이의 체력을 안배하기 위해서였다. 한송이는 그 말을 듣고 눈물을 흘렸다. 아직은 자존심이 허락하지 않았다. 이감독도 더는 밀어붙이지 않았다.

받아들이기가 쉽지 않았다. 하지만 오프시즌에 미들 블로커 훈련에 몰입했다. 그리고 2014년 10월 그는 미들 블로커로 코트에 모습을 드러냈다. "처음에는 바뀐 자리에 정말 적응하기 힘들었어요. 당시 이선구 감독에게 다시 아웃사이드 히터로 돌아가고 싶다고 여러 번 말했죠."

언론은 열한 살에 배구를 시작해 20년 만에 처음 서본 자리, 20년 만의 변신이라고 떠들었다. 그래도 역시 경륜이 있었다. 주장을 맡은 그는 바뀐 자리에서도 제 몫을 했다. 아웃사이드히터 자리에 이소영과 강소휘 같은 후배들이 있었기에 팀 입장에선 변화가 불가피했다. 포지션 변경은 그에게도 득이 됐다. 그는 네트 건너편 전위에 자리한 상대 공격수를 견제할 스피드가 있었다. 그렇다 보니 속공보다는 블로킹과 수비에 초점을 맞추고 새로운 포지션에 녹아 들어갔다.

시즌을 마치고 그는 미뤄둔 발목 인대 수술을 받았다. 하지만 2015/16시즌 미들 블로커로 뛰는 동안 그는 주전과 벤치를 오고가야 했다. 덩달아 자신감과 자존감이 많이 떨어졌다. 국가대표 붙박이 날개 공격수가 포지션을 바꾸다 못해 벤치로 떠밀리는 것 같았으니까. 그래도 2015/16시즌 2월 6라운드 주전 미들 블로커를 맡은 배유나가 연습경기에서 입은 부상으로 전열에서 이탈할 때 한송이가 대신 들어가 마지막까지 자리를 지켰다. GS칼텍스는 승점 2점 차로 4위에 그쳐 포스트시즌에 진출하지 못하지만 마지막까지 3위 싸움을 펼친 것은 그의 맹활약 덕분이었다.

그 무렵 그는 4천 득점을 넘기고 있었다. 아마도 그는 5년 뒤나, 5천 득점을 넘기는 어느 지점에서 최종 기록을 쓸지도 모른다고 생각했을 것이다. 하지만 돌아보면 이후 벌어진 일은 우리의 예상을 훌쩍 뛰어넘었다. "돌이켜보면 미들 블로커로 포지션을 바꾼 게 선수 생활을 오래하는 발판이 된 것 같습니다."

아웃사이드 히터로 돌아갈 기회도 있었다. 2016/17시즌이 끝난 뒤 사상 최대의 이적 시장이 열리며 리그에 대대적인 세대교체 바람이 불었다. 그때 한송이는 트레이드를 통해 KGC인삼공사로 옮겨 유니폼을 바꿔 입었다. 선수 생활을 하는 동안 처음 겪는 트레이드였다. 마음이 내키지 않았다. KGC인삼공사로 넘어오기까지 많이 고민했다. 그쯤에서 배구를 그만두고 짐을 싸야 하나 싶었다. 그때 서남원 KGC인삼공사 감독이 한송이에게 제일 익숙한 자리인 아웃사이드 히터로 기용하겠다는 계획을 밝혔다. "우리 팀에서 한번 해보자."

2017/18시즌 초반에는 비교적 잘 들어맞았다. 그러나 당시 소속팀의 약점 중 하나로 꼽힌 아웃사이드 히터 자리를 그가 계속 책임질 수는 없었다. 30대 중반의 나이에 치는 스파이크에 젊은 날의 파워가 실릴 리가 없었다. 체력 소모가 큰 중에 어느새 공격성공률도 30퍼센트대 초반까지 떨어졌다. 2018/19시즌에는 아웃사이드 히터뿐 아니라 경기 상황에 따라 미들 블로커, 아포짓으로 나오는 일도 늘어났다. 그해 팀이 19연패에 빠져 곤두박질칠 때 그는 먼저 은퇴를 생각했다. 다른 한편으로는 이대로 끝낼 수 없다, 나만의 배구를 코트에서 보여주자는 생각에 마음을 다잡고 각오를 다졌다.

2019/20시즌 다시 미들 블로커로 포지션이 고정됐다. 그리고 "다시 봄이 왔다", "아직 끝나지 않았다", "제2의 전성기를 맞이했다"라는 평가를 들었다. 그러면서 이동공격 1위, 블로킹 4위에 오르는 등 활력을 되찾아 팬들로부터 '회춘 송이'라는 별명을 얻었다. "한송이의 시간은 거꾸로 흐른다"라는 표현도 나왔다. 이영택 KGC인삼공사

감독은 그에게 '배구 도사'라는 별명을 붙였다.

그런데 역설적이게 한송이는 그때 은퇴를 본격적으로 고려했다. "2019/20시즌부터 은퇴를 구체적으로 생각하기 시작했어요. 그때부터는 매 시즌이 마지막이라고 생각했습니다." 익숙지 않은 자리에서 존재감을 발휘하는 것은 긴장이 요구되는 일이다. 그는 바짝 다가온 시간을 예감하며 자기 관리에 집중했다. 출전 시간이 늘어날수록 더욱 그랬다. 멘털을 어떻게 지켜야 하는지 아는 베테랑이었다. 2019년 11월 2라운드 GS칼텍스와의 원정 경기에서 개인 통산 600블로킹을 기록했을 때 그는 언론 인터뷰에서 매 경기마다 마지막이 될지도 모른다는 심정이 든다고 토로했다.

또 아웃사이드 히터로 뛸 때 한 번도 이름을 올리지 못한 '베스트 7'에 2019/20시즌 미들 블로커로 들었다. 당시 한송이는 언론 인터뷰에서 미들 블로커로서 자신의 차별점을 이렇게 설명했다. "미들 블로커 중에선 파워가 좋은 편이다. 아웃사이드 히터를 할 때의 펀치력이 아직 남아 있어 도움이 된다. 내가 처음부터 미들 블로커 스윙을 했다면 센 공격이 안 나왔을 거다."

그 여파를 몰아 한송이는 2019년 12월 도쿄 올림픽 아시아예선전을 앞두고 엔트리에 발탁됐다. 대표팀 승선 소식에 그는 뛸 듯이 기뻐했다. 2014년 인천 아시안게임 이후 5년 만에 다시 다는 태극마크였다. 이번엔 아웃사이드 히터가 아니라 미들 블로커로 뽑혔다. 포지션을 달리해 올림픽에 다시 나가는 꿈이 실현될 듯했다. 무엇보다 2012년 런던 올림픽에서 메달을 눈앞에서 놓친 아쉬움을 풀고 싶었다. 대표팀은 아시아예선전에서 전승을 기록하며 결승에 오르고 마침내 태국을 꺾고 우승해 본선 진출에 성공했다. 당시 TV 중계 카메라에 벤치에 앉아 후배들을 목청껏 응원하는 한송이의 모습이 잡혔다.

하지만 2020년 7월 올림픽 본선을 앞두고 12인 최종 엔트리가 발표됐을 때 한송이의 이름은 보이지 않았다. 당시 대표팀 지휘봉을 잡고 있던 스테파노 라바리니 감독은 주전 미들 블로커 양효진과 짝을 이룰 선수로 김수지와 박은진을 선택했다. 한송이는 본선에 나가고 싶은 마음이 간절했지만 그것이 그의 마지막 올림픽이었다. "선수 선발은 감독의 권한이니 당연히 이해합니다. 물론 도쿄에 함께 가지 못하게 됐을 때는 아쉬웠죠. 그래도 대표팀이 좋은 성적(4강)을 내 기뻤어요."

2020/21시즌 그는 이동공격 1위를 지키는 중에 11시즌 연속으로 자리를 지켜온 양효진을 밀어내고 블로킹 1위에도 오른다. 세트당 0.70개의 블로킹 기록은 당시 2위 정대영과 소수점 아래 둘째 자리까지 같았다. '베스트7'에도 연달아 들었다. 슬슬 미들 블로커의 위치에서 코트 전체를 훑어보고 상대 세터의 폼을 연구하는 데서 오는 재미에 익숙해져갔다.

2022/23시즌 세트당 블로킹 수가 떨어져도 한송이는 변함없이 코트와 웜업존에서 자신의 일을 했다. 팀의 젊은 미들 블로커들인 박은진과 정호영에게 GS칼텍스 시절 이소영에게 했던 것처럼 멘토 노릇을 다시 하며 두 선수의 뒤를 든든히 받쳤다. 한 시즌을 더 뛰자고 결정할 때 그는 많은 고민을 하지 않았다. 코트를 떠날 시기가 임박해 마음의 준비가 돼 있었다.

그리고 그에게 마지막이 된 2023/24시즌 정관장 동료들과 함께 오랜만에 봄 배구에 나서기도 했다. 모든 것을 쏟아붓는 시즌이었지만 한편으론 코트에 여전히 서 있다는 것 자체에서 의미를 찾았다. 작고 사소한 동작 하나에 그렇게 의미를 부여하다 보니 순간순간이 생생해졌다. 마지막 시즌, 벤치 멤버로 나선 그가 올린 기록은 21경기 24득점.

그해 한송이뿐 아니라 동갑내기이자 입단 동기인 김해란, 정대영이 코트를 떠났다. 이로써 리그에는 실업배구를 경험한 선수가 단 한 명도 남지 않게 됐다. 무엇보다 V리그 20시즌을 꽉 채운 선수가 떠났다. 배구 역사의 한 페이지가 그렇게 또 넘어갔다.

한송이가 그동안 V리그에서 코트에 나와 쌓은 기록은 다음과 같다. 538경기 1948세트 출전, 5321득점, 공격성공률 36.3퍼센트, 블로킹은 세트당 0.434개다.

언니 한유미

한송이를 얘기할 때 빼놓을 수 없는 선수가 두 살 터울의 언니 한유미다. 둘은 자매 선수로 유명했다. '7개 팀 42시즌.' 자매가 실업배구 시기를 포함해 코트에서 보낸 시간을 모두 합한 수치다. 자매는 똑같이 아웃사이드 히터 포지션에서 뛰고 나란히 대표팀에 뽑혔다. 실력에서도 우월을 가리기 어려울 정도로 막상막하였다. 본격적으로 배구의 길로 접어든 시점도 똑같이 초등학교 4학년이었다.

2007/08시즌 현대건설은 정대영과 이숙자가 FA로 이적한 뒤 둘의 공백을 메우지 못하고 개막 후 11연패를 당하며 부진을 겪었다.

최고참이 된 한유미는 후배들을 이끌고 매 경기 고군분투했지만 마음먹은 대로 풀리지 않았다. 특히 2008년 1월 13일 동생 한송이가 뛰던 한국도로공사와의 경기에서 1-3으로 패해 팀이 10연패의 늪에 빠질 때 그는 경기 후 눈물을 보였다. 개막하고 1승도 거두지 못한 상황에서 당시 상대적으로 전력이 약한 한국도로공사가 그나마 만만했지만 뜻대로 되지 않았다. 한유미는 그날 연패의 충격보다 동생과의 대결에서 진 게 더 서러웠다고 했다. 자매 대결은 각 팀 에이스 간의 대결이기도 했다. 그 장면은 팬들 사이에서 두고두고 회자됐다.

자매는 같은 초등학교, 중학교, 고등학교를 나왔지만 실업배구와 V리그에선 같은 팀에서 뛴 적이 없다. 하지만 서류상으로는 하루를 같이 보냈다. 한유미는 2016/17시즌이 끝난 뒤 아웃사이드 히터 황민경의 FA 이적에 따른 보상선수로 GS칼텍스에 지명됐다. 이를 계기로 한송이와 극적으로 만나나 싶었는데 현대건설은 한유미를 다시 데려갔다. 세터 염혜선의 KGC인삼공사 이적에 따른 보상선수로 현대건설은 미들 블로커 김유리를 뽑았는데, 김유리를 GS칼텍스로 보내는 조건으로 한유미를 맞트레이드로 재영입했다. 한송이도 그해 오프시즌 KGC인삼공사로 트레이드돼 GS칼텍스를 떠났다.

우승 반지 4개를 가진 '배구 천재'
배유나

- 2007/08시즌 -

"솔직히 말해 (1순위를) 예상했죠." 2007/08시즌 신인 드래프트에서 GS칼텍스가 1순위로 한일전산여고의 배유나를 지명했을 때 그는 수줍게 웃으며 자신감을 드러냈다. '10년에 한 번 나올 만한 재목'으로 꼽힌 그가 입단하면서 GS칼텍스는 단숨에 다크호스로 평가됐다. 고 이희완 GS칼텍스 감독도 "유나를 데려오니 꼭 우승한 느낌"이라며 기쁨을 감추지 못했다.

하지만 이후 배유나는 데뷔 동기이자 리그 역대 최고의 미들 블로커로 평가받는 양효진의 빛에 가리고 만다. 부상을 겪는 동안 가진 재능을 다 꽃피우지 못하고 좌절하기도 했다. 그래도 뛰어난 배구 센스와 부단한 노력을 통해 리그를 대표하는 선수로 우뚝 선다. GS칼텍스와 한국도로공사에서 각각 2회씩 우승을 차지하기도 했다. 그의 플레이를 보면 볼수록 '배천(배구 천재)'이라는 별명이 얼마나 잘 어울리는지 깨닫게 된다.

구슬이 바꿔놓은 배구 인생

배유나는 중학교 때부터 미들 블로커 유망주로 꼽혔다. 신장(181센티미터)은 미들 블로커로서는 큰 편이 아니지만 운동신경이 뛰어난 데다 긴 팔과 뛰어난 점프력, 센스까지 모든 걸 갖췄다. 고등학교에 입학해선 아포짓 스파이커로 뛰며 공격력을 뽐냈다. 2학년 때는 김연경이 졸업하고 없는 수원 한일전산여고 배구부에서 아웃사이드 히터까지 소화해 배구 천재라는 별명을 얻었다.

2006년 잠재력이 폭발했다. 돋보이는 활약을 펼쳐 고등학교 2학년인데도 태극마크를 달았다. 고교생 국가대표로는 역대 다섯 번째. 뽑히기만 한 게 아니었다. 월드그랑프리(발리볼네이션스리그의 전신), 세계선수권대회, 2006년 도하 아시안게임에 모두 출전해 활약했다.

2007년 월드컵에선 김연경(107점, 득점 9위)에 이어 두 번째로 많은 90점을 올려 득점 15위에 올랐다. 향후 몇 년간 한국 배구를 이끌어갈 선수로 그의 이름이 꼽혔다. '제2의 김연경'이라는 수식어를 최초로 들은 선수도 그였다.

그해 열린 드래프트에서 당연히 1순위 후보로 꼽혔다. 다만 직전 시즌 최하위인 KT&G는 안심할 수 없었다. 2년 전 김연경을 데려가기 위해 일어났던 져주기 경쟁 때문에 로터리(확률 드래프트) 제도가 도입돼서다. 5위 KT&G에 50퍼센트, 4위 GS칼텍스에 35퍼센트, 3위 한국도로공사에 15퍼센트 확률이 배분했다. 2006/07시즌 처음 시행된 확률제 드래프트에선 그대로 5위 GS칼텍스가 1순위를 얻어 한수지를 지명하고 4위 KT&G가 2순위를 얻었다.

이번엔 모두들 KT&G가 1순위를 얻어 배유나를 데려가리라고 생각했다. 그래서 생긴 게 '배유나 쌍꺼풀 수술 사건'이다. 박삼용 KT&G 감독은 평소 속눈썹이 눈을 찔러 고생하던 배유나에게 구단 비용으로 수술을 시켜줬다. 박감독은 대표팀에서 훈련하고 있던 이정철 감독에게 전화를 걸어 드래프트장에 배유나를 보내달라는 요청까지 했다. 그러나 운명의 장난처럼 1순위 구슬은 GS칼텍스에 돌아갔다.

이후 김세영과 지정희 두 미들 블로커를 보유한 KT&G는 날개 공격수를 보강하려고 경남여고의 아웃사이드 히터 이연주를 지명했다. 한국도로공사는 예상과 달리 왼손 아포짓 스파이커 겸 미들 블로커 하준임을 선택했다. 그러는 사이 2순위급으로 평가받던 양효진이 4순위까지 밀려 현대건설에 입단했다. GS칼텍스와 현대건설은 훗날 그해 드래프트의 승자로 평가됐다.

우승에 신인왕까지

2007/08시즌 GS칼텍스의 연고지는 인천 도원체육관이었다. 서울을 비워두고 중립 경기를 치르던 시절이었다. 대전으로 갈 뻔했던 배유나는 인천에서 프로 데뷔전을 치르게 됐다. 2007년 12월 2일 한국도로공사와 맞붙은 개막전이었다. "대표팀에서 김사니 언니가 '네가 우리 팀(KT&G)에 오면 아웃사이드 히터로 뛸 거야'라고 했는데, GS칼텍스에 가게 되면서 미들 블로커로 뛸 수도 있겠다고 생각했어

요." 그의 예감이 맞았다. 마침 FA로 팀에 합류한 정대영이 맹장 수술을 받아 자리를 비우면서 배유나가 미들 블로커로 선발 출전했다.

프로 첫 플레이는 리시브였다. 후위로 갈 때도 리베로 남지연과 교체되지 않고 서브를 받았다. 두 번째 플레이 역시 리시브. 첫 득점은 속공으로 기록했지만 후위공격도 2개(당시엔 1~4세트 후위공격을 2점으로 카운트함)나 터뜨렸다. 데뷔전 성적은 19득점(공격성공률 52.63퍼센트), 블로킹 5개, 서브득점 4개. 역대급 신인이라는 평가에 걸맞은 활약이었다. 후위공격을 하나 더 성공시켰다면 사상 최초로 신인 데뷔전 트리플 크라운을 달성할 수도 있었다. 경기 도중에 진행된 '베스트플레이어 선정' 문자메시지 투표에서 70퍼센트 넘게 득표해 1위를 차지하기도 했다.

당시 주전 세터였던 이숙자가 본 배유나는 어땠을까. "지금 신인들과 비교하기는 어렵지만 기술과 실력에서 운동 센스가 뛰어났죠. 하나를 알려주면 또 하나를 배운다고 할까요. 사인을 주며 어떤 플레이를 해달라고 요구할 때도 부담을 갖지 않고 잘 해냈어요. 잘 기억나지는 않지만 데뷔전에서 (배유나가) 후위공격을 했잖아요? 그건 세터 입장에서 믿고 공을 올릴 수 있는 공격수라는 거죠."

하지만 화려한 데뷔전을 치른 뒤 배유나는 주춤했다. 공격성공률은 높았지만 하께우와 김민지, 나혜원, 정대영 등 공격 자원들이 많은 팀 사정상 아포짓 스파이커로 이동했다가 다시 미들 블로커로 옮겼다. 그 과정에서 혼란스러울 수밖에 없었다. 그러던 중에 이희완 감독이 위암 수술을 받고 팀까지 6연패의 늪에 빠지면서 여러모로 힘든 상황이 이어졌다. '미들 블로커에 아직 적응되지 않았다. 블로킹과 속공이 부족하다'고 스스로 말하기도 했다. '처음부터 너무 잘 하니까 언니들에게 찍혔다'는 소문까지 돌았다. 그러면서 신인왕 경쟁도 양효진, 하준임과의 3파전 양상으로 바뀌었다. 공격과 블로킹에 전념하는 둘과 달리 수비까지 해냈지만 아무래도 득점이 적어 눈에 띄지 않았다.

봄 배구가 시작되면서 다시 날아올랐다. GS칼텍스는 정규리그에서 3위를 차지해 프로 출범 이후 4년 만에 처음으로 포스트시즌에 진출했다. 배유나는 KT&G와의 플레이오프 1차전에서 서브득점 2개, 블로킹 2개를 기록하며 10점을 올려 3-2 역전승에 기여했다. GS칼텍스는 2차전까지 잡고 여유 있게 챔피언결정전으로 향했다. 챔피언결정전에서도 배유나는 안정감 있는 모습을 보였다. 블로킹과 디그, 리시브 모두 팀 내에서 최상위권 지표를 찍었다. 공격점유율은 높지 않았지만 5차전을 제외하면 4경기 연속으로 두 자릿수 득점을 올렸다.

1차전에서 GS칼텍스는 김연경에게 29점, 황연주에게 25점을 주며 흥국생명에 1-3으로 패했다. 하지만 2차전에선 배유나가 블로킹 3개를 잡아내며 상대 공격을 봉쇄하면서 3-2 승리를 거뒀다. 우승으로 가는 분수령인 3차전. 정대영이 전위에서 속공을, 후위에서 2점짜리 백어택을 퍼부은 활약에 힘입어 GS칼텍스가 3-1 승리를 거뒀다. 4차전은 싱겁게 끝났다. 상대 황현주 감독이 1세트에서 판정이 불리하다며 항의하다 퇴장당한 게 컸다. 허무하게 1세트를 내준 흥국생명은 2세트를 따냈지만 경기 리듬이 이미 깨진 상태였다. 김연경과 황연주가 각각 범실 12개와 11개를 저지르면서 자멸하고 말았다.

GS칼텍스는 프로 출범 후 첫 우승을 거둬 실업배구 LG정유 시절부터 치면 9년 만에 정상에 복귀했다. 배유나도 소감을 밝혔다. "처음에는 GS칼텍스에 온 것을 아쉬워했어요. KT&G나 한국도로공사로 갔다면 공격을 더 많이 했을 텐데, 하고요. 하지만 우승에 필요한 역할을 한 나 자신이 자랑스러워요."

데뷔하자마자 우승을 차지한 배유나는 다시 한 번 웃었다. 신인왕 투표에서 17표를 얻어 11표의 양효진을 제쳤다. 공수 모두에서 제 몫을 했다는 점과 팀이 포스트시즌에 진출했다는 부분이 높이 평가됐다. "올해는 (신인왕 후보) 선수들이 많아 내가 탈 수 있을지 걱정했어요. 하지만 받게 되어 기쁩니다."

다시 날아오르다

배유나는 이후에도 리시브를 하며 미들 블로커로 나섰다. 그러나 계속 많은 점프를 하고 리시브까지 받아내기엔 부담이 컸다. 팀 사정상 이리저리 포지션을 옮겨 다녔는데 고교 시절 많은 경기에 뛰면서 무릎이 나빠진 탓에 입단 초기만큼 임팩트를 보여주지 못했다. 그래도 꾸준히 좋은 모습을 보이며 팀의 주축으로 성장했다.

GS칼텍스도 명가의 모습을 되찾았다. 2008/09시즌엔 창단 처음으로 정규리그 우승을 차지했다. 비록 다시 흥국생명과 맞붙은 챔피언결정전에서 1차전을 가져오고 이후 세 경기를 내리 내줘 우승을 놓쳤지만 2시즌 연속으로 챔피언결정전에 진출한 것만 해도 큰 성과였다. 서울로 연고지를 이전한 2009/10시즌은 3위. 이후 2시즌 연속으로 최하위에 머물지만 2012/13시즌에 챔피언결정전 준우승,

2013/14시즌 다시 정상에 올랐다. 배띠와 한송이, 정대영, 배유나가 그 중심에 있었다.

2014/15시즌부터 플레이 스타일이 바뀌었다. 리시브에 더 이상 가담하지 않게 된 것. 리베로 나현정과 아웃사이드 히터 이소영, 한송이가 리시브를 책임졌다. 배유나는 프로에 온 뒤 익힌 이동공격과 속공을 가다듬어 득점 비율을 높였다. 블로킹도 꾸준히 향상돼 세트당 0.5개 수준까지 끌어올렸다. 그 결과 2015/16시즌엔 282득점을 올렸다. 미들 블로커 중에선 양효진에 이어 두 번째로 많은 득점이었다.

2015/16시즌이 끝나고 두 번째 FA 자격을 얻은 배유나는 GS칼텍스를 떠나 김천으로 향했다. 한국도로공사가 강력한 러브콜을 보낸 것. 특히 대한항공을 떠나 처음으로 여자배구를 지도하게 된 김종민 감독이 일본까지 건너왔다. 2016년 리우데자네이루 올림픽 세계예선을 앞두고 대표팀에 소집된 배유나를 만나기 위해서였다. 배유나는 "감독님이 '네가 하고 싶은 대로 하게 해주겠다, 나랑 같이 배구하면 재미있을 것이다'고 했는데 일본까지 찾아온 정성에도 마음이 움직였어요"라고 했다. 공교롭게도 김감독은 8년 뒤엔 FA로 풀린 강소휘와 계약하기 위해 싱가포르로 건너가기도 했다.

배유나는 한국도로공사에 먼저 이적해 있던 정대영과 다시 만나 날개를 펼쳤다. 세터 이효희와 찰떡궁합이 되어 맹활약하는 한편 활발한 성격으로 팀에 에너지를 불어넣었다. 특히 2017/18시즌 IBK기업은행과의 챔피언결정전 1차전에서는 결정적 순간마다 점수를 올렸다. 5세트 10-14에서 14-14로 따라잡는 과정에서 2득점을 기록해 대역전극에 힘을 보탰다. 결국 이적한 지 2시즌 만에 우승 반지를 꼈다. 개인 통산 세 번째 우승과 함께 생애 첫 '베스트7(미들 블로커)'을 수상하는 기쁨까지 누렸다.

그러나 2018/19시즌을 마친 뒤 FA 자격을 얻은 배유나는 청천벽력 같은 소식을 들었다. 선수단에서 실시한 검진의 결과 어깨에 심각한 문제가 생겼다는 것. 고질적인 무릎 통증도 있던 상황이라 구단은 부상을 우려해 그와 계약하지 않으려 했다. 김종민 감독은 구단 고위층과의 대립을 무릅쓰더라도 배유나를 잡고 싶어 했지만 여의치 않았다. 수영 선수 출신인 백승호와 결혼을 앞둔 시점이었다. 배유나는 그때를 이렇게 회상했다. "생각지도 못한 부상이었어요. 마음이 정말 힘들었죠. (검진 결과는 안 좋았지만) 나는 배구를 할 수 있는데 왜 못 하게 하지, 수술해야 하는 상황을 받아들이지 못했어요. 수술하면 다시 배구를 못 할 것 같았습니다." FA 시장이 거의 닫혀가던 무렵이라 현대건설과 IBK기업은행 같은 다른 팀으로 이적하기도 어려웠다.

김종민 감독은 구단과 선수 양쪽을 다시 설득했다. 배유나는 수술을 받고 팀에 남기로 했다. 다행히 한국도로공사는 일단 계약한 뒤 건강히 뛰게 되면 좋은 대우를 해주기로 약속했다. 그 과정에서 2억 원이던 연봉이 8600만 원으로 줄었다. 엎친 데 덮친 격으로 4라운드에 코트에 돌아왔지만 수비를 하다 왼팔이 동료에게 깔려 팔꿈치 내측 인대가 부분 파열하는 부상을 입었다. 결국 4경기만 뛰고 시즌을 조기 마감했다.

"당시엔 힘들었는데 시간이 지나 돌아보면 그해 1년 쉬며 몸 상태를 끌어올린 것 같아요. 배구 인생에서 터닝 포인트가 됐어요. 감독님이 많이 도와줬습니다. 남편도 큰 힘이 됐고요. 같은 운동선수 출신이라 힘든 일을 겪을 때마다 많은 조언을 해요. 훈련이나 태도에 대해선 가차 없는 사람인데, 그런 채찍질이 나를 강하게 만들었습니다."

건강히 돌아온 배유나는 예전의 모습을 되찾았다. 2020/21시즌엔 세트당 0.615개 블로킹을 잡아내 데뷔 이후 가장 좋은 기록을 냈다. 그다음 시즌엔 0.650개까지 끌어올렸다.

2022/23시즌엔 36경기에서 무려 443득점을 올렸다. 이동공격 1위, 블로킹 2위, 시간차 4위. 한국도로공사는 흥국생명과의 챔피언결정전에서 2연패 이후 3연승을 거둬 통산 두 번째로 챔피언결정전 우승을 거머쥐었다. 배유나는 5경기에서 61득점을 기록하며 톡톡히 활약했다. 데뷔 이후 두 번째로 '베스트7' 수상도 따라왔다. 4년 전 눈물을 흘려야 했던 FA도 대박 계약으로 돌아왔다. 양효진에 이어 미들 블로커 중 역대 2위에 해당하는 총액 5억 5천만 원에 사인했다.

2023/24시즌엔 팀이 부진한 중에도 배유나는 제 몫을 해냈다. 특히 한봄고 16년 후배인 김세빈과 함께 막강한 미들 블로커진을 꾸렸다. 김세빈은 자신의 롤 모델이던 배유나를 보며 빠르게 성장했다.

배유나는 2023/24시즌까지 통산 914개 블로킹을 잡아 역대 5위에 올라 있다. 현재 추세라면 양효진(1560개), 정대영(1228개, 은퇴), 김수지(990개)에 이어 네 번째로 1000블로킹 고지를 밟을 것으로 보인다.

최고의 외국인선수·세터 조합

베띠와 이숙자

- 2008/09시즌 -

2008년 11월 23일 인천 도원체육관에서 열린 GS칼텍스와 한국도로공사 간의 정규리그 첫 경기. 주인공은 도미니카공화국 출신인 GS칼텍스의 베타니아 데라크루즈(베띠)였다. 23득점에 공격성공률 44.7퍼센트를 기록하며 GS칼텍스의 3-0 완승을 견인했다. 후위공격 4점, 블로킹 3개, 서브 3개를 성공시켜 트리플 크라운도 달성했다. 데뷔전의 기세는 쭉 이어져 그해 최고의 외국인 선수로 활약했다.

베띠 옆에는 세터 이숙자가 있었다. 고교 시절부터 국가대표로 뛴 그는 실업배구에 입단한 초기엔 빛을 보지 못했다. 그러다 V리그가 출범한 뒤 기량을 만개했다. 특히 베띠와 호흡을 맞춘 2008/09시즌은 가장 손발이 잘 맞는 외국인선수-세터 조합으로 꼽혔다. '베·이 효과'는 대단했다. GS칼텍스는 정규리그에서 19승 9패라는 성적을 거둬 순위표의 맨 윗자리에 올랐다.

임팩트

"정말 올 줄 몰랐는데…." 2008/09시즌 개막을 앞두고 GS칼텍스가 베띠(도미니카공화국) 영입을 발표했을 때 다른 팀들은 놀라워했다. 베띠는 오프시즌 영입할 외국인 선수 중 1순위로 꼽혔다. 2008년 7월 일본에서 열린 베이징 올림픽 세계예선에서 한국을 비롯한 여러 팀이 두루 살피는 중에 가장 눈에 띈 선수였다. 아웃사이드 히터로서 키(184센티미터)는 작은 편이지만 탄력이 뛰어나 엄청난 타점을 자랑했다.

도미니카공화국과 푸에르토리코에서 뛰다가 2007/08시즌을 앞두고 일본 구단 도레이로 옮긴 베띠는 준수한 활약을 보였다. 재계약 의사가 분명하던 도레이가 그를 놓친 건 돈 때문이었다. 도레이보다 GS칼텍스가 더 좋은 계약 조건을 제시했다. 2008/09시즌 리그에서 뛴 외국인 선수들이 받은 연봉 중 최고 수준이었다. 공식 금액은 발표되지 않았지만 당시 외국인 선수의 연봉 상한선인 28만 달러를 훌쩍 뛰어넘은 것으로 알려졌다. 베띠의 한국행을 추진한 에이전트가 후일 "85만 달러를 넘은 건 확실하다"고 말했을 정도다.

그만큼 GS칼텍스가 베띠에게 거는 기대는 컸다. 팀 전력을 확실히 끌어올릴 마지막 퍼즐의 한 조각이라고 평가했다. 등록명은 데라크루즈. 직전 시즌 챔피언결정전에서 우승한 GS칼텍스는 또 한 번 우승을 목표로 잡았다. 대행 꼬리표를 떼고 정식 사령탑이 된 이성희 감독도 "여러 선수를 살펴봤는데 베띠만 한 선수가 없었다. 구단에

바로 잡아달라고 얘기했다"고 했다.

베이징 올림픽 세계예선전에서 활약한 선수 중 베띠만 한국으로 온 게 아니다. 도미니카공화국 대표팀의 주장으로 다재다능한 모습을 선보인 밀라는 한국도로공사의 유니폼을 입었다. 푸에르토리코 대표팀에서 뛴 장신 아웃사이드 히터 카리나는 흥국생명과 계약했다. 하지만 베띠는 26경기(105세트)에서 716득점에 공격성공률 49.2퍼센트를 기록해 둘을 앞질렀다. 코트에서 맹활약했을 뿐 아니라 김치를 먹지 못하는 중에도 한국 문화에 완벽히 녹아들었다.

공격수 베띠와 김민지, 나혜원, 미들 블로커 정대영과 배유나를 앞세운 GS칼텍스는 화력 대결에서 다른 팀들에 밀리지 않았다. 여기에 세터 이숙자와 리베로 남지연이 든든히 뒷받침하면서 직전 시즌보다 팀 전력이 더 나아졌다는 평가를 받았다. 후반에 KT&G의 추격에 쫓겼지만 잘 뿌리치고 프로 출범 이래 처음으로 정규리그 1위를 차지했다. 정규리그 MVP는 당시 트라운 크라운을 4차례(챔피언결정전 포함)나 기록한 베띠에게 돌아갔다.

그러나 흥국생명과 맞붙은 챔피언결정전에서 GS칼텍스 선수들은 아쉬운 결과를 손에 쥐었다. 1차전에서 이겨 기선을 제압했지만 2~4차전을 연달아 내줘 준우승에 그쳤다. 직전 시즌 챔피언결정전의 '리턴 매치'였던 셈인데 결과는 그때와 정반대였다. 즉 2007/08시즌은 정규리그 3위인 GS칼텍스가 1위 흥국생명을 꺾고 우승했지만, 2008/09시즌은 3위 흥국생명이 1위 GS칼텍스의 발목을 잡았다.

돌아와요, 베띠

절치부심한 GS칼텍스는 2009/10시즌 우승에 재도전하기 위해 일찌감치 베띠와의 재계약을 확정했다. 그런데 변수가 생겼다. 베띠가 아기를 가진 것. GS칼텍스는 난감했다. 리그 개막이 코앞으로 다가온 데다 해외 이적 시장도 거의 마무리되는 시점에서 눈에 쏙 들어오는 선수를 찾기는 어려웠다. 결국 베띠와 함께 도미니카공화국 대표팀에서 뛴 이브를 서둘러 데려왔다.

신장 192센티미터의 이브는 베띠보다 높이에선 장점을 보였다. 하지만 베띠만큼의 실력을 보여주지 못했다. 이감독을 비롯한 코칭스태프에겐 성에 차지 않았다. 그는 결국 8경기(32세트)에서 131득점에 공격성공률 35.1퍼센트라는 성적을 남기고 팀을 떠났다. 팀도 하위권으로 처졌다.

그러던 중 GS칼텍스는 우연한 계기로 반전에 성공했다. 지금까지도 리그 사상 최고의 외국인 선수 교체 사례로 꼽히는 '대박'이 터졌다. 2010년 1월 이브를 대신해 들어온 데스티니가 깜짝 활약을 펼친 것. 2승 10패로 시작한 GS칼텍스는 14연승을 질주하며 16승 12패를 거둬 3위에 올랐다.

2010년 4월 GS칼텍스는 이성희 감독 후임으로 1976년 몬트리올 올림픽 동메달 주역 중 한 명인 조혜정을 선임했다. 그런데 데스티니와의 재계약이 불발됐다. 유럽 리그의 러브콜과 경쟁하면서 몸값이 상승한 까닭이다. 게다가 자유분방한 성격의 소유자인 그를 관리하기 쉽지 않았다. 팀은 한국을 좋아하고 선수들과 잘 어울리는 베띠 쪽에 무게를 뒀다. 하지만 베띠는 출산으로 몸 상태가 좋은 편이 아니었다. 결국 GS칼텍스는 제시카로 시즌을 치르다 산야 포포비치로 교체했지만 최하위인 5위에 머물고 말았다.

2011/12시즌은 이선구 감독이 지휘봉을 잡았으나 신생 팀인 IBK기업은행에 밀릴 정도로 부진을 면치 못하고 팀 역사상 처음으로 6위를 기록했다.

구관이 명관

2012/13시즌을 앞두고 결국 베띠가 3년 만에 GS칼텍스로 돌아왔다. 그는 출산 후 코트로 돌아와 자국 리그에서 뛰다가 2011/12시즌 일본으로 와 덴소에서 활약했다. 등록명이 데라크루즈에서 애칭으로 부르던 베띠로 바뀌었지만 실력은 변함없었다. 23경기(77세트)에 나와 554득점에 공격성공률 45.7퍼센트를 기록했다. 정대영과 한송이, 이소영이 가세해 공격 비중은 분산됐지만 해결사 역할을 놓지 않았다. 가벼운 부상을 겪는 중에도 금세 제자리로 돌아왔다.

GS칼텍스는 정규리그에서 2위를 차지해 챔피언결정전에 진출했다. 하지만 아쉽게도 IBK기업은행에 1승 3패로 밀려 우승을 놓쳤다. 이숙자는 당시를 이렇게 되돌아봤다. "리그를 치르는 동안 좋은 결과와 마주할 수 있겠구나 하는 생각이 많이 들었어요. 그런데 우승을 눈앞에서 놓쳐버린 셈이 되니 정말 아쉬웠습니다. 상대(IBK기업은행)가 우리보다 경기를 더 잘 풀어갔어요. 아무래도 실력에서 밀렸다고 봐야겠죠."

2013/14시즌에도 GS칼텍스에 남은 베띠는 지난 시즌보다 더 많은 873점을 올렸다. 팀도 2시즌 연속으로 정규리그 2위를 차지해 봄

배구에 진출했다. 플레이오프에선 KGC인삼공사를 시리즈 전적 2승으로 가볍게 물리쳤다. 베띠의 에이스 본능이 되살아난 덕분이었다. 1차전에서 아웃사이드 히터 대신 아포짓 스파이커로 나와 공격에만 집중하며 34점을 올렸다. 정규리그 막바지에 입은 새끼손가락 부상도 별문제가 없었다. KGC인삼공사도 주포 조이스에게 공격을 몰아줬지만 '작심한' 베띠를 막을 수 없었다. 이선구 감독은 경기 뒤 "경기 내용은 만족스럽지 않다. 우리는 베띠 혼자 다했다"고 했다. 2차전에서도 베띠는 블로킹 위에서 공격을 때리며 39점을 올려 조이스(28점)가 분전한 KGC인삼공사를 제압했다.

그리고 챔피언결정전은 지난 시즌의 '리턴 매치'가 됐다. 팀은 우승할 가능성이 적다는 말을 들었지만 베띠는 매섭게 공격력을 끌어올렸다. 2014년 3월 IBK기업은행과의 1차전에서 그는 42점을 올렸다. 카리나와 김희진, 박정아가 나선 IBK기업은행 삼각 편대와의 1대 3 대결에서도 밀리지 않았다. 예상과 달리 풀세트 접전 끝에 GS칼텍스가 3-2로 이겼다. 2차전에선 IBK기업은행이 3-0으로 GS칼텍스를 꺾어 승부를 원점으로 돌렸다. 그날 베띠는 20점을 올렸는데 공격성공률이 33.3퍼센트로 낮았다. 범실도 7개나 나왔다.

베띠와 GS칼텍스 입장에선 1년 전의 챔피언결정전 1차전이 떠오르는 순간이었다. 당시 베띠는 28점을 올리는 중에 공격성공률이 36.2퍼센트에 그치고 범실을 9개나 해 다소 흔들렸다. 그러면서 팀도 1-3으로 무너졌다. 하지만 1년 전과는 달랐다. 전혀 흔들리지 않았다.

3차전에서 GS칼텍스가 카리나의 원맨쇼 활약에 밀려 2-3으로 경기를 내줄 때도 베띠는 혼자 50점을 올리며 고군분투했다. 이정철 IBK기업은행 감독도 "베띠는 막을 수 없다. 다른 쪽을 더 봉쇄하겠다"고 말할 정도였다. 이로써 2연승을 거둔 IBK기업은행이 우승에 유리한 고지를 먼저 점령했다. 하지만 4차전에서 베띠가 54득점으로 공격을 이끌고 세터 이소영이 뒤를 받치면서 GS칼텍스는 벼랑 끝 승부를 딛고 3-1로 상대를 꺾었다. 이선구 감독의 말대로 "절벽 끝에서 체력은 문제 되지 않았다."

그리고 4월 4일 열린 마지막 5차전. 지난 시즌의 한을 풀고 역전 우승을 거둘 마지막 기회였다. 베띠는 때리고, 때리고, 또 때렸다. 세터 이숙자와 정지윤은 망설이지 않고 그런 베띠에게 패스를 보냈다. 무려 55점으로 밀어붙이는 베띠 앞에서 IBK기업은행이 속수무책 1-3으로 무너지면서 GS칼텍스가 3승 2패로 우승했다. 2007/08시즌 이후 6년 만의 우승이었다.

당시 현장에 있던 취재진과 중계방송 관계자, 이선구 감독, 이정철 감독 모두 '5세트까지 갔다면 베띠가 60점은 충분히 달성했을 것'이라고 입을 모았다. 이정철 감독은 경기를 마친 뒤 "베띠가 참…"이라며 말을 아꼈다. 베띠는 기자단 투표에서 MVP에 선정됐다. 이숙자는 당시를 이렇게 돌아봤다.

"이선구 감독도 그랬지만 코트 안에 있는 동료 선수들 모두 베띠를 믿었어요. 패스가 한곳에 몰린다는 말도 있었지만 단기전이고 반드시 이겨야 하는 경기였습니다. 베띠는 프로 의식이 있는 선수였어요. 잘하고 싶어 하는 마음이 강했죠. 자유계약 제도가 있던 시절이라 자신이 잘하면 어떤 보답이 돌아오는지 알고 있었거든요. 평상시에도 개구쟁이처럼 팀원들과 잘 어울렸어요. 어린 나이에 결혼하고 아이도 있어서 책임감이 강했어요. 처음 왔을 때보다 다시 돌아왔을 때 더 그랬습니다."

베띠는 3시즌 연속으로 GS칼텍스와 함께하지는 않았다. 2014/15시즌을 앞두고 튀르키예 리그로 자리를 옮겨 엑자시바시의 유니폼을 입었다. 2008/09시즌 V리그의 네트를 사이에 두고 경쟁했던 김연경과 튀르키예 리그에서 다시 만난 것이다. 2016/17시즌 디나모 모스크바와 계약해 러시아 리그에서 뛴 다음 2017/18시즌엔 사비노 스칸디치의 유니폼을 입고 이탈리아에서 활동했다. 유럽 '빅 4' 중 폴란드를 뺀 세 리그에서 뛴 셈이다. 베띠는 다시 고국으로 돌아가 두 시즌을 보낸 뒤 2020년 당시 새로 출범한 미국프로리그(PVF)에서 뛰었다. 2021년에 열린 도쿄 올림픽에도 국가대표로 참가해 한국 대표팀과 겨뤘다. 2024년엔 37세의 나이에도 오마하의 에이스로서 팀의 우승을 이끌어 그해 PVF 퍼스트 팀에 이름을 올리는 노익장을 발휘했다.

첫 손가락에 꼽힌 기대주

1990년대 중반 한국 여자배구는 세터 유망주가 대거 나왔다. 김사니와 이효희, 이숙자가 떠올랐는데 그중 이숙자가 제일 먼저 배구계의 관심을 받았다. 토스뿐 아니라 수비력도 뛰어나 유망주 중 첫 번째로 꼽혔다. 1996년 아시아청소년선수권과 1997년 세계청소년선수권에서 한국이 각각 3위와 4위를 차지할 때 그 중심에 이숙자가 있었다.

1998년 이숙자는 현대건설에 입단했다. 실업 무대가 화려할 것 같았지만 현실은 녹록지 않았다. 6년 동안 백업으로 지내야 했다. 외환위기로 SK케미컬 배구단이 해체되면서 당시 국가대표 강혜미가 현대건설로 왔기 때문이다. 2004년 강혜미가 선수 은퇴할 때까지 이숙자는 거의 코트를 밟지 못했다. 당시엔 20대 후반에 은퇴하는 게 일반적이었기에 더욱 힘든 시간이었다.

보통 그런 경우 배구를 접고 지도자나 다른 길을 찾기 마련인데 그는 그러지 않았다. 실업배구 시절을 이렇게 되돌아봤다. "현대건설에서 뛸 때는 정말 힘들었죠. 경기에 자주 나가지 못하는 상황이라 더욱 답답했어요. 운동을 그만둘 생각도 했지만 솔직히 그래도 버티는 게 돈을 모으는 데 더 유리하다고 판단했어요."

그는 지금도 후배들에게 '힘들더라도 버티면 기회가 온다'고 조언한다. 자신이 직접 겪은 경험이라 할 수 있는 말이다. 강혜미가 떠난 뒤 이숙자는 정대영, 한유미와 함께 주전으로 올라섰다. 현대건설은 중고참으로 자리 잡은 세 선수를 중심으로 팀을 재편해 V리그가 출범하고 세 번째 시즌이던 2006/07시즌 챔피언결정전까지 진출해 준우승을 차지했다.

첫 우승

2006/07시즌이 끝난 뒤 이숙자는 중대한 결심을 했다. 그해 리그 최초로 자유계약선수 제도가 시행되면서 이숙자도 정대영, 한유미와 함께 FA 자격을 얻었다. 현대건설은 세 선수를 모두 잡을 여력이 없었다. 이숙자와 정대영은 FA 시장에 나가 평가를 받기로 하고 한

유미는 현대건설에 남았다. 공교롭게도 둘은 GS칼텍스로 함께 이적했다. "당시 GS칼텍스는 성적이 나지 않아도 더 올라갈 수 있는 팀이었습니다. 우리 둘은 호흡이 잘 맞는 점이 감안돼 함께 이적하게 됐죠."

팀을 옮긴 첫해 이숙자는 가장 높은 곳에 올랐다. 2007/08시즌 정규리그를 3위로 마친 GS칼텍스는 플레이오프에서 KT&G를 꺾고 프로 출범 이후 처음으로 챔피언결정전에 진출했다. 흥국생명과의 챔피언결정전에선 맏언니 이숙자와 정대영이 '이변의 주인공'이 됐다. 김연경과 황연주 쌍포가 버티고 있는 흥국생명이 유리하다는 평가가 많았지만 GS칼텍스가 1차전에서 패배한 뒤 거침없이 3연승으로 밀어붙여 3승 1패로 정상에 올랐다.

이숙자는 첫 우승을 이렇게 돌아봤다. "힘들게 오른 우승 고지였습니다. 나와 대영이는 아무래도 새로운 팀에서 손발을 맞추다 보니 초반엔 어색한 점도 있었어요. FA 제도도 처음이라 팀에 녹아드는데 시간이 필요했어요. 세터는 선수들의 성향에 맞춰야 하는데 현대건설과 GS칼텍스는 많이 달랐죠."

선수 파악이 어떤 포지션보다 중요한 세터다 보니 그런 고민은 당연했다. 그에 따르는 스트레스도 오롯이 자신의 몫이었다. "FA로 이적한 첫 시즌이라 사실 마음을 많이 내려놨었어요. 어디까지 올라가는지 한번 해보자고 했는데 챔피언결정전까지 가는 동안 선수들은 많은 자신감을 얻었습니다. 돌이켜보면 그런 도전 의식이 우승으로 이끈 원동력이 된 것 같아요."

기다림은 국가대표팀에서도 이어졌다. 2012년 런던 올림픽 세계예선전에 참가한 대표팀은 세터 운용에 변화를 줬다. 보통 주전을 베테랑으로 뽑으면 백업은 젊은 선수나 유망주를 뽑는데 김형실 감독은 나이가 비슷한 김사니와 이숙자를 함께 뽑았다. 올림픽 본선을 앞두고 참가한 월드그랑프리나 월드컵에선 세터 조합이 달라졌지만 일본에서 열린 올림픽 세계예선전과 본선에선 그 둘이 대표팀 세터 자리를 지켰다.

이숙자는 런던으로 출국할 당시 이렇게 말했다. "김형실 감독님에게 '백업이라도 좋으니 꼭 올림픽에 나가고 싶다'고 말했어요. 직접 얘기하기에 앞서 언론 인터뷰를 통해 그런 의사를 전했는데 김감독님도 그 기사를 봤다고 하더라고요." 김감독도 내심 경험이 많은 세터 둘로 최종 엔트리를 구성하려고 했다. 그는 이렇게 설명했다. "예비 명단을 뽑을 때부터 그게 낫겠다고 판단했다. 사니와 숙자가 플레이 스타일이 다르기 때문에 경기 상황에 따라 기용 방법을 달리할 생각이다. 이숙자와 김사니 조합에 대해 크게 걱정하지 않는다."

그 선택은 맞아떨어졌다. 이숙자는 세계예선전과 올림픽 본선을 통해 '숙자 매직'이라는 별명을 얻었다. 예선에서 세르비아를, 8강에서 이탈리아를 만났을 때 그의 활약은 대단했다. 상대의 높은 블로킹을 따돌리고 정확한 패스를 공격수들에게 건넸다. 그동안의 기다림과 한을 폭발시키는 듯했다. 김형실 감독도 "그 두 경기는 이숙자의 역할이 정말 컸다"고 했다. 아쉽게도 대표팀은 4위로 대회를 마쳤다.

가정이지만 4강에서 미국과, 동메달 결정전에서 일본과 맞붙을 때 김감독이 김사니가 아니라 이숙자를 선발 세터로 뒀다면 다른 결과가 나왔을 수도 있다. 김감독은 올림픽을 마친 뒤 필자에게 "내 판단 실수다. 사니가 흔들릴 때 숙자로 바로 교체하거나 숙자를 먼저 뛰게 했어야 했다"며 아쉬워했다. 이숙자에게도 런던 올림픽은 마음에 오래 남았다. 그는 "정말 좋은 기회가 왔었는데 메달을 따지 못해 너무 안타깝죠"라고 말했다.

제2의 배구 인생

이숙자가 GS칼텍스에서 두 번째 우승을 차지한 2013/14시즌은 순탄치 않았다. 개막을 앞두고 아킬레스건을 다치는 바람에 코트에 나서지 못했다. 이선구 감독과 구단은 바빠졌다. 백업 세터 시은미만으로 이숙자가 빠진 자리를 메우기는 역부족이었다. GS칼텍스는 당시 실업팀 양산시청에서 뛰고 있던 정지윤을 긴급 영입했다. 이숙자는 2014년 2월 27일 5라운드 흥국생명과의 홈경기에서 복귀했다. 세터로 뛴 시간은 얼마 되지 않지만 컨디션 조절에 힘을 썼다. 챔피언결정전에서도 2차전, 4차전, 5차전에 코트로 나와 정지윤의 휴식 시간을 잘 메웠다.

우승을 결정한 5차전 4세트에선 선발 세터로 나왔다. 그런데 4세트 3-8로 끌려가는 상황에서 정지윤과 교체돼 웜업존으로 갔다. GS칼텍스는 정지윤을 투입한 뒤 추격에 고삐를 당겨 듀스까지 가는 접전 끝에 4세트를 29-27로 뒤집음으로써 IBK기업은행을 세트 스코어 3-1로 물리쳤다. 그렇게 팀이 우승 트로피를 들어 올렸을 때 이숙자 입장에선 다소 아쉬울 수도 있었다. 하지만 그는 "끝까지 잘해준 팀 동료들 덕분에 우승으로 내 선수 생활을 마칠 수 있었죠"라고 말했다. 이숙자와 정지윤이 함께 환호할 때 남편들도 관중석에서 하이파이브를 하며 기뻐했다.

이숙자는 시즌이 끝난 뒤 은퇴를 발표했다. 그리고 2014/15시즌 중이던 2015년 1월 3일 KGC인삼공사와의 홈경기에서 선수 은퇴식을 가졌다. 이후 그는 배구공 대신 마이크를 잡았다. KBSN 스포츠에서 배구해설위원으로 활동을 시작했다. 2014년 7월 안산에서 열린 컵대회에서 해설위원으로 데뷔했다. 이후 8년 동안 중계석에 앉아 오랜 기간 한솥밥을 먹었던 정대영과 한송이, 배유나 등 동료와 후배들의 경기를 지켜봤다.

그러던 중 2022/23시즌을 앞두고 코트로 돌아왔다. 1980년생 동갑내기인 고희진 감독의 요청에 따라 KGC인삼공사 코치를 맡았다. 두 사람은 그 전까지 친분이 없었지만 여자부 경험이 부족한 고감독이 도와달라고 손을 내밀었다. 고감독과 이코치 체제로 두 시즌을 보낸 정관장(KGC인삼공사)은 2023/24시즌 오랜만에 봄 배구에 진출했다. 성공적으로 시즌을 치른 이숙자는 이후 두 딸과 더 많은 시간을 보내기 위해 코치직을 내려놓고 다시 해설위원으로 돌아갔다.

해설위원으로 활동하는 기간 동안 선수로 복귀하고 싶은 미련은 없었을까? 이숙자도 기회가 왔다면 코트로 돌아올 수 있었다. 은퇴로 처리되면 자유계약 신분이 돼 다른 팀과 계약할 수 있기 때문이다. 그런데 '임의탈퇴(임의해제)'가 발목을 잡았다. GS칼텍스 구단은 이숙자가 은퇴하자 '임의탈퇴'로 공시했다. "기회가 될 때마다 구단에 '이제는 임의탈퇴를 풀어줄 때가 되지 않았나'고 얘기했죠. 그런데 요지부동이라는 느낌을 받았어요. 팀에서 은퇴식도 하고 다시 선수로 돌아가려 해도 그러지 못하는 나이가 됐지만 풀리지 않았죠."

2021년 V리그가 프로스포츠 표준계약서를 도입하면서 선수 신분과 관련한 불합리한 제도는 어느 정도 개선되고 있다. 하지만 이숙자는 2021년 이전에 임의 탈퇴한 선수라 표준계약서가 적용되기 어려웠다. 이숙자는 "장소연 선배, (한)유미, 김세영의 사례가 있어서 그런 것 같기도 해요"라고 말했다. 세 선수는 모두 은퇴 후 다시 코트로 돌아와 다른 팀에서 맹활약했다. 당시 전 소속 팀들은 임의탈퇴로 공시했다가 나중에 풀어주면서 선수들이 어렵게 돌아왔다.

역대 최고의 외국인 선수

몬타뇨

- 2009/10시즌 -

외국인 선수 제도가 처음 시작된 때는 2006/07시즌이다. 2023/24시즌까지 한 번이라도 코트를 밟은 외국인 선수는 총 87명(아시아쿼터 제외). 자유계약에서 트라이아웃으로 선발 방식이 바뀌는 동안 수많은 선수들이 한국 무대를 밟았다. 그중에서도 가장 인상적인 선수는 마델라이네 몬타뇨다. 콜롬비아 국가대표 출신인 그는 두 번이나 KT&G를 정상에 올리고 챔피언결정전 MVP도 두 번 차지했다. 당시 우승에 대해 '몰빵 배구'라는 비판도 있었지만 그가 압도적인 활약을 펼친 것은 분명한 사실이다.

그는 한국에서 뛴 기간은 총 3시즌이다. V리그에서의 성공을 발판으로 삼아 더 큰 유럽 무대로 진출해 활약했다. 아쉽게도 이후 트라이아웃 방식으로 선발 제도가 바뀌는 바람에 한국으로 돌아올 기회도 사실상 사라졌다. 그러나 최고의 외국인 선수를 꼽는다면 그를 꼽지 않을 수 없다.

주목받지 못한 원석

1983년생인 몬타뇨는 1998년 아르헨티나 클럽인 산 페르난도 데 카타마르카에 입단하며 첫 해외 리그를 경험했다. 1999년 마이애미 데이드 컬리지에 입학해 미국에서 배구 유학 생활도 했다. 이후 그리스 리그의 테살로니키에서 본격적인 프로 생활을 시작했다. 그런 그가 그리스를 떠나 처음으로 밟은 무대가 한국이었다. 2009/10시즌을 앞두고 KT&G가 그를 선택한 것이다.

하지만 그는 V리그로 오기 전까지 국제무대에서 알려진 선수는 아니었다. 콜롬비아 청소년대표와 국가대표를 지내면서도 무명에 가까웠다. 당시 그리스 리그는 이탈리아, 폴란드, 러시아는 물론 튀르키예 리그에 비해서도 한 수 아래였다. 직전 시즌 KT&G의 유니폼을 입었던 나기 마리안이 인지도와 경력 모두에서 그를 앞섰다. 2009/10시즌 한국에서 함께 뛰게 된 같은 국가 출신 케니 모레노에 비해서도 이름값이 떨어졌다.

당시 팀의 지휘봉을 잡고 있던 박삼용 감독도 처음부터 그를 데려올 생각은 아니었다. 우선순위에선 케니가 맨앞에 있었다. 케니는 이탈리아 2부 리그 득점왕에 오르고 나중에 김연경이 거쳐 간 일본 JT 마블러스에서 뛰었다. 다음으로 지켜본 선수는 푸에르토리코 국가대표 출신 카리나 오카시오였다.

하지만 돈이 문제였다. 박감독은 2009/10시즌 챔피언결정전을 마친 뒤 취재진과 만난 자리에서 몬타뇨를 영입한 배경을 언급했다. 그는 "외국인 선수 영입에 운용할 수 있는 금액이 제한돼 있었다. 30만 달러 이상을 쓸 수 없었다"고 했다. 당시 모기업인 KT&G는 민영화가 된 뒤 아직 공사 성격이 남아 있었다. 그렇다 보니 한국도로공사를 제외하고 사기업을 모기업으로 둔 세 팀처럼 돈을 여유롭게 운용할 수 없었다. 케니는 연봉 20만 달러, 몬타뇨는 23만 달러에 계약하지만 케니는 그보다 더 많은 돈을 받았다는 게 정설이다. 실제로 자유계약으로 선발하던 시절엔 대다수 팀이 외국인 선수의 연봉을 계약보다 낮춰 발표하고 세금 보조도 해주는 경우가 많았다.

박삼용 감독은 좀 더 공격력이 뛰어난 선수를 데려오려 했지만 마음대로 되지 않았다. 그는 "몬타뇨와의 계약을 결정했을 때 기대치가 크지 않았다. 상대적으로 이름이 덜 알려진 선수라는 점도 작용했다"고 털어놨다. 몬타뇨의 V리그 진출을 도운 국내 에이전트도 "KT&G뿐 아니라 다른 팀에서도 관심을 갖기는 했다. 하지만 해외 에이전트들의 추천 명단에선 후순위였다"고 했다.

당시 V리그는 도미니카공화국 출신 선수들이 대세였다. GS칼텍스에서 뛴 베띠와 한국도로공사 소속으로 2008/09시즌 득점왕에 오른 밀라가 대표적이다. 도미니카공화국배구협회 부회장은 사실상 자국 선수들의 해외 리그 진출에 직접 관여했다. 그런 도미니카공화국에 비해 콜롬비아는 상대적으로 대표팀 경쟁력이 떨어지고 선수들도 에이전트의 선수 리스트에서 뒤로 밀릴 수밖에 없었다. 그런데 몬타뇨는 당시 남자친구가 에이전트였다. 예전에 그리스행을 돕기도 했던 그가 적극적으로 나서 한국 측 에이전트와 협력하면서 마침내 한국행이 성사됐다.

첫 번째 우승

몬타뇨의 주 포지션은 아웃사이드 히터였지만 박삼용 감독은 그를 아포짓 스파이커로 기용했다. 리시브하는 부담을 줄여 공격에 집중하게 할 계산이었다. 출발은 불안했다. 외국인 선수 중 유일하게 컵대회에 출전한 그는 중국 톈진, 흥국생명과의 조별리그에서 각각 26점과 33점을 올렸다. 그러나 팀은 2연패로 탈락했다. 파워는 뛰어나지만 세기가 부족하다는 평가가 뒤따랐다. 정규리그 개막을 앞두고는 손가락 부상을 당하는 악재를 맞았다. 개막전에 결장하고 이후 두 경기에서 교체로 나왔다.

2009년 11월 23일 한국도로공사와의 경기를 시작으로 '몬타뇨 신화'가 시작됐다. 실질적인 데뷔전인 그 경기에서 그는 공격성공률 52.08퍼센트(26득점)를 찍는 괴력을 선보였다. 2라운드 첫 경기인 현대건설과의 경기에선 18득점으로 주춤하지만 바로 이어진 흥국생명과의 경기에서 37점을 쏟아부었다. KT&G의 세터 김사니는 팀에 득점력이 있는 선수가 부족한 상황에서 몬타뇨를 적극적으로 썼다. 338센티미터의 높은 타점을 자랑하는 그의 입맛에 맞게 패스를 정확히 올렸다.

2009/10시즌 몬타뇨는 675득점을 올렸다. 팀에선 김세영(201점), 장소연(171점), 이연주(155점)의 득점을 합친 것보다도 많았다. 한마디로 '몰빵 배구'였다. 초반 부상으로 결장한 탓에 현대건설의 케니(699점)에게 득점왕(정규리그 MVP까지)을 내줬으나 공격성공률에선

46.75퍼센트로 경쟁 상대(46.18퍼센트)를 앞섰다. 오픈공격 1위, 퀵오픈 3위, 시간차공격 2위, 후위공격 2위에 오르는 등 전 부문에서 상위권에 올랐다.

KT&G도 몬타뇨를 앞세워 정규리그 2위에 올랐다. 플레이오프의 상대는 GS칼텍스. GS칼텍스는 2010년 1월 데스티니 후커가 합류한 이후 상승세를 타고 있었다. 돌발 상황도 발생했다. GS칼텍스와의 정규리그 마지막 경기 도중 몬타뇨가 데스티니의 강타에 얼굴을 맞아 목 부상을 입었다. 다행히 큰 부상은 아니어서 몬타뇨는 정상적으로 플레이오프 1차전에 나섰다. 그는 '큰 경기'에 강한 스타일이었다. 1차전에서 36점을 올린 그의 활약에 힘입어 팀은 결국 3연승을 거두고 챔피언결정전에 올라갔다. 플레이오프 세 경기에서 데스티니가 69점에 공격성공률 44.7퍼센트를 기록할 때 몬타뇨는 99점에 공격성공률 61.4퍼센트를 기록했다.

챔피언결정전에선 케니가 버티는 정규리그 1위 현대건설을 상대했다. 이번에도 외인 대결에서 KT&G가 이겼다. 6경기에 걸쳐 케니가 155점에 공격성공률 41.9퍼센트, 몬타뇨가 200점에 공격성공률 45.9퍼센트를 기록했다. KT&G는 시리즈 초중반 1승 2패로 몰리다가 4~6차전에서 한 세트도 내주지 않고 상대를 압도했다. 빡빡한 일정에도 불구하고 몬타뇨는 지치지 않고 때렸다. 몬타뇨가 챔피언결정전 6경기에서 혼자 200점을 기록할 때 팀 내 득점 2위는 김세영은 57점을 올렸다.

그렇게 KT&G는 프로 원년 챔피언에 오른 뒤 5년 만에 왕좌를 되찾았다. 몬타뇨로서도 2000년 대학 시절 이후 프로에서 처음 차지한 우승이었다. 챔피언결정전 MVP(37표 중 29표)는 당연히 그의 차지였다.

그는 공격력만 좋은 게 아니라 내구성도 뛰어났다. 당시 그를 상대한 이성희 GS칼텍스 감독과 황현주 현대건설 감독은 "도대체 지치지를 않는다"며 혀를 내둘렀다. 황감독은 "공격이 자신에게 몰리게 되면 힘이 떨어질 법도 한데 (몬타뇨는) 그렇지 않다. 스파이크 타점이 경기 초반이나 5세트 막판이나 큰 차이가 없었다"고 했다. 상대가 그의 공격 코스에 맞춰 블로킹과 수비를 집중해도 소용없었다. 황감독이 "도저히 막을 방법이 없다. 몬타뇨에게 공이 가리라고 누구라도 다 예상한 상태에서 다른 쪽을 포기하고 막아도 거의 다 뚫어냈다. 여러 방법을 사용해봐도 큰 효과를 못 봤다. 그에게는 도핑 검사를 매 경기 해봐야 한다"고 말할 정도였다.

팀보다 위대한 선수

몬타뇨는 챔피언결정전에서 우승한 직후 "내 거취는 모른다"며 다른 리그로의 진출도 염두에 뒀지만 팀명을 KT&G에서 KGC인삼공사로 변경한 기존 팀과 재계약했다. 현대건설이 케니와 재계약하면서 두 선수 간 자존심 대결은 2라운드가 펼쳐지게 됐다. 콜롬비아에서 뛸 때는 케니가 소속 팀이 우세하고 몬타뇨의 롤 모델이기도 했다. 국가대표로서 경력도 케니가 더 뛰어났다. 그런 둘이 나란히 한국에 와 정규리그와 챔피언결정전 MVP를 차지하면서 사단이 벌어졌다. 자연스럽게 신경전이 벌어졌다. 서로를 블로킹할 때 더 큰 환호성을 지르기도 했다.

두 번째로 나란히 뛰게 된 2010/11시즌 둘의 대결은 미디어데이에서부터 불타올랐다. 몬타뇨가 "우승은 너무나 좋은 경험이었다. 우승한 만큼 지난여름 더욱 많이 준비했다"고 말하자 케니가 지지 않겠다는 듯이 "지난 시즌 (정규리그에서) 우승해 좋은 기분으로 지냈다. 열심히 운동하고 있다. 이번 시즌에도 좋은 결과를 기다리고 있다"고 맞받았다.

시즌 첫 대결에서 케니가 트리플 크라운을 기록하고 현대건설이 3-1로 KGC인삼공사를 이겼다. 몬타뇨가 19점을 올리며 고군분투했지만 역부족이었다. 두 번째 대결에선 몬타뇨가 22점, 케니가 8점을 기록하고 KGC인삼공사가 3-0으로 이겼다. 이후 네 번의 대결에선 모두 현대건설이 이겼다.

KGC인삼공사 입장에서 보면 세터 김사니가 팀을 떠난 여파가 컸다. 케니뿐 아니라 양효진과 황연주까지 다양한 공격 옵션을 갖춘 현대건설을 상대하기에는 제아무리 몬타뇨라도 힘들었다. 무엇보다 해당 시즌에 '3세트 외국인 선수 출전 불가' 옵션까지 생겨 '지치지 않는' 그의 장점이 100퍼센트 발휘될 수 없었다. 국내 선수 전력이 약했던 KGC인삼공사는 정규리그에서 4위(8승 16패)로 추락했다.

하지만 2010/11시즌 몬타뇨는 국내 선수들과 훨씬 적은 65세트만 출전하고도 591점을 올려 득점왕을 차지했다. 공격성공률도 50.42퍼센트로 지난 시즌(46.75퍼센트)보다 올라 공격 1위를 차지했다. 2011년 2월 24일 흥국생명과의 경기에선 '한 세트 24득점, 한 경기 53득점'을 올려 한 세트 최다 득점 신기록을 세우기도 했다. 우승은 현대건설이 차지했지만 두 콜럼비아 출신들 간의 승부에선 몬타뇨가 사실상의 승자였다.

시즌이 끝난 뒤 당연히 KGC인삼공사는 몬타뇨와 재계약을 원했다. 그러나 이미 한국에서의 활약으로 몸값이 오른 그와의 협상은 쉽지 않았다. 결국 그는 이탈리아 1부 리그로 옮겨 우르비노 발리와 계약했다. 그는 "선수들과 정이 많이 들었는데 떠나게 돼 아쉽다"고 했다.

그런데 해당 시즌 이탈리아가 심각한 국가 부채에 시달리고 재정위기에 몰리면서 리그 전체가 심대한 타격을 입었다. 그렇게 계약이 무산된 뒤 그는 다시 일본, 튀르키예, 아르메니아, 러시아 등 여러 리그를 물색했다. 그러나 여의치 않았다. 일본도 2011년 3월 동일본 대지진으로 피해 규모가 커지고 이미 팀 구성이 끝나가던 시기라 만족할 만한 조건을 제시하는 팀이 없었다. 무적 선수가 될 위기에 처해 그는 KGC인삼공사에 다시 한국에서 뛰고 싶다는 뜻을 전했다. KGC인삼공사도 거절할 이유가 없었다. 외국인 선수 연봉 상한액(28만 달러)에 재계약했다. 당시 그는 "한국 생활에 익숙해져서 너무 편하다. 아들이 공부하기에도 좋은 환경"이라며 돌아온 소감을 밝혔다.

때마침 V리그는 3세트 외국인 선수 출전 불가 규정을 1년 만에 폐지했다. KGC인삼공사의 전력도 보강됐다. FA 계약이 불발된 뒤 1년간 쉬었던 한유미가 현대건설과 계약한 뒤 곧바로 KGC인삼공사로 트레이드돼 합류했다. 몬타뇨는 연이어 강타를 터뜨리며 존재감을 발휘했다. 특히 2011년 12월 4일 인천 도원체육관에서 열린 흥국생명과의 원정 경기에선 자신이 세운 한 경기 최다 득점 기록을 54점으로 갈아치웠다. 그는 경기 뒤 "아들이 갑자기 경기장에 찾아와 기분이 좋은 상태에서 어느 때보다 편안한 마음으로 경기에 임했다"고 말했다. 결국 KGC인삼공사는 20승 10패로 정규시즌 1위를 차지했다.

그해 몬타뇨는 무려 53.78퍼센트 공격점유율과 1076득점을 기록해 최초로 시즌 점유율 50퍼센트와 1000득점을 돌파했다. 2024년 4월 기준 여전히 최다 득점으로 남아 있는 기록이다. 2022/23시즌 KGC인삼공사의 엘리자벳이 세 번째로 1000득점을 돌파할 때(1015점) 그의 공격점유율이 41.30퍼센트였으니 비교하면 몬타뇨가 어떠했는지 감이 잡힌다.

마무리도 깔끔했다. 챔피언결정전의 상대는 2년 전에 만난 현대건설. 승과 패를 나란히 주고받은 끝에 KGC인삼공사가 마지막 5차전에서 3-1로 이겨 창단 처음으로 통합 우승을 이뤘다. 몬타뇨는 그날 경기에서 팀 전체 공격득점의 3분의 2에 가까운 40점을 올렸다. 그는 정규리그 MVP에 이어 챔피언결정전 MVP까지 싹쓸이해 최고의 시즌을 보냈다.

그와 한국의 인연은 거기까지였다. KGC인삼공사는 재계약 의사를 전했으나 그는 아제르바이잔 리그의 라비타 바쿠로 떠났다. 바쿠에서 1년간 뛴 뒤 이듬해 튀르키예 리그의 명문 갈라타사라이로 이적했다. 1년 뒤엔 다시 페네르바체의 유니폼을 입었다. 당시 김연경을 인터뷰하기 위해 튀르키예를 방문했던 필자는 몬타뇨의 건재함을 눈으로 확인할 수 있었다. 이후 폴란드와 이탈리아 등 빅리그에서 활약하다 2018/19시즌 프로 초기에 뛴 아리스 테살로니키에서 경력을 마감했다.

그는 2018년 이탈리아 몬차에서 열린 외국인 선수 트라이아웃 현장을 방문하기도 했다. 몬타뇨는 "한국 배구 행사가 이탈리아에서 열린다는 소식을 듣고 달려왔다. 한국 팬들이 아직도 고맙다. 두 번째 시즌 도중 관중들이 내 생일을 축하하는 노래를 불러줬다. 그 순간을 절대 잊을 수 없다. V리그에서 보낸 3년을 내 마음 깊은 곳에 간직하고 있다"고 전했다.

'기록의 여왕' 영원한 꽃사슴

황연주

- 2010/11시즌 -

황연주는 프로배구 리그 원년에 데뷔해 2023/24시즌까지 20시즌간 뛰었다. 그리고 같은 역사를 가진 이들 중 유일하게 2024/25시즌에도 뛰는 선수다. 자연스럽게 '기록의 여왕'이 됐다. 2024년 4월 기준 정규리그에서만 481경기 1656세트에 출전해 5794점을 올렸다. 포스트시즌에서도 40경기 147세트에 나와 561점을 기록했다. 한 경기에서 후위공격과 서브, 블로킹 세 부분에서 각각 3점 이상을 달성하면 주어지는 트리플 크라운도 그가 첫 번째 주인공이다(2006년 1월 6일 흥국생명과 현대건설의 경기).

올스타 명단에 오른 횟수만 해도 2005시즌부터 2019/20시즌까지 14회에 달해 역대 2위의 성적이다(1위 김해란 15회). 그만큼 팬들로부터 많은 인기를 얻었다. 인기가 많은 선수라는 건 별명을 봐도 알 수 있다. 2016/17시즌 올스타전에선 '꽃사슴'을 유니폼에 새기고 출전했다. 루돌프 사슴과 그의 이름을 합친 '연주루'가 있고 대표팀과 소속 팀 동료들 사이에서는 '찡찡이'로 불리기도 했다. 2022/23시즌 외국인 선수 야스민의 빈자리를 잘 메우며 전성기의 기량을 보일 때는 '사슴'과 '야스민'을 합친 '사스민'이라는 별명을 얻었다. 물론 그가 가장 아끼는 별명은 '꽃사슴'이다.

2순위 왼손잡이 아포짓

고등학교에 들어가서도 뛰어난 기량을 보였지만 최대어는 아니었다. 게다가 고등학교 2학년 때 그는 무릎 부상을 입어 수술과 재활을 반복하는 바람에 코트에 거의 나오지 못했다. 졸업반이던 2004년에는 1년 후배 김연경과 함께 한일전산여고의 좌우 쌍포로 활약했다. 2004년 11월 19일 신인 드래프트에서도 1순위로 불리지 않았다.

세미프로로 치러진 2004시즌 V투어에서 최하위를 차지해 드래프트 전체 1순위 지명권을 손에 넣은 LG정유(GS칼텍스)는 고민 없이 나혜원을 선택했다. 황연주는 전체 2순위로 지명돼 흥국생명의 유니폼을 입었다. 당시 LG정유의 지휘봉을 잡고 있던 박삼용 감독은 훗날 그 드래프트에 대해 "이견이 없었다. 우리 팀이 아니라 다른 팀이 1순위 지명권을 갖고 있었더라도 나혜원을 뽑았을 것이다. 다시 그때로 돌아간다고 해도 그랬을 것"이라고 말했다.

흥국생명의 선택은 결과적으로 팀과 선수 모두에게 더 높은 위치로 오르는 사다리로 작용했다. 당시 흥국생명을 이끌던 황현주 감독은 2009년 현대건설로 자리를 옮긴 뒤 "연주 외에도 아웃사이드 히터 쪽에서 임명옥과 오현미 등이 좋은 평가를 받고 있었다. 팀에서도 고민이 있었다"고 털어놨다.

홍국생명은 당시 약체로 꼽혔다. 그래서 황연주는 입단하자마자 주전으로 기용됐다. 2005시즌 13경기 49세트에 나와 230점을 기록하며 아웃사이드 히터 윤수현(16경기 60세트, 272점)에 이어 팀 내 두 번째로 많은 득점을 올렸다. 그해 황연주는 자신의 가치를 코트에서 입증한 끝에 리그 최초의 신인상뿐 아니라 서브상과 백어택상까지 수상했다.

반면 데뷔 첫해 출전 시간이 적었던 나혜원은 10경기 22세트에 출전해 9점을 올리는 데 그쳤다. 이후 고질적인 허리 부상으로 선수 생활 내내 고생하다 2013년 컵대회를 끝으로 코트를 떠났다.

아포짓 스파이커는 말 그대로 세터의 반대편(opposite)에 선다. 그래서 보통 오른쪽 사이드에서 공격할 때가 많다. 과거 아웃사이드 히터가 레프트, 아포짓 스파이커가 라이트로 불린 이유도 거기에 있다. 그러다 보니 왼손잡이 아포짓은 세터가 준 공을 좀 더 빨리, 넓은 각도로 때릴 수 있다는 이점이 있다. 왼손잡이에다 점프력이 좋은 황연주가 국내 대표 아포짓이 된 건 당연한 일이었다. 그는 이렇게 되돌아봤다.

"아무래도 국제 대회에선 올림픽이 제일 기억이 많이 남죠. 쉽게 나갈 수 없는 대회이니까요. 특히 2012년 런던 올림픽이 생각납니다. 당시 아무도 여자배구 대표팀에 신경 쓰지 않았을 때라 좋은 성적을 내고 뿌듯했어요. 배구다운 배구를 했죠."

흥국생명의 전성기

2005/06시즌 황연주는 흥국생명에서 한일전산여고 후배인 김연경과 다시 만났다. 둘은 팀의 좌우 쌍포로 공격을 이끌었다. 그해 28경기 110세트에서 김연경이 765점, 황연주가 523점을 올려 팀 내 득점 1위, 2위를 차지했다. 흥국생명은 리그 최고의 공격 듀오를 앞세워 정규리그 1위와 챔피언결정전 정상에 오르며 통합 우승을 달성했다. 김연경이 신인왕에 선정되면서 흥국생명은 2시즌 연속으로 신인왕을 배출했다.

당시 흥국생명은 둘 외에도 진혜지와 윤수현 등 실력과 외모를 갖춘 선수들이 많아 '미녀 군단'이라 불렸다. 밝은 표정으로 코트를 누비는 황연주에겐 '얼짱'이라는 신조어와 '재색 겸비', '꽃사슴' 등의 별명이 붙었다. 그는 당시를 떠올리며 웃었다. "당시 많이 창피스럽기도 하고 부끄러웠죠. 내가 그렇게 불러달라고 한 게 아닌데…. 나중에 익숙해지고부터는 그렇게 불러주지 않으면 이제 서운해요."

흥국생명은 통합 우승 3연패에는 실패하지만 2008/09시즌까지 최강의 전력을 자랑했다. 2006/07시즌부터 적용된 외국인 선수 제도도 잘 활용했다. 2006/07시즌부터 2008/09시즌 사이 선발된 케이티 윌킨스와 마리 헬렌, 카리나 오카시오는 황연주, 김연경과 함께 삼각편대를 구성해 막강한 공격력을 발휘했다.

황연주는 김연경과 외국인 선수가 합류한 뒤 공격 제1 옵션에서 밀리지만 주역 같은 조연을 소화했다. 특유의 점프력을 살려 서브와 후위공격에선 절정의 기량을 보였다. 2005시즌 서브와 후위공격 부문에서 수상자가 된 뒤에도 2006/07시즌 서브 부문 1위에 다시 이름을 올렸다.

그러나 그는 크고 작은 부상 때문에 대표팀에선 인상 깊은 활약을 보여주지 못했다. 2006년 도하 아시안게임에서 한국이 5위에 머물며 '노메달'에 그칠 때 혹사 논란이 일기도 했다. 2007/08시즌이 끝나고 무릎 수술을 받는 바람에 2008년 베이징 올림픽을 준비하는 대표팀에 합류하지 못했다. 그때 대표팀의 합류 요청을 거부했다는 이유로 김연경, 정대영 등과 함께 국가대표 자격정지 1년 처분을 받기도 했다. 리그에서도 힘든 시간이 이어졌다. 수술을 받고 난 뒤 체력과 운동량이 부족해 시즌 초반 고전했다.

선수들을 보호하려는 목적에서 대표팀의 합류 요청에 응하지 않은 황현주 감독은 팀 이기주의라는 비판에 직면했다. 당시 혼자 비난을 감수하던 황감독은 "연주와 연경이 모두 부상 정도가 경미하지 않았다"고 했다. 하지만 2008/09시즌 황감독은 선수들과 끝까지 함께하지 못하고 시즌 도중 지휘봉을 내려놨다. 어창선 코치가 감독대행을 맡아 어수선한 가운데 흥국생명은 정규리그에서 3위에 그쳤다. 그럼에도 플레이오프에서 KT&G를 제치고 챔피언결정전에 진출한 다음 GS칼텍스까지 연달아 물리쳐 우승을 차지했다.

김연경이 임대 계약으로 일본의 JT 마블러스로 떠난 뒤 흥국생명은 팀 전력에 큰 공백이 생겼다. 2009/10시즌 카리나와 재계약하고 한송이를 믿었지만 이전 시즌과 같은 전력이 아니었다. 그래도 황연주는 꿋꿋이 제 몫을 했다. 외국인 선수인 카리나(27경기 98세트 369점)보다 더 많은 465점(28경기 110세트)을 올렸다.

하지만 김연경이 빠진 흥국생명은 확실히 전력이 떨어졌다. 한송이가 294점, 미들 블로커 김혜진이 217점을 내며 뒤를 받치기는 했지만 좌우 쌍포의 위력이 반감됐다. 디펜딩 챔피언 흥국생명은 3할대 승률(8승 20패)에 그치며 겨우 꼴찌를 면하는 데 그쳤다. 황연주와 흥국생명이 작별할 시간도 다가오고 있었다.

MVP 3관왕

2010년 황연주는 데뷔하고 처음으로 FA 자격을 얻었다. 국내 선수 중 아포짓 스파이커로 그만큼 경쟁력을 가진 선수는 없었다. 그런 이유로 여러 팀이 관심을 보였다. 흥국생명은 그를 잡고 싶었지만 가장 좋은 조건을 제시하지는 못했다. 결국 그는 현대건설을 택했다. "현대건설에서 좋은 대우를 해줬죠. 선수로서 최고 연봉을 받고 싶었어요. 언제 또 FA가 될지 모르잖아요. 익숙한 지도자 밑에서 뛰고 싶은 마음도 있었고요."

그의 말대로 현대건설엔 황현주 감독이 먼저 와 있었다. 흥국생명에서 쫓겨나다시피 했던 황감독은 2009/10시즌 현대건설을 이끌고 정규리그 1위(23승 5패)에 올랐다. 비록 챔피언결정전에서 KT&G의 주포 몬타뇨를 막지 못해 우승을 놓치지만 팀을 빠르게 바꿔놓았다. 그해 정규리그 MVP에 오른 케니 모레노를 도울 선수가 필요했던 황감독은 황연주에게 러브콜을 보냈다. 황연주는 당시 현대건설의 유니폼을 입으며 "변화를 줄 시기라고 생각했다. 황감독도 내가 오기를 바랐기에 큰 고민 없이 (현대건설과의) 계약을 결정했다"고 말했다. 연봉 1억 8500만 원은 당시 V리그 최고액이었다.

2010/11시즌 황연주는 황감독의 기대를 완벽히 충족시켰다. 케

니와 쌍포를 이뤄 공격을 이끌었다. 여기에 미들 블로커 양효진의 공격력이 만개했다. 케니와 양효진, 황연주로 이어지는 삼각 편대가 완성됐다. 미들 블로커 김수지와 아웃사이드 히터 윤혜숙도 공수를 겸비한 선수였다. 특정 선수에게 치우치지 않은 완벽한 밸런스의 팀이 만들어졌다.

현대건설은 20승 4패를 기록해 2시즌 연속으로 챔피언결정전 직행에 성공했다. 이번엔 챔피언결정전의 상대가 바뀌었다. 정규리그에서 3위를 차지한 황연주의 친정 팀 흥국생명이었다. 예르코브 미아와 한송이 쌍포에 김사니가 버티고 있는 흥국생명은 만만치 않았다.

승부처는 2승 2패로 팽팽히 맞선 5차전. 그리고 5세트의 주인공은 황연주였다. 첫 서버로 나선 그가 강서브를 연이어 터뜨리면서 순식간에 점수가 4-0까지 벌어졌다. 사기가 꺾인 흥국생명은 그대로 5세트를 내줬다. 기세를 탄 현대건설은 6차전을 3-0으로 잡고 4승 2패로 마침내 우승컵을 들어올렸다. 황연주는 여자부 최초로 통산 4회 우승을 차지한 선수가 됐다.

그는 현대건설에 챔피언결정전 첫 우승을 안겨줌과 동시에 정규리그 MVP와 올스타전 MVP에 이어 챔피언결정전 MVP까지 모조리 휩쓸어 최고의 시즌을 보냈다. 바야흐로 전성기였다. 한 시즌에 MVP 3관왕을 달성한 것은 리그 최초였다. 그는 김연경이 없는 리그에서 마침내 최고 스타로 자리매김했다.

그런데 아이러니하게도 그에겐 매우 힘든 시즌이었다. 그는 이렇게 털어놨다. "'잘했다'고들 많이 말씀하지만 팀을 옮기고 나서 마음

고생을 많이 했어요. 세터(염혜선)와 처음 맞춰보는데 흥국생명에서 할 때와 플레이가 달랐거든요. 나는 정말 잘하고 싶은데 마음먹은 만큼 되지 않은 시즌이었죠. 그래도 하다 보니 시간이 갈수록 공이 맞아지고 잘됐어요. MVP를 받기는 했지만 그 무렵 두세 시즌은 스스로 부족함을 많이 느낀 시간이에요."

실제로 2011/12시즌 그는 다소 힘든 행보를 보였다. 케니를 떠나보낸 현대건설은 리빙스턴을 데려왔다. 그러나 리빙스턴이 기대만큼 활약하지 못하면서 공격이 그에게 몰렸다. 팀은 정규리그 순위 경쟁에서 좀처럼 위로 치고 올라가지 못했다.

현대건설은 시즌 도중에 외국인 선수를 교체하기로 결정하고 브란키차 미하일로비치를 데려왔다. 브란키차가 합류한 뒤 팀에 활력이 붙었다. 현대건설은 정규리그를 3위로 마감해 결국 플레이오프에 나갔다. 이어 한국도로공사를 꺾고 챔피언결정전에 올라갔다. 플레이오프에서 황연주는 단연 돋보였다. 1차전과 2차전에서 자신의 장기인 서브를 터뜨리며 승리에 결정적인 발판을 마련했다.

3시즌 연속으로 챔피언결정전에 진출한 현대건설은 2시즌 만에 또다시 KGC인삼공사와 대결하게 됐다. 그러나 이번에도 몬타뇨의 벽을 넘지 못했다. 그래도 시리즈를 최종 5차전까지 끌고 가는 저력을 보였다.

기록의 여왕

황연주는 2012/13시즌 하향세를 보였다. 29경기 101세트에 나와 316득점에 그치면서 직전 시즌(25경기 100세트 442점)보다 기록이 떨어졌다. 정규리그 개막을 앞두고 열린 2012년 런던 올림픽에 국가대표로 참가해 4강 진출에 힘을 보탠 뒤 부상 후유증을 겪은 탓이었다.

그해 윤혜숙이 FA로 팀을 떠나고 공석이 된 주장 자리를 황연주가 이어받았다. 그는 후배 선수들을 잘 추슬렀다. 현대건설은 정규리그에서 16승 14패로 3위를 차지해 봄 배구에 나갔다. 하지만 플레이오프에서 만난 GS칼텍스에 연패하며 '4시즌 연속 챔피언결정전 진출'에는 실패했다.

2013/14시즌 두 번째 FA 자격을 얻었을 때 그는 잔류를 선택했다. 시즌 전체 득점은 275점. 경기 수가 적었던 2005시즌을 제외하고 정규리그에서 200점대에 묶인 건 그때가 처음이었다. 그도 "당시엔 경기도 그렇고 플레이가 정말 마음먹은 대로 풀리지 않았어요"라고 되돌아봤다. 그때를 기점으로 기량이 예전 같지 않다는 얘기가 종종 나왔다. 늘 당연할 것 같던 태극마크도 달지 못했다. 2014년 인천 아시안게임을 위해 선발할 때 엔트리에 들지 못했다.

그러나 그는 처져 있지 않고 오뚝이처럼 다시 일어났다. 2014년 7월 20일 시즌 개막을 앞두고 열린 컵대회 첫 경기인 KGC인삼공사와의 경기에서 그는 무려 41점을 올렸다. 외국인 선수가 없는 가운데 팀 공격의 1번 옵션으로 톡톡히 활약했다. 공격 득점 중 12점을 후위공격으로 얻어 기대감을 키웠다. 현대건설은 팀 역사상 첫 컵대회 우승을 차지하고 127점을 올린 그는 MVP를 차지했다.

자연스럽게 평가는 바뀌었다. 전성기의 기량을 회복했다는 얘기가 흘러나왔다. 현대건설에도 변화가 있었다. 2013/14시즌이 끝난 뒤 황현주 감독이 팀을 떠나고 양철호 코치가 사령탑을 맡았다.

2015/16시즌 양감독은 황연주를 주전 아포짓 스파이커로 기용했다. 현대건설은 정규리그에서 17승 13패를 거둬 흥국생명(18승 12패)보다 승수가 적었지만 승점에서 앞서 2위에 올랐다. 플레이오프에서 흥국생명을 2승으로 물리친 다음 챔피언결정전에선 IBK기업은행을 상대로 예상 밖의 승리를 거뒀다. 3연승으로 챔피언결정전 정상에 오르는 동시에 봄 배구에서 무패 우승도 함께 달성했다. 2017년 12월 5일 IBK기업은행과의 경기에서 그는 메디의 시간차공격을 블로킹하며 남녀 프로배구 최초로 통산 5천 득점을 달성했다.

그러나 2018/19시즌부터 코트에 나오는 시간이 줄었다. 그러면서 역할에도 변화가 생겼다. 아포짓이 아니라 아웃사이드 히터로 나섰다. 공격만 전담한 예전과 달리 서브 리시브에도 본격적으로 참여했다. 악재는 겹쳤다. 손가락 부상까지 찾아와 수술을 받았다. 시즌이 끝난 뒤 세 번째 FA가 됐으나 운신의 폭은 좁았다. 적지 않은 나이에 기량 저하를 겪고 부상과 이전 시즌 연봉 문제 등이 있어 FA 선수들 중 A급으로 분류됐다. 관심을 갖는 팀이 적은 중에 현대건설과 재계약했다.

2019/20시즌 8경기 15세트, 2020/21시즌 19경기 37세트 출전에 그쳤다. 은퇴의 기로에 섰지만 자신의 변화한 위치를 다시 한 번 받아들였다. 웜업존에서 대기하는 시간이 길고 잠깐씩 원 포인트 서버로 교체돼 코트에 들어갈 뿐이지만 최고참 선수로서 묵묵히 맡은 바 일을 했다.

"나 자신에 대한 자존감이 높았던 것 같아요. 내가 코트 밖에 있어도 어느 누구보다 실력이 부족한 게 아니라는 마음가짐이었죠. 외국인 선수와의 포지션 싸움에선 지지만 다른 국내 선수와의 경쟁에선 지지 않는다는 마음이랄까요. 사실 벤치에 있는 시간이 길어지면 힘들 때도 있죠. 그런데 후배들과 연습을 해보면 점프나 스피드에서 밀리지 않았어요. 그러니까 그만두고 싶지 않았죠. 누구와 붙어도 해볼 만하다는 마음으로 기다렸습니다."

투쟁심으로 똘똘 뭉친 그는 코트에서도 존재감을 발휘했다. 2021/22시즌 새로 팀을 맡은 강성형 감독은 그를 효과적으로 기용했다. 세터와 함께 투입하거나 교체 선수로 기용해 쏠쏠하게 재미를 봤다. 그는 26경기 56세트에 출전해 76점을 올렸다. 2022/23시즌에는 3라운드 막판에 허리 부상으로 이탈한 아포짓 야스민의 공백을 빈틈없이 메우며, 28경기 79세트에 나와 249점을 기록해 4시즌 만에 전성기 못지않은 활약을 보였다.

2023/24시즌에는 프로에 데뷔한 이래 가장 적은 7경기에서 8득점을 올리는 데 그쳤다. 그래도 팀이 정규리그 1위를 차지하고 챔피언결정전 우승까지 더해 통합 우승을 거두는 모습을 웜업존에서 후배 선수들과 함께 지켜봤다. 원년부터 20시즌 동안 V리그와 동행해 온 그로선 또 하나의 역사를 쓰는 순간이었다.

그는 2024/25시즌에도 뛴다. 농구선수 출신인 박경상 KCC 코치와 결혼한 뒤 남편이 먼저 코트를 떠난 상태이지만 현역 생활을 이어간다. 멈출 법도 하지만 선수 생활에 마침표를 찍을 계획은 아직 없다. 2020년 이후 취재진들과의 인터뷰에서 은퇴에 대한 질문을 자주 받고 있다. 그럴 때마다 그는 이렇게 말한다. "언젠가는 결정할 때가 온다는 걸 알고 있다. 하지만 아직 몸 상태가 괜찮다."

기록의 여왕으로 불리는 그는 2024년 4월 기준 리그 역대 1호 기록도 여럿 보유하고 있다. 특히 서브에선 독보적인 1위로 8초의 승부사다운 면모를 보였다. 첫 200서브득점, 300서브득점(2013/2014리그)을 차례로 달성하는 등 서브로만 통산 459점을 기록했다. 당분간 깨지기 어려울 것으로 보인다. 2011년 1월 22일 현대건설과 GS칼텍스의 경기에선 국내 선수 한 경기 최다인 서브득점 7개를 올리기도 했다.

후위공격(1248점) 역시 최고의 자리를 지키고 있다. 1000개 이상 백어택에 성공한 선수는 그가 유일하다. 득점에서도 양효진(7574점)에 이어 2위(5794점)에 랭크돼 있다. 공격득점 부문에서도 양효진(5568점), 박정아(4990점)에 이어 3위(4848점)에 있다.

4개 팀을 정상에 올린 '효쌤'

이효희

- 2011/12시즌 -

2021년 2월 27일 김천체육관에선 한국도로공사의 시즌 마지막 홈경기를 앞두고 이효희의 은퇴식이 열렸다. 영구결번이 된 등번호 5번이 빛나는 가운데 그는 꽃다발을 받으며 미소 지었다. 코로나19로 많은 팬이 참석하지 못했지만 선수단과 가족들의 축하가 이어졌다. 22년 21시즌 동안 449경기 1678세트에 출전해 4만 3652번 시도와 1만 7105번(1만 5401번+포스트시즌) 세트성공을 기록했다는 내용의 현수막이 그의 위대함을 보여줬다.

그는 10년 전만 해도 코트를 일찍 떠날 생각이었다. 부르는 곳이 없어 배구를 그만두려는 적이 몇 번 있었다. 화려한 조명이나 팬들의 뜨거운 관심과는 거리가 먼 시간이었다. 하지만 포기하지 않고 꿋꿋이 버텨냈다. 결국 소속 팀이던 KT&G, 흥국생명, IBK기업은행, 한국도로공사 네 곳 모두를 우승으로 이끈 선수가 되어 화려하게 코트를 떠났다.

두 번의 우승, 두 번의 아픔

이효희는 수원초등학교 5학년 때 배구를 시작했다. 그때부터 세터를 맡아 이후 포지션이 단 한 번도 바뀌지 않았다. 하지만 크게 주목받는 선수는 아니었다. 수일여중에선 벤치를 지키는 시간이 더 많았다. 한일전산여고에 들어가서도 동기 이숙자와 1년 후배 김사니보다 좋은 평가를 받지 못했다. 고등학교 2학년 땐 미래마저 불투명해졌다. 같은 재단하에 있던 실업팀 한일합섬이 외환위기의 여파로 해체된 것이다.

1998년 우여곡절 끝에 담배인삼공사(2002년 KT&G)에 입단했지만 좀처럼 기회가 오지 않았다. 신영진과 안혜정 같은 선배들에게 밀리고 나중엔 후배에게 밀려 팀 내 세 번째 세터가 됐다. 아예 경기에도 투입되지 못하던 힘든 시간. 이효희는 이렇게 돌아봤다. "짐을 싸 나가려던 적은 있었지만 운동을 그만둔다고는 하지 않았어요. 그때 최광희 선배가 나가려는 나를 붙잡았죠. '내가 도와줄 테니까 독한 마음으로 좀만 더 버텨보자'고 하더라고요. 울면서 버틴 거죠."

묵묵히 땀을 흘리며 기다리던 그에게 마침내 찬스가 찾아왔다. 2005시즌 김형실 감독이 드디어 한쪽에서 훈련하던 그에게 눈을 돌렸다. 이효희는 안정적인 토스를 올려 에이스 최광희를 잘 살렸다. 여기에 아포짓 스파이커 박경낭, 아웃사이드 히터 임효숙, 미들 블로커 김세영과 지정희 등 동료들과 어울림이 좋았다. KG&G는 김사니를 앞세워 우승에 도전하던 한국도로공사를 제치고 당당히 리그 원년 챔피언에 올랐다. 당시 만년 약체 KT&G의 우승은 모두를 놀라게 했다.

이효희로서도 데뷔한 지 7년 만에 주전이 돼 우승까지 차지한 감회가 남다를 수밖에 없었다. "우리 팀이 아주 잘하지는 않았어요. 개개인의 실력도 좋았지만 그에 못지않게 팀워크가 뛰어났죠. 모두 한국도로공사가 우승한다고 예측할 때 김형실 감독님이 선수들의 마음을 잘 어루만지며 끌고 나갔습니다."

하지만 이후 KT&G는 내리막길을 걷는다. 2005/06시즌(12승 16패)엔 승률 5할도 올리지 못하고 2006/07시즌엔 겨우 3승(21패)에 그쳐 최하위로 추락했다. 2007년 4월 신임 박삼용 감독은 그해 처음으로 실시된 FA 제도를 활용해 세터 김사니를 데려왔다. 이효희는 졸지에 다시 백업 세터가 될 처지에 놓였다. 다행히 주전 세터 이영주가 은퇴하면서 빈자리가 난 흥국생명에서 연락이 왔다. 고교 시절 은사인 황현주 감독이 흥국생명의 지휘봉을 잡고 있었다.

FA 계약 후 사인 앤드 트레이드로 이적한 이효희는 2007/08시즌 흥국생명을 준우승으로 이끌었다. 2008/09시즌에는 김연경과 황연주 같은 화려한 멤버들과 함께 리그 정상에 올랐다. 그때 2시즌 연속으로 세터상도 받았다.

그러나 행복한 시간은 오래가지 않았다. 김연경이 일본 JT 마블러스로 떠나고 황현주 감독이 2008년 12월 시즌 도중 갑자기 경질돼 팀을 떠났다. 같은 재단 산하의 세화여고를 이끌던 이승현 감독이 팀을 맡았지만 제대로 굴러갈 리 없었다. 선수단이 미니홈피에 답답한

심경을 올릴 정도로 어수선했다.

2009/10시즌을 마친 뒤 흥국생명은 두 번째 FA 자격을 얻은 이효희에게 플레잉 코치를 제안했다. 제안 수락은 사실상 은퇴로 가는 수순이었다. 어디에도 그를 받아주는 팀이 없었다. 그의 나이 서른이었다. 흥국생명은 KT&G에서 우승을 차지하고 몸값이 뛴 김사니를 FA로 영입할 생각이었다. 하지만 그는 좀 더 선수로 뛰고 싶은 마음에 흥국생명을 떠났다. 집에서 몇 달 쉬는 동안 가끔씩 아마추어 배구 동호회에 나가 몸을 풀며 실업팀 입단을 다시 준비했다.

이정철 감독의 전화

이효희가 다시 실업배구로 갈 일은 없었다. 신생 팀 IBK기업은행이 러브콜을 보내오면서 그는 다시 코트에 설 기회를 얻었다. IBK기업은행이 2010년 10월 이사회에서 여자배구팀 창단을 승인받아 리그 '제6 구단'이 출범하게 됐다. 이정철 감독을 사령탑으로 선임한 것 말고는 준비가 부족한 게 사실이었다. 1년의 준비 기간을 갖기 위해 2010/11시즌 출전을 포기하고 2011/12시즌부터 리그에 참여하기로 했다. 연고지를 경기 화성으로 정한 다음, 중앙여고와 부산 남성여고, 진주 선명여고 3개 학교의 선수들을 한꺼번에 데려와 선수단을 구성했다. 그 덕분에 기대주 김희진과 박정아, 최은지, 이나연, 채선아를 동시에 영입할 수 있었다. 이에 더해 5개 구단에서 각각 선수 한 명씩 받기로 했다.

이정철 감독은 곧바로 이효희에게 전화를 걸었다. 흥국생명에서 임의탈퇴 상태였기 때문에 보상선수로 데려올 심산이었다. 젊은 팀에 중심을 잡아줄 베테랑이 필요했다. 이효희는 쉽게 마음을 굳혔다. 당시를 이렇게 떠올렸다. "이정철 감독님이 '우리 팀에 어린 애들밖에 없다'며 와달라고 했어요. 사실 우리 때만 해도 스물대여섯 살이 되면 은퇴하는 추세였는데 나는 선배도 일찍 되고 주장도 빨리 됐거든요. 후배들을 이끄는 건 자신 있었습니다."

골반 부상으로 현대건설에서 은퇴했던 2002년 신인왕 출신 박경낭까지 합류해 두 선수가 후배들을 이끌게 됐다. 둘은 KT&G 시절 함께 뛴 적이 있었다. 하지만 갓 창단한 팀이다 보니 문제가 산적해 있었다. "단체 생활을 전혀 해본 적이 없는 애들이라 팀을 꾸려가기가 참 힘들었어요. 그래서 경낭이는 1년만 하고 그만뒀어요. 숙소와 식당, 훈련장을 오고가는 차편과 시설 등도 다른 팀들보다 열악했습니다. 모든 게 처음인 신인들은 원래 그런가 보다 하고 받아들이더라고요."

주장 역시 이효희가 맡았다. "나도 경낭이도 주장까지 맡으면 힘드니까 서로 안 하려고 했어요. 그런데 감독님이 내가 안 하면 이소진 선수를 시키려고 한다고 하기에 어쩔 수 없었죠. 나 혼자 편하자고 안 할 수는 없더라고요." 때로는 악역을 맡고 때로는 후배들을 감싸는 그에게 붙은 별명은 '흐맘(효희 엄마)'이었다. 신인 선수들과는 나이 차가 많게는 14살 차이까지 났다.

그해 12월 '연습생' 자격으로 합류해 팀 훈련을 시작한 두 선수는 2011년 2월 정식 선수로 등록됐다. 몸 상태는 나쁘지 않은데도 실전 감각이 떨어져 우려가 있던 중에 차츰 선수들끼리 호흡이 맞아가며 안정을 찾았다. 김희진과 박정아는 어린 나이에도 국가대표로 뛸 만큼 기량이 뛰어났다. 박경낭과 리베로 김민주가 리시브를 책임졌다. 우크라이나 출신 외국인 선수 알레시아 리크류크도 194센티미터의 장신을 활용해 공격력을 뽐냈다. 어느덧 실업배구까지 포함해 13시즌을 치른 베테랑 이효희는 이정철 감독이 뭘 원하는지, 공격수들을 살리려면 어떻게 해야 하는지 잘 알고 있었다.

창단 팀인데도 불구하고 IBK기업은행은 만만치 않은 저력을 발휘했다. 2011년 10월 22일 개막전에선 우승 후보 KT&G에 1-3으로 졌지만 8일 뒤에 열린 첫 홈경기에서 흥국생명을 3-0으로 완파했다. 나중에 창단한 '제7 구단' 페퍼저축은행이 6경기 만에 창단 첫 승리를 거둔 것과 비교하면 무척 빠른 속도였다. IBK기업은행은 1라운드를 2승 3패로 마치며 신생 팀으로서 첫 단추를 잘 끼웠다.

그리고 시즌의 딱 절반을 마친 3라운드까지 7승(8패)를 거두는 선전을 펼쳤다. 2위 흥국생명과는 승점 3점, 3위 한국도로공사와는 불과 1점 차였다. 창단하자마자 포스트시즌에 나설 수도 있었다. 하지만 아쉽게도 그 꿈은 이뤄지지 않았다. 2012년 3월 18일 현대건설과의 경기에서 1-3으로 지면서 4위가 확정됐다. 박경낭의 블로킹과 알레시아의 공격을 앞세워 1세트를 따냈지만 내리 세 세트를 내주고 말았다. 그래도 이정철 감독의 눈은 정확했다. 그해 이효희는 세트당 9.21개로 세트 부문 5위에 올랐다.

2012/13시즌을 앞두고 IBK기업은행은 강팀으로 변모했다. 박경낭이 팀을 떠난 뒤에 리베로 남지연과 아웃사이드 히터 윤혜숙이 합류해 공격력에 비해 수비력이 떨어지던 약점을 메웠다. 리시브가 안정되니 이효희의 플레이에도 힘이 붙었다. 알레시아와 김희진, 박정

아에게 자유자재로 공을 보내 득점으로 연결했다.

초반부터 선두권을 유지한 IBK기업은행은 정규리그를 1위를 마감하며 챔피언결정전에 진출했다. 그리고 3승 1패로 GS칼텍스를 물리치고 창단한 지 2년 만에 정상에 올랐다. 이효희로서는 세 번째 우승이자 첫 통합 우승이었다. "너무 뿌듯했죠. 빠른 시간 안에 우승한 편이기도 하고 새로운 팀에서 모든 것을 만들어가는 힘든 과정을 지나온 터라 보람이 컸습니다."

IBK기업은행 측은 첫 우승을 안긴 이효희에게 큰 선물을 줬다. 정규직 특별채용증서를 교부해 배구선수 생활이 끝나는 시점에 그가 원할 경우 바로 은행원의 신분으로 근무할 수 있게 했다. 실업배구 시절에야 은퇴하고 회사 직원이 되는 게 일반적이지만 프로 무대에선 드문 일이었다. 팀에서 겨우 2년 밖에 뛰지 않았다는 점에서 더욱 파격적이었다.

2013/14시즌에 IBK기업은행은 카리나와 김희진, 박정아로 이어지는 탄탄한 공격 삼각 편대를 구축했다. 그 중심에는 빠른 판단력으로 상황에 따라 이곳저곳으로 볼을 뿌려주는 이효희가 있었다. 정규리그 우승을 이끈 공로를 인정받아 그는 리그 최초로 세터 포지션으로 MVP에 올랐다. 팀은 챔피언결정전에서 준우승에 그쳤으나 이제 그는 리그 최고 세터로 우뚝 서게 됐다. 그런 그가 은행원이 될 리가 없었다.

그해 FA 자격을 얻었을 때 그는 한국도로공사가 내민 손을 잡았다. 한국도로공사는 처음에 해외에서 뛰다 돌아온 김사니에게 관심을 보이다가 최종적으로 이효희를 선택했다. 이효희가 스스로 팀을 옮긴 건 그때가 처음이었다. 제일 아쉬워하는 사람도 그 자신이었다. 후배들의 등번호가 들어간 반지를 선물하고 5년 뒤에 다시 만나자는 약속까지 할 정도였다. "감사한 일이지만 흔들리기는 했어요. 팀을 만들 때부터 같이해서 애정이 남달랐죠. 하지만 한국도로공사에서 정말 좋은 조건을 제시하며 내게 진심으로 다가왔어요. 후배들을 두고 나온다는 생각이 들어 미안했습니다. 후배들과는 그 뒤로도 몇 번 만났는데 이정철 감독님에겐 연락조차 못 할 정도로 죄송했어요. 그런데 나중에 아버지가 돌아가셨을 때 먼저 전화를 주셔서 감사했죠."

팀을 옮긴 이효희는 2014년 인천 아시안게임에서 대표팀의 주전 세터로 활약하며 금메달을 따는 데 공헌했다. 그 전에도 태극마크를 단 적이 있지만 기간이 짧고 주전도 아니었다. 바야흐로 34세 나이에 배구 인생에서 황금기를 맞고 있었다.

네 번째 별

야심차게 FA로 이적했지만 시작은 불안했다. 대표팀에 합류해 훈련하던 중간에 부상을 발견했다. 이효희는 이렇게 말했다. "감사하게도 운동하는 동안 한 번도 다친 적이 없었어요. 그런데 스트레칭을 하는 나를 보고 트레이너가 이상하다고 하더라고요. 왼쪽 발목 인대에 부상이 있었는데 다친 줄도 모르고 운동한 거예요. 아직 이적한 팀에 합류하기 전이라 걱정스러웠죠."

그래도 노련한 그는 잘 이겨냈다. 2014/15시즌 초반엔 니콜 포셋과 호흡이 맞지 않았지만 점차 나아지는 모습을 보였다. 1라운드를 5위로 마쳤지만 2라운드에서 4위, 3라운드에서 3위로 한 계단씩 끌어올렸다. 리베로 김해란이 부상으로 이탈한 자리를 문정원과 오지영이 잘 메운 끝에 정규리그에서 1위를 차지했다. 챔피언결정전에서 팀은 유독 상대 전력에서 밀리던 IBK기업은행에 패해 준우승에 머물렀지만 이효희는 '우등생 FA'라는 평가를 받았다. 니콜과 함께 공동으로 정규리그 MVP로 뽑힌 것만 봐도 알 수 있다. 그는 이렇게 돌아봤다. "그때 내가 수상하리라곤 생각도 못 했어요. 운이 참 좋았어요. 정말 감사하고 잊지 못할 해였습니다."

성남에서 김천으로 연고지를 옮긴 한국도로공사는 2015/16시즌 주춤했다. 창단 첫 우승의 문턱에서 좌절했지만 10년 만에 정규리그 1위를 안긴 서남원 감독과 결별한 게 화근이었다. 이호 우리카드 코치가 부임해 지휘봉을 잡았지만 선수단과 마찰을 빚었다. 베테랑 김해란을 KGC인삼공사에 내주고 임명옥을 받는 트레이드가 단행된 뒤 조직력이 급격히 무너졌다. 설상가상으로 이효희도 컵대회 이후 부상을 입었다. 결국 이호 감독이 물러나고 박종익 코치가 대행을 맡아 힘겹게 시즌을 치렀다.

후임은 남자부 대한항공을 지도했던 김종민 감독. 2016/17시즌을 앞두고 김감독은 선수단을 대폭 개편했다. 배유나를 영입하며 보상 선수로 황민경을 GS칼텍스에 내주고, 최은지와 전새얀을 받고 김미연과 이고은을 IBK기업은행으로 보내는 2대 2 트레이드를 진행했다. 선수 구성은 괜찮아졌지만 김감독은 여자부가 처음이라 어려움을 겪었다. 리더인 이효희와도 '밀당'을 했다. 하지만 그런 과정을 겪으면서 팀은 다시 제대로 굴러가기 시작했다. 외국인 선수가 부진한 탓에 정규리그를 최하위로 마감해 가장 먼저 포스트시즌행에서 탈락했지만 시즌 막판에 연승을 거둬 다음 시즌을 기대하게 했다. 2016년 리우데자네이루 올림픽에서도 이효희는 대표팀의 주전 세터로 나서 공격 전체를 조율했다.

그리고 2017/18시즌. 한국도로공사는 박정아를 영입해 마지막 퍼즐을 채웠다. 개막하고 3연패를 당하는 중에도 승점 3점을 챙겼다. 세 경기 모두 2-3 패배였기 때문이었다. 이후 3연승을 달리며 마침내 선두로 올라섰다. 이효희는 당시를 이렇게 떠올렸다. "승점제 덕을 톡톡히 봤어요. 연패를 당할 때도 팀 분위기가 나쁘지 않았습니다." 최종 성적은 21승 9패로 IBK기업은행과 동률. 하지만 승점에서 1점 앞선 한국도로공사가 IBK기업은행을 제치고 정규리그 우승을 차지했다.

챔피언결정전에서 두 팀은 다시 만났다. 한국도로공사가 1차전을 따냈을 때를 이효희는 이렇게 기억했다. "명옥이가 모친상을 겪는 중에도 최선을 다했습니다. 너무 고맙고 감동적이었어요. 평소 눈물을 잘 참는 편인데 그날은 너무 울음이 나왔어요." 결국 한국도로공사는 3연승을 달려 창단 처음으로 정상을 밟았다. 이로써 이효희는 4개 팀에서 모두 우승을 이끈 주역이 됐다. 남녀부를 통틀어 이효희만이 갖고 있는 대기록이다.

이후 이효희는 2시즌 더 뛰었다. 2019년엔 도쿄 올림픽을 위한 아시아 최종예선에 출전하기도 했다. 그만큼 자기 관리가 철저했다. 한편으론 세터 포지션에서 새로운 선수를 찾기가 힘들다는 반증이기도 하다. 2019년 12월 13일 IBK기업은행과의 경기에선 리그 최초로 1만 5천 세트를 돌파했다.

그리고 2019/20시즌을 끝으로 결국 코트를 떠났다. 김종민 한국도로공사 감독은 "효희 덕분에 편했다. 참 영리한 선수로 나랑 같이 지내는 동안 힘든 시기도 있었지만 잘해줬다"며 고마워했다. 이효희는 자신의 은퇴에 대해 이렇게 밝혔다. "지금이야 40대에도 배구를 하는 게 당연한 시절이지만, 나는 10년 만에 최고참 선수가 됐어요. 그만큼 은퇴하라는 말을 워낙 많이 들었습니다. 한 시즌 한 시즌 치를 때마다 은퇴를 염두에 두고도 '더 뛰고 싶다'는 쪽으로 마음이 기울었어요. 은퇴할 때도 코치 제의를 받고 그렇게 결심했지만 사실은 더 뛰고 싶었어요."

스스로를 '늦게 핀 꽃'이라고 한 그는 사실상 현역 막바지부터 코치 역할까지 했다. 선수단의 멘털 관리나 세터 쪽 훈련을 맡아왔다. 그래서 은퇴한 뒤에도 무리 없이 지도자로서 순항했다. 지금도 선수들이 힘든 일이 생길 때 가장 먼저 찾는 사람이 '효쌤(이효희 선생님)'이다. 이효희 코치의 말이다. "아직 지도자로서는 배우는 단계예요. 세터들에게 내 경험을 이야기했는데 그걸 받아들여 선수가 잘될 때가 뿌듯하죠. 선수들이 평소 무슨 생각을 하는지를 감지해 감독님에게 전달하는 역할을 하는 거죠."

2020/21시즌 도중 열린 은퇴식에서 그는 눈물을 보이지 않았다. 이유가 궁금해 묻자 그는 "오늘 경기가 중요했기 때문"이라고 답했다. 그날 경기는 포스트시즌 진출의 마지노선인 3위를 두고 IBK기업은행과 벌인 일전이었다. 한국도로공사는 관중 입장이 이뤄질 때까지 최대한 은퇴식을 미뤘으나 코로나19 상황이 좀처럼 나아지지 않았다. 결국 마지막 홈경기로 결정했는데 하필 그 경기가 3위 싸움이

걸린 승부처였다. 그는 소감도 짧게 말했다. "선수도, 코칭스태프도, 구단도 오늘 경기가 중요하기 때문에 최대한 집중할 계획입니다." 배구 하나만 바라보고 달려온 그다운 대답이었다.

이효희는 지도자로서도 영광을 이뤘다. 2022/23시즌 챔피언결정전에서 한국도로공사가 흥국생명을 꺾고 승리하면서 그 개인으로서는 다섯 번째 우승 반지를 꼈다.

통산 최다승 감독, 코트의 호랑이

이정철

- 2012/13시즌 -

"선수들이 쇠몽둥이를 준비한대요."

2013년 3월 14일 서울 청담동 리베라호텔. 정규리그 1위를 차지하고 여유롭게 포스트시즌 미디어데이에 참석한 이정철 감독은 무시무시한 이야기를 꺼냈다. "챔피언결정전까지 차지해 통합 우승을 하면 (자신이) 몽둥이를 맞기로 각오가 돼 있다"고 했더니 선수들이 진짜 쇠몽둥이를 준비한다고 답했다는 것.

IBK기업은행 선수들은 이미 정규리그에서 트로피를 들어 올렸을 때도 그의 등짝을 사정없이 두들겼다. 평소 강도 높은 훈련에 시달리던 선수들의 보복에 이감독은 웃었다. 오랫동안 지도자로서 꿈꿔온 정상에만 오른다면 그깟 매질은 견딜 수 있다는 마음이었다. 이감독은 "선수들이 나를 때리기 위해서라도 우승할 것"이라고 자신했다.

그의 호언장담처럼 IBK기업은행은 챔피언결정전에서 GS칼텍스를 3승 1패로 물리치고 2012/13시즌 패권을 차지했다. 다행히 몽둥이는 없었고 이감독에 대한 응징은 주먹질과 발길질로 끝났다.

"코치 생활 14년 동안 다른 감독들을 보며 나는 언제 우승하나 했는데…." 무명 선수 출신으로 만년 코치에 머물던 그가 '이정철 시대'를 열어젖히며 리그 최다승 감독으로 발돋움하는 순간이었다.

제6 구단 창단

이정철 감독은 부천 소사 토박이다. 배구선수를 시작한 건 다소 늦은 고등학교 1학년 때였다. "인천체고에 진학했다. 아버지가 반대하셨는데, 들어가자마자 거친 학교 분위기 탓에 28일 만에 자퇴했다." 구리 인창고에서 잠시 배구를 배운 그는 청주 청석고로 전학해 정식 배구부에 들어가 활동했다. 포지션은 미들 블로커와 아포짓 스파이커. 이후 성균관대를 거쳐 실업배구 금성사(현 KB손해보험)에 입단했다. "열심히 했지만 국가대표 한 번 되지 못했다"는 그의 말처럼 돋보이는 선수는 아니었다. 결국 5년 만에 은퇴하고 이후 구단 프런트(총무)로 1년 7개월간 일했다.

성실하고 머리 회전이 빨랐던 그는 1989년 모교인 성균관대에서 코치로 제2의 인생을 시작했다. 그때 나이 29세. 1992년엔 효성의 코치로 부임해 여자배구 지도자로 변신했다. 서울 대신고에서 잠시 운동하던 시절 은사였던 김동한 감독의 부름을 받았다. 1994년 김철용 감독의 부름을 받아 호남정유로 옮기고 이후 실업배구 슈퍼리그에서 9연속 우승에 힘을 보탰다. 그리고 대표팀 코치를 거쳐 현대건설

코치로 이적했다. 선수단을 관리하는 능력이 뛰어나다는 평가를 받았지만 감독이 되려면 좀 더 시간이 필요했다.

2001년 마침내 흥국생명의 지휘봉을 잡았다. 흥국생명은 그해 슈퍼리그에서 1승 11패로 꼴찌에 머무는 등 하위권을 전전하고 있었다. 신인 선수들이 훈련에 반발해 팀을 이탈하는 등 잡음이 끊이지 않고 성적까지 부진한 가운데 정용하 감독이 물러났다. 하지만 이정철 감독이 부임한 뒤 흥국생명은 달라진 모습을 보였다. 젊은 선수들을 과감히 기용해 팀 전체의 기량을 끌어올린 끝에 흥국생명은 부임 첫 시즌인 2002년 3승 9패를 기록하며 최하위 탈출에 성공했다. 구단을 설득해 전지훈련을 다녀오고 선수들에게 수당을 지급하고, 같은 재단인 세화여고의 선수를 선발하는 대신 드래프트에 참여하기도 했다.

2003년에도 5개 팀 중 4위에 올랐지만 2년 만에 결국 팀을 떠나야 했다. 신인 드래프트에서 유권 해석 탓에 거포 기대주 김민지를 뽑지 못한 것에 책임을 지고 물러나게 됐다.

이후 이감독은 2004년 여자청소년대표팀 감독, 2005년 국가대표팀 수석코치, 2007~2008년 베이징 올림픽 대표팀 감독으로 일했다. 하지만 주전 선수 상당수가 부상을 이유로 대표팀에 합류하지 않으면서 한국은 2008년 베이징 올림픽에서 본선 티켓을 따내지 못했다. 아쉬움이 크게 남은 대회였다.

한동안 한국배구연맹 경기위원으로 활동하다가 2011년 8월 제6구단으로 출범한 IBK기업은행의 초대 감독으로 선임되며 현장으로 복귀했다. 흥국생명에서 물러난 지 꼭 8년 만이고 프로리그가 출범하고는 처음 사령탑에 오른 것이었다.

무서운 막내 구단

IBK기업은행이 이정철 감독을 선임한 건 훌륭한 선택이었다. 누구보다 코치 생활을 오래한 덕에 '선수단 관리의 도사'가 돼 있었다. 조건도 나쁘지 않았다. 외환위기의 여파로 실업팀들이 줄줄이 해체되는 시련을 거쳐 무려 23년 만에(1988년 한국전매공사가 창단한 이래) 새로 팀이 만들어진 만큼 한국배구연맹은 IBK기업은행에 파격적인 혜택을 줬다. 창단 과정에서 잡음이 일기는 했지만 신생 팀은 드래프트를 위해 무려 3개 고등학교 팀에서 선수를 한꺼번에 데려올 수 있었다.

"세 학교를 돌며 지명하겠다는 뜻을 전했다. 그리고 드래프트가 끝나자마자 훈련을 시작했다." 2010년 10월 IBK기업은행은 신인 특별 지명으로 중앙여고와 부산 남성여고, 진주 선명여고를 택해 고등학생 국가대표인 김희진과 박정아를 데려왔다. 여기에 최은지와 이나연, 채선아 등 기대주들이 가세했다. 그리고 이효희와 박경낭, 지정희, 정다은, 이소진을 추가로 뽑아 탄탄한 라인업을 갖췄다. "은퇴를 결심한 효희와 경낭이를 만나 설득했다."

하지만 IBK기업은행은 서두르지 않았다. 바로 2010/11시즌에 참가하지 않고 내실을 다지는 시간을 가졌다. 당시엔 선수가 모자라 손재홍과 임성한 코치가 팀 내 연습 경기에 뛰어야 할 정도였고 고등학교를 갓 졸업한 신인 선수들에겐 충분한 훈련이 필요했다. IBK기업은행은 2011년 컵대회부터 출전했다. 이제 김희진과 박정아 쌍포를 향해 베테랑 세터 이효희가 안정적인 토스를 쏴 올렸다. 창단하고 첫 공식전인 GS칼텍스와의 경기에서 3-1 승리를 거뒀다. 그해 컵대회에서 4강까지 올랐다.

2011/12시즌 리그에 합류한 뒤에도 만만치 않은 실력을 뽐냈다. 우크라이나 출신 알레시아와 박정아, 김희진으로 이뤄진 삼각 편대는 리그 최정상급의 화력을 선보였다. 정규리그에서 13승 17패(승점 42점)를 거둬 4위로 마감했다. 현대건설에 승점 1점이 뒤져 플레이오프에 진출하지 못했지만 나쁘지 않은 성적이었다.

2012/13시즌 2년째를 맞은 IBK기업은행은 강해졌다. 개막 전에 트레이드를 통해 유망주들인 이나연과 김지수를 보내고 베테랑 리베로 남지연과 미들 블로커 유망주 김언혜를 데려왔다. 특히 남지연이 가세한 뒤 리시브 라인이 안정을 얻었다. 여기에 현대건설에서 나온 윤혜숙을 데려왔다. 공격력은 떨어지지만 리시브와 수비가 좋은 '살림꾼' 윤혜숙은 결혼한 뒤 출산까지 미뤘는데도 타의로 현대건설을 떠난 상태였다. IBK기업은행엔 더없이 필요한 선수였다. 이효희-남지연-윤혜숙 라인이 때로는 엄하게, 때로는 다정히 후배들을 이끌고 김희진과 박정아, 채선아 등 젊은 선수들이 뒤를 따랐다.

IBK기업은행은 2012년 컵대회에서 준우승을 차지하며 예열을 마쳤다. 외국인 선수 자리도 든든했다. 직전 시즌 득점 2위, 공격 2위에 오른 알레시아와 재계약했다.

1라운드에서 GS칼텍스에만 패한 데 이어 2라운드에선 전승을 거둬 선두로 올라섰다. 3, 4라운드에서도 한국도로공사에 각각 한 번씩만 지며 꾸준히 승리를 쌓았다. 5라운드에서 처음으로 2패(GS칼텍스와 한국도로공사)를 당하지만 나머지 팀들을 철저히 잡아냈다. 결국 2013년 3월 2일 수원실내체육관에서 열린 현대건설과의 경기에서

3-0 승리를 거두며 정규리그 우승(25승 5패)을 확정했다.

IBK기업은행은 챔피언결정전에 선착했지만 여유가 없었다. 플레이오프를 통과한 GS칼텍스의 전력이 우승 팀 못지않았기 때문이다. 2라운드 중 1위를 놓고 다투던 IBK기업은행과의 경기에서 베띠가 발목에 부상을 입어 한 달 넘게 훈련하지 못하면서 주춤하기도 했지만 막판에 스퍼트를 내 2위를 차지했다. 게다가 플레이오프에서 2연승을 거둬 휴식일도 충분히 얻었다.

이정철 감독은 화성실내체육관에서 열리는 구단 사상 첫 포스트시즌 경기인 챔피언결정전 1차전에 사활을 걸었다. 이선구 감독이 이끄는 GS칼텍스 역시 마찬가지였다. 이선구 감독은 배유나를 아포짓으로 기용해 공격력을 끌어올리려 했다. 하지만 IBK기업은행은 한송이와 배유나에게 서브를 집중해 공격을 원천 차단했다. 그리고 공격을 도맡게 되는 베띠에겐 효과적인 유효블로킹과 수비로 맞섰다. 그 결과 베띠는 36.2퍼센트의 공격성공률과 28득점에 그쳤다. 리시브가 잘 안 돼 높게 띄워놓고 때리는 오픈공격의 성공률은 20퍼센트도 되지 않았다. 반면 알레시아는 공격성공률 42.9퍼센트를 기록하며 35점을 올렸다. 세트 스코어 3-1, IBK기업은행이 홈에서 1차전을 따냈다.

2차전에서도 비슷한 흐름이 이어졌다. 1세트에선 베띠와 알레시아가 연이어 백어택을 주고받으며 나란히 10점씩을 올린 끝에 IBK기업은행이 25-22로 이겼다. 그러나 2세트는 달랐다. GS칼텍스는 여전히 베띠가 공격을 주도한 반면 IBK기업은행은 박정아와 김희진이 가세해 공격수 셋이 돌아가며 때렸다. GS칼텍스로선 막아내기 어려웠다. 그래도 3세트에선 베띠가 4연속으로 오픈공격을 성공시키는 괴력을 발휘한 덕에 GS칼텍스가 승리했다. 4세트 초반 이효희가 박정아에게 공격 기회를 몰아줄 때마다 척척 득점으로 연결됐다. 정선아의 속공까지 터지면서 승부는 순식간에 IBK기업은행 쪽으로 기울었다. 2연승.

IBK기업은행은 구미박정희체육관에서 열린 3차전에서도 내리 두 세트를 따내며 우승까지 달려가는 듯했다. 그러나 박정아 봉쇄 작전을 펼친 GS칼텍스의 전략이 통했다. 3~5세트를 연속 따내며 기사회생했다. 승리를 눈앞에서 놓친 이정철 감독은 "마음을 비우고 코트에 들어선 상대 팀의 숨통을 끊어놓지 못했다. 순간적으로 마음을 놓았다"며 아쉬워했다. 부진했던 주포 알레시아는 눈물을 펑펑 쏟았다. 끝난 뒤 관객들에게 인사도 하지 않고 라커룸으로 들어가 울었다. 이감독은 흔들리지 않았다. "코트 안에서 끝냈어야지 밖에서 울어봤자 무슨 소용이 있느냐, 각성하라. 지난 경기는 잊으라"고 냉정히 말했다.

이틀 뒤 열린 4차전에서 IBK기업은행과 알레시아는 방심하지 않았다. 알레시아는 평소보다 공격이 저조했지만 블로킹 6개를 잡아내며 38점을 올려 베띠(30점)와의 맞대결에서 우위를 보였다. 알레시아가 4세트 24-21에서 마지막 공격을 성공시켜 경기를 끝냈다. 막내 구단의 우승. 프로스포츠 사상 신생 구단이 2시즌 만에 정상에 오른 건 처음 있는 일이었다. 승리의 주역인 알레시아는 이틀 전과 달리 기쁨의 눈물을 흘렸다. 여자배구 지도자가 된 지 20년 만에 정상에 오른 이정철 감독은 환한 미소를 지었다.

승리 하나만 생각한 '가가멜'

이정철 감독은 훈련의 효과를 믿는 지도자다. 베테랑 세터 김사니가 2014/15시즌 강도 높은 훈련에 힘들어하자 불러내 "견뎌내라. 그러면 좋아진다"고 말했는데 정작 선수는 너무 힘들어 아무런 대답도 못 했다는 일화가 전해진다. 신생 팀이 2년 만에 우승한 비결은 감독이 흔들림 없이 선수들을 강하게 몰아붙인 데 있었다. 이감독은 경기에서 이기더라도 내용이 좋지 않으면 표정이 밝지 않았다. 기자회견장에 들어서면 기록지를 살피며 조목조목 아쉬웠던 부분을 이야기했다. 그래도 연습이나 경기 도중 선수를 직접 칭찬하는 경우는 드물지만 인터뷰에선 선수에 대해 만족스러운 면을 말하기도 했다. 필자가 IBK기업은행 선수들에게 "감독이 이런 부분을 칭찬했다"고 전해주면 "진짜냐?"고 되물었다. 어떤 날은 경기를 마치고 휴식하는 대신 곧바로 체육관으로 가 훈련한 적도 있다. 경기 내용이 너무 나빠서였다.

그가 싫어하는 단어는 '타협'이다. 선수가 힘들어하고 환경이 나빠도 세운 목표를 반드시 수행해야 한다. 알레시아가 그랬다. 2011/12시즌을 마치고 알레시아는 다음 시즌에도 한국에 올지를 두고 고민했다. 자유로운 분위기에서 훈련하는 유럽 팀들과 달랐기 때문이다. 한국 팀들 중에서도 IBK기업은행은 훈련 양과 강도 모두 높은 팀이었다. 알레시아는 우여곡절 끝에 재계약했지만 3개월 전에 한국에 오겠다는 약속과 달리 개막하기 보름 전에야 팀에 합류했다.

그때부터 이정철 감독과 알레시아 간에 '밀당'이 시작됐다. 많은 공격에 나서는 점 때문에 체력적 배려를 하면서도 나태해지지 않게 엄격히 관리했다. 2012/13시즌 챔피언결정전 MVP에 오른 뒤 알레시아는 "사실 너무 혹독히 훈련시키는 감독님 때문에 도망가고 싶었던 적도 있었다"며 웃었다. 알레시아뿐 아니라 IBK기업은행에서 뛴 외국인 선수는 언제나 이감독의 '특별 관리'를 받았다. 아이를 둔 선수의 보모까지 챙길 정도였다.

선수들에게만 엄격한 건 아니었다. 이정철 감독은 본인에게도 엄격했다. 집이 선수단 숙소에서 가깝기도 했지만 늦게까지 남아 선수들을 살피고 다음 경기를 준비하곤 했다. 틈틈이 자신도 운동하며 체중과 체력을 관리했다. 하루는 늦게까지 일하다 몰래 야식을 먹는 선수를 발견해 불호령을 내린 적도 있었다. "참견이 아니라 선수 관리 차원이다. 운동선수에게 몸은 재산이다. 먹는 것도 잘 먹어야 한다."

사실 초반에 여건이 좋지 않았다. 지금이야 당연하게 여겨지는 전용 체육관이 없어 수일여중 체육관을 빌려 썼다. 선수단 숙소는 수원의 한 아파트. 심지어 웨이트트레이닝은 숙소 인근에 있는 주민센터의 체육 시설에서 진행했다. 필자의 머릿속에도 당시 기억이 생생하다. 부서에서 배구 담당이 된 지 얼마 되지 않아 인터뷰를 하러 간 체육 시설에선 주민과 선수들이 한데 섞여 운동하고 있었다. 이정철 감독은 "불편한 점이 많다. 주민들이 이해해주지만 선수들과 함께 쓰는 게 편치 않은 것도 사실이다. 전용 체육관이 지어질 때까지는 어쩔 수 없다"고 했다. 숙소 바로 앞이 번화가라 선수들은 좋아했지만 이 감독은 선수단 관리에 더욱 신경을 쓸 수밖에 없었다. 그런 환경에서도 IBK기업은행이 좋은 성적을 내자 모기업이 숙소까지 마련된 전용 체육관을 만들어줬다.

자연히 선수들에게 인기가 있는 지도자가 되기는 힘들었다. 선수들은 그에게 '가가멜('개구쟁이 스머프'에 나오는 악당 마법사)'이라는 별명을 붙이고 팬들도 장난처럼 따라 불렀다. 그래도 이감독은 후회해 본 적이 없다. "창단 초기에는 선수들이 나를 어려워했다. 나중엔 내가 팀을 위해 그런다는 걸 이해했다. 힘들지만 팀을 위해서라는 이유로 선수들도 받아준 것 같다." 작전 시간에 호통치며 선수들을 일깨우는 그는 "선수들에게도 자극이 필요하다"고 설명했다.

2012/13시즌 통합 우승을 거둔 뒤에도 노선은 바뀌지 않았다. 하지만 예전보다는 선수들의 목소리에 좀 더 귀를 기울이고 부드러워졌다. "딸이 선수들과 나이가 비슷하고 친한 편인데 '그러지 말라'고 하더라. 그래도 필요한 훈련을 시키는 게 사령탑의 임무다. 예전에 혹독하기는 했다. 우승하고 나서는 좀 부드러워지고 화내는 일도 줄었다." 선수들은 "훈련량은 비슷하다. 하지만 예전과 달리 화를 참는 모습이 보인다. 실수해도 차분히 말씀한다"고 했다. 2015/16시즌 세 번째 정규리그 우승을 차지한 뒤엔 눈물을 보이기도 했다.

신흥 명문

2013/14시즌 IBK기업은행은 외국인 선수를 카리나 오카시오로 바꿨다. 카리나는 출산한 뒤라 운동 능력이 다소 떨어졌지만 박정아, 김희진과 함께 삼각 편대를 이뤄 좋은 모습을 보였다. 전반기를 선두로 마친 IBK기업은행은 마지막까지 추격하는 GS칼텍스를 따돌리고 2시즌 연속으로 정규리그 1위에 올랐다. 챔피언결정전에서 다시 GS칼텍스와 맞붙게 됐지만 이번에는 다른 결과가 나왔다. 베띠가 무려 3차례나 50점 이상 득점하는 괴력을 뽐낸 끝에 결국 GS칼텍스가 3승

2패로 우승컵을 거머쥐었다.

2014/15시즌엔 세터가 교체됐다. 이효희가 FA 자격을 얻어 한국도로공사로 떠난 뒤 아제르바이잔 리그에 진출했다 돌아온 김사니를 영입했다. 새 외국인 선수는 미국 대표팀의 에이스이자 V리그 경험자인 데스티니. 데스티니가 시즌 도중 발목을 접질리는 부상을 입는 바람에 정규리그를 2위로 마감해야 했다. 하지만 챔피언결정전에서 정규리그 1위 팀인 한국도로공사를 3연승으로 크게 물리치고 두 번째 우승을 차지했다.

이정철과 IBK기업은행의 전진은 멈추지 않았다. 2015/16시즌엔 정규리그 1위와 챔피언결정전 준우승을 거머쥐고, 2016/17시즌 정규리그 2위와 챔피언결정전 우승을 차지했다. 이감독은 대표팀을 다시 맡아 2016년 리우데자네이루 올림픽에서 한국을 8강에 올려놓으며 2008년 베이징 올림픽 당시 맺힌 한을 풀었다.

그러나 달도 차면 기우는 법. 2016/17시즌을 마친 뒤 김사니가 은퇴하고 FA 자격을 얻은 선수 넷(박정아, 김희진, 채선아, 남지연) 중 박정아가 팀을 떠났다. 김수지와 염혜선을 데려와 전력을 보강했지만 예전만큼 견고하지 않았다. 2017/18시즌 6라운드 한국도로공사와의 맞대결에서 패한 IBK기업은행은 결국 정규리그를 2위로 마무리했다. 플레이오프에서 현대건설에 2연승을 거둬 6시즌 연속으로 챔피언결정전에 진출하지만 1차전에서 역전패한 충격을 이겨내지 못하고 한국도로공사에 3연패를 당해 준우승에 그쳤다.

2018/19시즌엔 한때 1위를 달리기도 했으나 끝내 정규리그 4위에 그쳐 창단 이후 두 번째로 봄 배구에 나서지 못했다. 한지현이 선

수단에서 이탈하는 등 잡음도 많은 시즌이었다. 결국 구단은 이정철 감독을 고문으로 후퇴시키고 김우재 감독을 새로 선임했다. 이감독과 IBK기업은행의 인연은 그렇게 8년 만에 끝났다.

그는 컵대회 우승 3회, 정규리그 우승 3회, 챔피언결정전 우승 3회의 기록을 남기고 팀을 떠났다. 통산 전적은 157승 83패(승률 65.42퍼센트)로 리그 역대 최다승 기록이다. 포스트시즌까지 더하면 174번의 승리를 IBK기업은행에 안겼다. 막내 구단으로 출발해 빠르게 명문으로 성장한 배경에는 누가 뭐래도 그가 있었다. 제7 구단인 페퍼저축은행의 출범 초기에서 알 수 있듯 신생 팀엔 철저한 준비와 관리가 필수적이다.

이후 그는 1년 동안 야인으로 지내다 2020년 해설가로 변신했다. 중계방송에서도 딱딱하고 엄격한 이미지를 고수하는, 할 말은 하는 스타일이다. 전술과 전략을 예리하게 짚고 아쉬운 플레이를 신랄하게 꼬집는다. 그래서 '해설위원 이정철'을 좋아하는 이들도 있다. 현역 시절 그의 강훈련에 고생한 선수들과 함께 방송할 만큼 부드러워졌다.

명세터 계보를 잇고 영구결번

김사니

- 2013/14시즌 -

농구에서는 꽤 오랫동안 장신 포인트 가드에 대한 기대가 있었다. 배구에서 포인트 가드와 비슷한 역할을 하는 포지션이 세터다. 같은 이유로 장신 세터는 환영받는다. 전위에 자리할 때 상대의 블로킹에 크게 밀리지 않고 좀 더 높은 타점에서 패스할 수 있어서다. 리그에서 장신 세터 역사의 한 페이지를 장식한 이가 김사니다.

장신 세터에 대한 꿈

김사니는 중앙여고 시절 182센티미터의 키로 주목받았다. 기량도 출중해 1999년 세계여자청소년배구선수권대회에 국가대표로 참가해 정대영, 한유미 등 또래들과 함께 한국이 3위를 차지하는 데 힘을 실었다.

당시 실업배구는 신인 드래프트가 도입되기 전이라 팀들마다 필요한 선수를 자유롭게 영입했다. 세터 전력을 보강하려는 팀들은 당연히 여고 졸업반인 김사니를 눈여겨봤다. 1999년 19세의 나이에 그는 무려 3억 원에 달하는 계약금을 받고 한국도로공사의 유니폼을 입었다. 치열한 영입 과정에서 몸값이 오르기도 했지만 그만큼 기대가 반영된 결과였다.

한국도로공사가 아니라 LG정유로 방향을 틀 수도 있었다. LG정유도 이도희가 은퇴한 뒤라 세터를 보강해야 했다. 김사니는 후일 인터뷰에서 "당시 LG정유가 좀 더 적극적이었다. 나도 한때 그 팀으로 갈 생각을 했었다"고 털어놨다. 하지만 파격적인 계약금을 제시한 한국도로공사가 영입전에서 미소를 지었다.

김사니는 한국도로공사에서 비교적 많은 출전 시간을 보장받으며 빨리 자리를 잡아갔다. 신인이 주전 자리를 꿰차는 경우는 흔한 일이 아니다. "운이 따르기도 했다. 세터 전력이 좀 더 탄탄한 팀에서 뛰었다면 신인 시절 그렇게 많은 시간 코트에 나오기는 어려웠을 것이다."

소속 팀뿐 아니라 대표팀에서도 기회는 빨리 찾아왔다. 2002년 세계선수권대회에 참가할 때는 백업 세터로 주로 코트로 나섰지만 이후 주전 세터로 기용됐다. 대표팀에서 부동의 세터로 평가받던 강혜미가 흔들리자 2004년 아테네 올림픽을 준비하던 대표팀 코칭스태프는 변화를 줬다. 당시 대표팀의 지휘봉을 잡고 있던 김철용 감독은 김사니에게 주전 세터를 맡겼다.

선택은 통했다. 대표팀은 세계예선전을 거쳐 올림픽 본선행 티켓을 손에 넣었다. 당시 한국은 그리스와 브라질과 이탈리아, 일본, 케냐와 같은 조에 속했다. 조별리그에서 3승을 거두고 8강에 진출한 데는 일본을 3-0으로 꺾은 승리가 결정적이었다. 세계예선전부터 돋보인 김사니의 패스와 경기 운영은 일본전을 승리로 이끈 발판이었다. 하지만 한국은 8강에서 만난 러시아에 0-3으로 완패했다. 신장 206센티미터의 아포짓 에카테리나 가모바를 중심으로 한 러시아의 높이를 넘지 못했다. 그때 이후 자연스럽게 김사니가 대표팀의 주전 세터로 자리 잡아 2012년 런던 올림픽까지 활약했다.

2000년대 초반 대표팀은 신구의 조화가 잘 이뤄졌다는 평가를 받았다. 2012년 런던 올림픽에서 대표팀의 지휘봉을 잡은 김형실 감독이 "김연경이라는 확실한 에이스가 대표팀에서 뛴 2010년대 및 2020년대와 비교하면 밸런스나 짜임새는 2000년대 초중반이 더 나은 면이 있었다"고 얘기할 정도였다. 2002년 세계선수권대회에서 한국은 6위에 올랐다. 하지만 이후 2008년 베이징 올림픽에서 한국은 본선행 티켓을 손에 넣지 못했다.

김사니는 2012년 런던 올림픽에서 이숙자와 번갈아 투입되는 중에 한국을 4강으로 이끌었다. 조별예선에서 세계 최강 브라질을 3-0으로 완파하고 8강전에서 이탈리아를 압도하며 3-1로 이길 때 다양한 공격 패턴으로 상대를 공략했다. 특히 브라질전에서 몸을 아끼지 않는 호수비를 펼치며 기회마다 능수능란한 볼 배급으로 허술한 상대 수비진을 뚫고 공격을 지휘해 단 한 세트도 주지 않는 완벽한 경기를 펼쳤다.

우승에 대한 갈증

한국도로공사는 실업배구에 이어 V리그에서도 우승을 노릴 만한 전력으로 꼽혔다. 그러나 김사니는 그곳에서 우승 트로피를 들어 올리지 못했다. 2005시즌에는 정규리그 1위를 차지하고도 챔피언결정전에서 KT&G의 뒷심에 밀렸다. 당시 KT&G에는 김사니의 라이벌로 평가되던 이효희, 청소년대표팀과 성인대표팀에서 손발을 맞추던 미들 블로커 김세영, 레전드 중 한 명으로 남게 되는 최광희가 뛰고 있었다.

2005/06시즌에도 한국도로공사는 아쉬운 결과를 얻었다. 정규리그에서 김연경이 입단한 흥국생명과 치열한 선두 경쟁을 펼친 끝에 17승 11패로 동률을 이뤘으나 득점과 세트 득실에 밀려 2위에 머물렀다. 플레이오프를 거쳐 챔피언결정전에 올라갔는데 이번에도 흥국생명을 넘지 못했다.

2006/07시즌 한국도로공사는 정규리그를 2위로 마쳤다. 하지만 이번에는 현대건설에 덜미를 잡혀 플레이오프를 통과하지 못했다. 당시 현대건설엔 대표팀에서 함께 손발을 맞추던 미들 블로커 정대영, 실력은 인정받지만 인지도에서 밀리던 세터 이숙자가 버티고 있었다.

시즌이 끝난 뒤 김사니는 변화를 선택했다. 처음으로 FA 자격을 얻어 KT&G로 이적했다. 그러나 새 팀에서 우승의 기쁨을 누리려면 좀 더 시간이 필요했다.

2007/08시즌과 2008/09시즌 KT&G는 연속으로 정규리그 2위에 오르며 좋은 성적을 냈다. 하지만 플레이오프에서 각각 GS칼텍스와

흥국생명을 넘지 못하고 봄 배구를 짧게 마감했다. 공교롭게도 그때마다 승부처가 된 1차전에서 풀세트까지 가는 접전 끝에 2-3으로 지며 탈락했다.

2009/10시즌 김사니는 숙원을 풀었다. 당시 KT&G는 지금까지도 역대 최고의 외국인 선수로 꼽히는 몬타뇨를 영입했다. 효과는 확실했다. 몬타뇨는 득점 부문에서 같은 콜롬비아 출신인 케니(현대건설)에게 밀렸지만 공격종합과 오픈공격 부문에서 1위에 오르며 KT&G의 공격을 이끌었다. 결국 KT&G는 몬타뇨를 중심으로 미들블로커들인 장소연과 김세영을 앞세워 성과를 냈다.

또 한 번 정규리그를 2위로 마친 KT&G는 이번만큼은 봄 배구에서 달라진 모습을 보였다. 플레이오프에서 GS칼텍스를 제친 다음, 정규리그 1위로 챔피언결정전에 직행한 현대건설을 상대로 4승 2패를 기록하며 우승 트로피를 품에 안았다(2009/10시즌과 2010/11시즌은 챔피언결정전이 7전 4승제, 플레이오프가 5전 3승제로 치러짐).

김사니는 주포 몬타뇨를 잘 활용하는 패스와 경기 운영으로 자신의 존재를 증명했다. 그에게는 첫 우승이고 KT&G로서는 5년 만에 다시 정상에 오른 두 번째 우승이었다.

그는 우승의 기쁨을 뒤로하고 다시 변화를 줬다. 2009/10시즌이 끝나고 두 번째 FA 자격을 얻었을 때 흥국생명의 유니폼으로 바꿔 입었다. 김연경이 일본 JT 마블러스로 임대 이적하고 황연주도 FA 자격을 얻어 현대건설로 떠난 흥국생명은 예전과 같은 팀이 아니었다. 2010/11시즌 개막을 앞두고 팀은 약체로 평가받았다.

그러나 그의 진가는 흥국생명에서 다시 한 번 빛을 발했다. 그해 정규리그에서 3위를 차지한 흥국생명은 한국도로공사와 플레이오프 5차전까지 가는 접전을 펼친 끝에 3승 2패를 거두고 챔피언결정전에 올라갔다. 그에겐 2시즌 연속으로 챔피언결정전 우승에 도전하는 자리였다. 하지만 흥국생명은 현대건설에 2승 4패로 밀렸다. 2승 2패로 팽팽하게 맞서던 5차전에서 세트 스코어 2-3으로 진 것이 뼈아팠다.

2011/12시즌 그는 전혀 다른 상황에 부딪쳤다. 꼬박꼬박 봄 배구에 나서던 흥국생명이 하위권으로 내려갔다. 무엇보다 팀이 그해 리그를 충격에 빠뜨린 승부 조작 사건에 휘말렸다. 주전 미들 블로커와 리베로가 승부 조작에 연루돼 빠진 뒤 흥국생명은 5위로 처졌다. 여파는 다음 시즌까지 이어졌다. 그도 팀의 부진을 막지 못했다. 2012/13시즌에도 5위에 그쳤다.

새로운 도전

2012/13시즌을 마치고 세 번째 FA 자격을 얻었을 때 김사니는 해외 진출을 선택했다. 아제르바이잔 리그의 로코모티브 바쿠가 그의 새로운 팀이 됐다. 원래 흥국생명은 2012/13시즌 도중 아제르바이잔 리그의 또 다른 팀인 라비타 바쿠로부터 그에 대한 임대 이적 제안을 받았다. 라비타는 김연경과 김사니를 함께 영입하려고 했다. 그런데 당시 튀르키예리그의 페네르바체에서 뛰고 있던 김연경은 계약 기간이 한 시즌 더 남아 있었다. 게다가 그는 자신의 FA 연수 적용과 선수 신분 해석을 두고 원 소속 팀인 흥국생명과 의견 차를 보이며 껄끄러운 관계가 됐다. 정규리그에서 저조한 성적을 보이던 흥국

생명으로선 김사니도 시즌 도중 내보낼 수 없었다.

해외 진출이 그렇게 무산되나 싶었지만 2012/13시즌이 끝난 뒤 이번엔 로코모티브 바쿠에서 적극적인 영입 의사를 보였다. 김사니도 제안을 받아들였다. 2013/14시즌을 마치고 귀국했을 때 그는 취재진과 만난 자리에서 "당시엔 목표가 있었다. 아제르바이잔 리그를 거쳐 김연경이 뛰고 있는 튀르키예리그로 진출할 생각이었다"고 했다. 로코모티브 바쿠가 제시한 2년 계약을 물리치고 1+1년 계약을 선택한 이유는 그 때문이었다. 김연경도 선배 김사니의 해외 진출을 적극 도왔다(계약을 추진한 에이전시가 김연경의 페네르바체 진출을 도운 회사였다).

아웃사이드 히터나 아포짓이 아니라 세터가 해외에 진출한 사례는 드물어 많은 관심을 끌었다. V리그에서 유럽 무대로 바로 직행한 선수는 그가 처음이었다. 그러나 그의 해외 리그 도전은 한 시즌 만에 마침표를 찍었다. 발목에 부상을 입어 경기력을 발휘하지 못한 게 가장 컸다. "팀 분위기는 정말 좋았다. 동료 선수와 관계자들이 내가 처음 합류했을 때부터 리그와 현지 생활에 적응할 수 있게 많이 도와줬다."

물론 좋은 일만 있었던 건 아니다. 김사니는 "역시 언어 문제가 가장 컸다. 의사소통이 힘들었다. 같이 지내는 동안 마음은 통한다고 느꼈지만 그 점이 가장 힘들었다"고 되돌아봤다. 공을 배분하며 공격을 풀어나가는 세터에게 '소통'은 필수 요소다. 베테랑 세터인 그가 그 점을 모를 리 없었다. "해외 리그는 처음이다 보니 중·고교 신입생 때와 실업 시절 팀 막내였을 때가 자주 생각났다."

또 그곳에서 큰 사고를 당할 뻔도 했다. 연습하던 체육관에서 가스 누출로 폭발 사고가 일어났다. 선수들과 코칭스태프는 다행히 피해를 입지 않았다. 하지만 화재를 진압하는 과정에서 체육관 관리 직원 한 명이 사망했다. "12월 크리스마스를 맞아 팀 선수 전원이 휴가를 다녀왔다. 나도 그때 잠시 한국에 다녀왔는데 팀에 복귀해 첫 연습을 하는 날 사고가 일어났다. 연습을 중단하고 모두 밖으로 급히 대피했다. 당시에 너무 놀랐다. 그때 받은 충격이 상당히 오래갔다."

다시 정상에 오르다

2013/14시즌 흥국생명은 해외 리그로 떠난 김사니의 빈자리를 실감했다. 조송화와 우주리가 번갈아 가며 세터 자리를 지켰지만 역부족이었다. 무엇보다 큰 문제는 외국인 선수 엘리사 바실레바 말고는 팀에 두 자릿수 득점을 올리는 공격수가 없다는 것이었다. 2013년 12월 19일 한국도로공사와의 경기에서 바실레바는 57득점을 올리며 팀의 3-2 승리를 이끌었다. 57득점은 리그 역대 한 경기 최다 득점 기록이다. 하지만 이후 바실레바가 불가리아 대표팀 경기에 차출되면서 흥국생명은 3~5라운드에 걸쳐 연패를 면치 못했다. 결국 7승 23패라는 초라한 성적에 그쳐 최하위(6위)로 처졌다.

아제르바이잔에서 2013/14시즌이 끝난 뒤 김사니는 향후 진로를 깊이 고민했다. 로코모티브 바쿠와 재계약할지, 아니면 다른 해외 리그로 이적할지. 아무래도 몸 관리를 고려하면 V리그와 아제르바이잔 리그는 차이가 있었다. 몸 상태뿐 아니라 적지 않은 나이도 고려해야 했다. 결국 V리그로 돌아왔다.

김사니가 돌아오면서 차기 행선지에 대한 관심이 높아졌다. 당시 흥국생명은 FA 계약을 한 뒤 트레이드를 진행했다. 김사니 역시 구단의 의사를 따랐다. 흥국생명은 그의 친정 팀인 한국도로공사와 협상했다. 그런데 트레이드 카드가 맞지 않았다. 게다가 한국도로공사는 당시 마찬가지로 FA 시장에 나온 이효희와 계약한 뒤였다.

이번에는 이효희를 붙잡지 못한 IBK기업은행이 움직였다. 김사니는 결국 IBK기업은행의 유니폼을 입고 리그에 복귀했다. 흥국생명은 보상선수로 IBK기업은행에서 뛰고 있던 신연경을 지명했다. 그리고 당시 이효희의 FA 이적에 따른 보상선수로 한국도로공사에 올 곽유화가 흥국생명으로 갔다. 김사니의 이적에 따른 나비 효과였다. IBK기업은행은 김사니를 영입하는 과정에서 한국도로공사에서 영입할 FA 보상 선수에 대한 권리를 흥국생명에 넘기기로 사전 합의했었다.

2014/15시즌 주전 세터가 이효희에서 김사니로 바뀐 IBK기업은행은 순항했다. 당시 김사니가 김희진과 호흡을 맞춰 보여준 이동공격은 당대 한국 배구의 정점이었다. 정규리그에서 한국도로공사와 20승 10패로 동률을 이뤘으나 승점에 밀려 2위로 마쳤다. 하지만 플레이오프에서 현대건설을 2연승으로 꺾고 챔피언결정전에 올랐다. 2차전에서 김사니는 능수능란한 볼 배급으로 세트성공률 49.02퍼센트를 기록했다.

마지막 승부에서도 IBK기업은행이 웃었다. 챔피언결정전에서 한국도로공사에 3연승을 거둬 3경기 끝에 정상에 올랐다. 마지막 경기인 3차전을 앞두고 이정철 IBK기업은행 감독은 "평소대로 하는 것이 중요하다. 우리 리듬을 유지한다면 김사니가 잘 풀어갈 것이다"라고 말했다. 그 말대로 김사니는 화려한 토스로 우승을 이끌어 2005년 원년 챔피언결정전에서 패배를 안겼던, 한국도로공사의 세터 이효희(당시 KT&G)에게 10년 만에 복수했다. 그날 경기가 끝나고 이감독이 밝힌 것처럼 김사니가 데스티니에게 올려준 백토스는 명품이었다.

김사니에겐 두 번째 우승이었다. 챔피언결정전 MVP도 그에게 돌아갔다. 세터가 챔피언결정전 MVP에 오른 건 최초다. 그에게도 첫 MVP 영광이었다.

순항은 계속됐다. 좋은 성적을 유지하다가 마지막 한 걸음 앞에서 멈춘 적도 있었다. 2015/16시즌 정규리그 1위에 오른 IBK기업은행은 챔피언결정전으로 직행해 통합 우승을 노렸다. 하지만 현대건설에 시리즈 전적 3패로 밀려 준우승에 그쳤다.

2016/17시즌 다시 정상에 섰다. 이번에는 정규리그를 2위로 마치고 플레이오프를 치른 뒤 챔피언결정전에 올랐다. 정규리그에서 치열하게 1위 경쟁을 한 흥국생명을 3승 1패로 꺾고 다시 우승 트로피를 들어 올렸다.

김사니는 해당 시즌을 마친 뒤 현역 연장과 은퇴를 두고 고민했다. 추계초부터 중앙여중, 중앙여고, 실업배구, V리그까지 20여 년 훌쩍 넘게 이어진 선수 생활에 마침표를 찍었다. 그는 IBK기업은행 '왕조'의 한 축을 지켰다. 그가 뛴 3시즌 동안 팀은 정규리그 1위 1회, 챔피언결정전 우승 2회와 준우승 1회를 거두며 승승장구했다. 그는 최고의 자리에서 내려왔다.

빛바랜 영구결번

"주변에선 더 뛸 수도 있지 않느냐는 얘기도 있었다. 그런데 여기서 끝내는 게 맞다는 생각이 들었다." 선수 은퇴를 결정한 뒤 김사니는 이렇게 얘기했다. 향후 진로에서 대해서는 당시 말을 아꼈다.

이후 그는 배구공 대신 마이크를 잡았다. SBS 스포츠 배구해설위원으로 새로운 인생을 시작했다. 2017년 컵대회에서 해설위원으로 데뷔하며 당시 현대건설 감독으로 옮긴 이도희의 빈자리를 채웠다.

그해 10월 18일 IBK기업은행은 2017/18시즌 현대건설과의 홈경기에 앞서 김사니의 은퇴식을 열었다. 그 자리에서 영구결번식(9번)도 함께 진행했다. 리그 최초로 기록되는 그의 영구결번은 앞서 코트를 떠난 레전드들조차 경험하지 못한 영광이었다(그날 IBK기업은행은 현대건설에 2-3으로 짐).

2019/20시즌이 끝난 뒤인 2020년 5월 IBK기업은행은 김사니를 코치로 선임했다. 이제 그는 마이크를 놓고 다시 배구공을 잡았다. 그가 은퇴한 뒤 IBK기업은행은 세터 자리가 흔들렸고 이는 2018/19시즌에서 정규리그 5위로 떨어진 원인 중 하나가 됐다.

당시 IBK기업은행은 "3시즌 전까지 선수단과 함께한 그의 세터로서 풍부한 경험을 높이 평가했다"고 코치 선임 배경을 설명했다. 2020/21시즌이 끝난 뒤 구단이 김우재 감독과 재계약하지 않고 서남원 감독을 새로운 사령탑으로 데려와 코칭스태프를 개편할 때도 김사니는 계속 남았다.

그러나 2021/22시즌 그는 그동안 선수와 코치로서 쌓은 경력이 무너질 수 있는 큰 위기에 부딪쳤다. 김사니가 은퇴한 뒤 팀의 주전 세터로 자리잡은 조송화가 2021년 11월 13일 팀을 이탈했다. 서감독의 훈련 방식에 반발한 행동이었다. 같은 시기 코치를 맡고 있던 김사니도 구단에 사퇴 의사를 밝혔다. 무단이탈의 파문이 커지자 그는 사실이 아니라고 항변했지만 감독과의 불화 등은 감출 수 없었다.

수습하는 과정에서 구단의 행보도 문제가 됐다. 구단은 분란의 책임을 감독에게 물어 경질하고 오히려 당사자인 김사니에게 감독대행을 맡겼다. 그러자 팬심이 돌아서고 구단과 김사니 모두를 비난하는 목소리가 나왔다. 부정적인 시선도 늘었다. 그런 가운데 다른 팀의 감독들이 경기 시작 전과 종료 후에 감독대행을 맡은 그와 악수하지 않겠다고 선언했다.

그해 12월 2일 그는 공교롭게도 자신의 친정 팀인 한국도로공사와의 원정 경기를 앞두고 사퇴 의사를 밝혔다. 그렇게 감독대행을 맡은 지 3경기 만에 IBK기업은행을 완전히 떠나게 됐다. 12월 8일 IBK기업은행은 결국 김호철 감독을 새로운 사령탑으로 선임하며 선수단 갈등을 봉합하기 위해 나섰다. 김사니는 이후 배구 코트와 멀어졌다.

하지만 실력과 자세를 겸비한 공격형 세터로서 김사니의 기록은 어느 누구도 범접하기 어렵다. 그는 프로 출범 이후 2016/17시즌까지 878득점(블로킹 29, 서브 150)을 기록했다. 2024년 4월 기준 염혜선이 564득점(블로킹 30, 서브 261), 이효희가 560득점(블로킹 34, 서브 194)을 기록한 것을 보면 김사니가 얼마나 적극적으로 공격에 가담했는지 알 수 있다. 사실 그의 활발하고 적극적인 플레이는 강한 승부욕에서 기인한다. 공을 끝까지 따라가 잡아내는 그의 투신이 펼쳐질 때마다 팀의 사기가 끓어올랐다. 2007/08시즌 KT&G로 옮긴 뒤 수비에 치중하는 팀답게 작은 실수에 분위기가 휘둘리는 체질을 단번에 바꿔놓은 이가 그였다. 동료들에게 공만 배분한 것이 아니라 싸울 투지와 집념을 분명히 전달했다. V리그에서 뛴 기간이 상대적으로 짧아 세트와 디그 성공(1만 2216개, 4224개)에서 이효희(1만 5401개, 4530개)와 염혜선(1만 4605개, 3785개)에게 뒤지지만, 세트와 디그 평균(10.688개, 3.696개)에서 앞서는 것은(이효희 10.146, 2.984; 염혜선 9.628, 2.495) 그런 이유에서다.

김사니는 3년 만에 다시 활동을 재개하며 코트로 돌아올 미래를 준비하고 있다. 일단 2024년 9월 일본 리그 팀에 세터 코치로 단기 연수를 가는 것으로 발을 뗐다.

한국과 V리그를 사랑한
니콜

- 2014/15시즌 -

"한국이 그리울 겁니다. 나를 더 뛰어난 선수로 만들어준 서남원 감독님께 감사합니다."

2015년 4월 8일 서울 63빌딩 그랜드볼룸에서 열린 2014/15시즌 리그 시상식. 팀 동료 이효희와 함께 정규리그 MVP를 수상한 니콜 포셋은 눈시울을 붉혔다. 한국도로공사를 1위로 이끈 둘은 유효표 28표 중 각각 12표를 얻어 리그 최초로 MVP를 공동 수상했다. 니콜은 팀의 상징색을 따른 듯 푸른색 드레스를, 이효희는 흰색 드레스를 입고 함께 트로피를 들어 올렸다.

하지만 니콜은 더는 한국도로공사에서 뛸 수 없었다. 2015/16시즌부터 외국인 선수 제도가 자유계약에서 트라이아웃으로 바뀌면서 어쩔 수 없이 팀을 떠나야 했다. 트라이아웃 참가 기준은 21~25세의 대학 졸업 예정자이거나 해외 리그에서 뛴 경력이 3년 이하인데 그는 여기에 해당되지 않았다. 공교롭게도 서남원 감독 역시 한국도로공사와 재계약하지 못한 사실이 시상식 하루 전에 알려졌다. 니콜이 눈물을 보인 이유였다.

한국도로공사 팬들에게 니콜은 여전히 잊을 수 없는 이름이다. 한국도로공사에 챔피언결정전 우승컵을 안기지는 못했으나 꾸준히 활약했다. 힘든 상황에 몰려도 환히 웃으며 다시 뛰어올라 스파이크를 날렸다. 역대 최다 트리플 크라운(11회)의 주인공이기도 하다. 그에게는 한국이 제2의 고향이나 다를 바 없었다. 아버지는 주한 미군으로 경기 평택에서 근무했고 그도 3년 동안 한국에서 활약했다.

한 경기 최다 득점

2012년 9월 한국도로공사는 니콜과의 계약을 발표했다. 구단 관계자는 "직접 보니 피네도보다 나은 것 같다. 팀에서 거는 기대가 크다"고 귀띔했다. 직전 시즌 뛰었던 아르헨티나 대표팀 출신 조지나 피네도는 180센티미터의 단신인 데다 무릎 부상까지 있어 들쭉날쭉했다. 키 191센티미터의 오른손잡이 아포짓 스파이커인 니콜은 푸에르토리코와 러시아, 브라질, 중국 등에서 다양한 리그를 경험했다. 나이도 27세로 젊어 V리그의 빡빡한 일정을 소화하는 데도 문제가 없을 듯했다.

무엇보다 한국을 좋아했다. 아버지 로버트 포셋이 1972년부터 이듬해까지 주한 미군으로 근무한 영향이 컸다. 정식 계약을 하기 전 한국을 찾았을 때도 불고기와 김치 같은 한식을 거리낌 없이 먹었다.

"아버지 덕분에 미국에서도 한국 음식을 접한 적이 있다. 그래서 한국에 쉽게 적응할 것 같다." 실제로 그는 김치찌개처럼 매운 음식도 잘 먹고 숟가락과 젓가락을 잘 썼다. 한국을 떠날 무렵엔 "빨리빨리", "이리 와봐", "높아", "길게" 같은 한국말로 동료들과 대화하기도 했다. 선수들이 장남 삼아 가르친 욕설까지 익힌 건 부작용. 선수들과 사이도 좋아 서남원 감독에게 하기 어려운 부탁, 이를테면 '외박을 늘려달라' 같은 내용을 건의하는 역할도 그가 맡았다. 마지막 시즌엔 숙소 인근의 아파트에서 생활하며 직접 SUV 차량을 운전해 체육관으로 출근하기도 했다.

대학 시절에도 공격을 도맡은 경험이 있던 니콜은 V리그에 빠르게 적응했다. 한국에서 치른 두 번째 경기였던 1라운드 GS칼텍스와의 경기에선 세 세트만 치르고도 32점을 올리며 승리를 이끌었다. 1라운드 마지막 경기인 흥국생명전에선 서브 득점 5개를 성공시키며 40점을 기록했다.

파괴력이 가장 빛난 경기는 2013년 2월 12일 IBK기업은행과의 경기였다. 풀세트 접전이 펼쳐진 그 경기에서 니콜은 무려 55점을 올렸다. 몬타뇨가 기록한 54점을 뛰어넘은 역대 한 경기 최다 득점(이후 바실레바와 메디 57점 타이기록). 특히 5세트에서는 팀의 15득점 가운데 13점을 혼자 올렸다. 체력적으로 힘들었지만 그는 찬스만 되면 자신에게 토스하라고 세터에게 사인을 내는 투지를 발휘했다. 공격득점(53점)과 후위공격(26점) 신기록도 갈아치웠다. 2012/13시즌 한국도로공사가 올린 공격득점(1496)의 51퍼센트인 746점을 책임지면서 '니콜공사'라는 별명까지 생겼다. 팀은 간발의 차로 현대건설(16승

14패, 승점 50)에 뒤진 4위(17승 13패, 승점 48)로 정규리그를 마감해 봄 배구에 나서지 못했다. 하지만 니콜은 득점상과 서브상을 휩쓸며 재계약에 성공했다.

10년 만에 정규리그 정상

2년차가 된 니콜은 조금 지친 모습으로 뒤늦게 2013/14시즌을 시작했다. 미국 국가대표로 발탁돼 여러 대회를 뛰었기 때문이다. 팬아메리칸 게임과 월드그랑프리, 북중미 대회 등에 출전했다. 그가 없는 1라운드에서 한국도로공사는 1승 4패에 머물렀다. 자연히 개인 성적도 직전 시즌보다 떨어졌다. 그래도 한국도로공사의 중심은 여전히 니콜이었다. 득점 3위(843점), 공격 6위(42.49퍼센트), 블로킹 3위(세트당 0.626개), 서브 5위(세트당 0.374개)에 올랐다. 당시 한국도로공사에서 니콜 다음으로 득점이 많은 선수가 황민경이었는데 253점에 불과했다. 상대 입장에선 니콜만 막으면 되는 셈이었다.

결국 그해 한국도로공사는 13승 17패(승점 38)에 그쳤다. 순위는 직전 시즌과 같이 4위이지만 승점은 10점이나 줄어들었다. 봄 배구는 언감생심이었다. 서남원 감독은 경기 뒤 "니콜의 체력이 떨어졌다"고 자주 말했는데 어쩔 수 없었다. 하지만 여전히 니콜은 리그에서 최고 수준의 선수였고 3년째에도 같이하게 됐다.

2014/15시즌을 앞두고 한국도로공사에 대한 평가가 달라졌다. 오프시즌에 베테랑 선수 둘이 합류했기 때문이다. IBK기업은행의 정규리그 1위 2연패를 이끈 세터 이효희가 합류하고 직전 시즌 GS칼텍스의 챔피언결정전 우승을 이끈 미들 블로커 정대영도 들어왔

다. 말 그대로 대권 도전을 위한 승부수였다. 한국도로공사는 6개 구단 중 유일하게 우승이 없었다. 미디어데이에서도 다른 팀들이 모두 다크호스로 꼽았다. 서남원 감독은 "다른 팀들은 다 우승했는데 한국도로공사만 우승을 못 했다. FA를 통해 2명의 훌륭한 선수를 영입하면서 우승에 가까운 기반이 만들어졌다고 생각한다. 마지막 도전이라는 각오로 우승에 도전하겠다"고 비장한 각오를 밝혔다.

과정이 순탄하지는 않았다. 세터 이효희는 대표팀에 차출돼 이적 후에도 한동안 동료들과 손발을 맞추지 못했다. 2014년 7월 선수촌에 들어간 뒤 세계선수권과 AVC컵을 치르고 2014년 인천 아시안게임까지 소화했다. 당시 만난 이효희는 "대표팀에서 뛸 수 있어 기쁘기는 한데 체력적으로 너무 힘들다"며 쓴웃음을 지었다.

니콜 역시 바쁘기는 마찬가지였다. 푸에르토리코 리그에서 잠시 뛰고 미국 대표팀에도 발탁됐기 때문이다. 특히 미국 대표팀에서 그의 입지가 예전보다 높아졌다. 미국은 보통 한 해에 30명 정도 선수를 선발한다. 워낙 많은 대회를 치르느라 전 세계 리그에서 뛰는 주축 선수들을 대회 중요도에 따라 나눠서 내보낸다. 니콜은 2013년까지는 1.5진 또는 2진에 가까웠다. 하지만 2014년엔 당당히 주요 국제대회에 출전했다. 특히 그해 세계선수권에선 백업 아포짓인데도 매 세트 투입됐다. 중국과의 결승에서도 8득점을 올리며 미국의 우승에 기여했다.

역설적이게도 그러면서 한국에서 동료들과 손발을 맞출 시간이 부족했다. 개막이 일주일도 채 남지 않은 상황에서 한국에 왔다. 그러다 보니 이효희와 호흡을 가다듬는 데 시간이 걸렸다. 결국 한국도로공사는 1라운드에선 2승 3패에 그쳤다.

하지만 갈수록 상승 곡선을 그렸다. 2~3라운드를 치르는 동안 무려 9연승을 달려 선두로 올라섰다. 장소연과 정대영, 두 베테랑 미들 블로커가 버티는 중앙은 막강했다. 여기에 고예림과 문정원, 황민경, 김미연 등 아웃사이드 히터진도 한층 성장했다. 주전 리베로 김해란이 무릎 십자인대 부상으로 이탈하는 악재가 있었지만 오지영이 빈자리를 잘 메웠다.

무엇보다 강력한 옵션은 이효희-니콜 라인이었다. 둘은 자주 대화를 나누며 서로에게 원하는 걸 이야기했다. 그러자 달라졌다. 세터 이효희의 빠른 토스가 아포짓 니콜에게 정확히 올라가면 득점으로 연결됐다. 특히 리시브가 잘된 상태에서 퀵오픈(안테나보다 낮은 높이로 3미터 이상 날개 공격수에게 연결하는 공격) 토스를 줬을 때 성공률은 50.88퍼센트나 됐다. 아무래도 블로커들이 달라붙고 수비가 대비하는 오픈과 후위공격의 성공률은 다소 떨어졌지만 니콜은 자신에게 쏠린 공격을 책임감 있게 때려냈다.

한국도로공사는 4라운드에서도 4경기 연속으로 3-0 승리를 이어가는 등 무서운 기세로 달렸다. 2월 14일 밸런타인데이가 고비였다. 승점 3점 차까지 따라붙은 2위 현대건설과 성남실내체육관에서 맞대결했다. 한국도로공사에 니콜이 있다면 현대건설엔 아제르바이잔 국가대표 폴리가 있었다. 둘은 그해 V리그에서 세계선수권에 출전한 유이한 선수이기도 했다. 두 팀은 1세트와 2세트를 나눠 가졌다. 3세트에서는 팽팽한 접전이 이어지다 현대건설이 20-16까지 앞섰다. 하지만 니콜을 앞세운 한국도로공사가 야금야금 추격해 21-

22까지 따라붙었다.

폴리의 백어택을 한국도로공사의 정대영이 받아냈다. 문정원이 2단 연결한 공을 니콜이 때렸고 폴리가 받아내지 못했다. 이어 폴리의 공격 범실이 나오면서 한국도로공사가 역전에 성공했다. 그리고 폴리가 다시 때린 백어택을 니콜이 막아내면서 점수는 24-22가 됐다. 폴리의 공격으로 현대건설이 다시 한 점 차를 만들었지만 니콜이 세트를 결정짓는 포인트를 올렸다. 결국 4세트까지 이긴 한국도로공사가 승점 차를 6점으로 벌렸다.

그날 니콜은 블로킹 8개를 포함해 36점을 기록해 29점의 폴리를 압도했다. 서남원 감독은 "니콜이 체력적으로 힘들어하는 게 눈에 보였다. 니콜에게 미안하다. 이런저런 핑계를 대지 않는 선수다. 아울러 이날 경기의 중요성도 잘 알고 있더라. 용병이지만 정말 대견한 선수"라고 했다. 니콜은 이후 6라운드 현대건설과의 재대결에서도 46점을 쏟아부으며 승리를 이끌어 정규리그 우승을 확정했다.

2005년 프로 원년 이후 무려 10년 만이었다. 서남원 감독은 니콜에게 정규리그 우승 트로피를 받게 했다. 묵묵히 누구보다 열심히 뛴 에이스에 대한 배려였다. 트로피를 번쩍 든 니콜의 눈은 촉촉했다.

하지만 한국도로공사는 통합 우승까지 가지는 못했다. 데스티니와 박정아, 김희진 삼각 편대가 날아오른 IBK기업은행은 강력했다. 1차전에서 선수단 전체가 긴장한 듯 스스로 무너졌다. 그러면서 분위기가 가라앉았다. 니콜이 때리고 또 때렸지만 한계가 있었다. 이효희도 니콜에게 집중되는 상대 수비를 분산하려 노력했지만 역부족이었다. 결국 챔피언결정전 3연패로 니콜의 세 번째 시즌은 막을 내렸다. 그의 눈에서 또 한 번 눈물이 흘렀다.

원치 않았던 이별

외국인 선수 제도가 변경되면서 니콜은 한국을 떠나야 했다. 구단은 이별 선물로 그에게 한복과 그의 모습이 들어간 전신 피규어를 선물했다. 챔피언결정전 우승은 놓쳤지만 단 한 번도 훈련에 빠지지 않고 성실히 임해준 고마움을 표시하기 위해서였다.

이효희-니콜 MVP 듀오도 1년 만에 해체됐다. 2020년 은퇴할 때 이효희는 "가장 먼저 니콜이 생각난다"고 말했다. 공교롭게도 두 사람은 비슷한 시기에 은퇴해 지도자로 변신했다. 이효희는 "니콜은 한국 선수 같았다. 한국 배구의 스타일도 잘 이해했다"고 칭찬했다. 둘은 시즌이 끝난 뒤 미국에서 열린 외국인 선수 트라이아웃에서도 만났다. 트라이아웃 현장을 찾은 니콜은 볼을 올려주는 역할을 맡은 이효희를 만나 뜨겁게 포옹했다. 니콜은 외국인 선수들에게 V리그에서 적응하는 팁을 알려주기도 했다.

아쉽게도 니콜의 기량은 한국에서 정점을 찍은 뒤 조금씩 내려왔다. 중국과 이탈리아, 브라질에서 활약했지만 V리그에서만큼의 임팩트를 보여주지는 못했다. 미국 대표팀에도 2015년을 끝으로 더 이상 뽑히지 못하고 2016년 리우데자네이루 올림픽엔 나서지 못했다. 니콜이 떠난 한국도로공사도 다음 시즌 5위에 그치고 다다음 시즌엔 최하위까지 내려갔다.

2020년 전 세계를 뒤엎은 코로나19 여파로 브라질 리그의 결승전이 무산된 뒤 니콜은 은퇴를 결정했다. 미국 배구 명문 중 하나인 오하이오주립대에서 어시스턴트 코치로 제2의 배구 인생을 시작했다. 니콜과 한국도로공사의 인연은 다른 방식으로 이어졌다. 오하이오주립대의 제자인 반야 부키리치가 2023/24시즌 트라이아웃에서 한국도로공사의 선택을 받은 것이다. 한국에서 처음 프로 생활을 시작한 부키리치는 니콜만큼 뛰어난 활약을 보이지는 못했지만 주포로서 한 시즌을 치렀다.

보이지 않는 차이, 4회 우승 리베로

남지연

- 2015/16시즌 -

2016년 2월 27일 화성실내체육관에서 열린 2015/16시즌 6라운드 IBK기업은행과 현대건설의 경기. 1위에 선 IBK기업은행이 승리한다면 정규리그 우승을 확정할 수 있었다. 하지만 상황이 좋지 않았다. 외국인 선수 리즈 맥마혼과 김희진이 모두 부상으로 빠졌다. 그럼에도 그날 경기의 승자는 IBK기업은행이었다. 주연은 32점을 올린 박정아. 여기에 리베로 남지연의 활약도 빼놓을 수 없었다.

그날 남지연은 현대건설의 스파이크 34개를 걷어냈다. 남지연은 해당 시즌에 무려 다섯 경기에서 30개 넘는 디그를 기록하는 맹활약을 펼쳤다.

"그 경기를 못 이겼으면 우승을 못 했을 거예요. 선수들도 알고 있었지만 내색하지 않았죠. 김사니 언니랑 얘기를 많이 나눴는데 서로 동요하지 말자고 했어요. 외국인 선수 맥마혼이 아팠는데 김희진과 박정아, 채선아, 최은지까지 국내 선수들이 모두 잘했어요. 나중에 챔피언결정전에선 졌지만 정규리그 우승을 차지한 의미 있는 시즌이었죠."

그때 정규리그 우승을 차지하며 IBK기업은행은 4시즌 연속으로 챔피언결정전 진출에 성공했다. 그 토대는 김희진과 박정아, 외국인 선수를 필두로 한 삼각 편대였다. 물론 그들 뒤엔 항상 든든히 지키는 남지연이 있었다.

연습생에서 아시아 최고 선수까지

운동신경과 승부욕이 남달랐던 남지연은 청소년대표에도 뽑혔다. 하지만 정작 2001/02 실업배구 드래프트에선 정식 선수를 뽑는 3라운드(12명)까지 선택받지 못했다. 현대건설이 재정 문제로 드래프트에 불참하면서 문이 좁아진 탓이었다.

결국 그는 13번째로 LG정유의 선택을 받았다. 연습생 중에서는 가장 빠른 순번이지만 계약금은 받을 수 없었다. 당시 그는 강릉여고에선 선수가 많지 않은 팀 사정상 미들 블로커 공격수로 뛰었지만 청소년대표팀에선 리베로로 뛰었다. LG정유는 키가 171센티미터인 남지연에게 주로 리베로를 맡길 생각이었다.

LG정유는 실업배구 슈퍼리그 시절 전무후무한 9연패(1991~1999년, 1996년까지는 호남정유)를 달성했다. 당시 국가대표팀은 태반이 LG정유 선수이고 한일합섬 김남순(한국도로공사 김세빈의 어머니) 정도가 뽑혔을 뿐이었다. 하지만 1996년 세터 이도희가 은퇴하고부터 조금씩 주력 선수들이 팀을 떠났다. 2000년 홍지연과 박수정이 팀을 떠나고 주포 장윤희도 출산 때문에 자리를 비웠다. 아웃사이드 히터 정선혜 정도만이 영광의 시대를 경험한 멤버로 남아 있었다.

거꾸로 말하면 신인 선수에겐 기회의 땅이었다. 남지연 역시 데뷔하자마자 어렵지 않게 주전 자리를 꿰찼다. "그때만 해도 7년차조차 주전을 차지하지 못하는 경우가 많았어요. 입단 첫해 일본 팀과 연습경기를 하는데 아직 고등학교를 졸업하기 전이라 코트 밖에서 볼을 주워 오고 있었죠. 그런데 세트 스코어 0-2로 지고 있는 상황에서 김철용 감독이 나를 리베로로 넣었습니다. 고3이니 무서울 것 없이 뛰었죠."

남지연이 인상적인 모습을 보인 그 경기에서 팀은 3-2 역전승을 거뒀다. 그러면서 그는 LG정유의 주전 리베로가 됐다. 데뷔하자마자 슈퍼리그에서 리베로상을 수상했다. 프로배구가 출범한 직후엔 무르익은 기량을 뽐냈다. 2005시즌부터 2006/07시즌까지 3시즌 연속으로 수비상을 수상했다. 고3 때부터 매일 써오던 일지를 통해 하루하루 자신을 돌아보며 노력한 결과였다.

실업배구 막바지인 2003년엔 슈퍼리그 5위, 2004년엔 V투어 5위로 떨어져 내리막길을 걷던 LG정유는 V리그가 출범한(GS칼텍스로 변경) 뒤에도 하위권에 머물렀다. 2005시즌부터 2006/07시즌까지 각각 4위, 5위, 4위에 그치며 연속으로 포스트시즌 진출에 실패했다. 그러다가 2007/08시즌 마침내 반등에 성공했다.

시즌 중반 연패를 겪는 중에도 팀을 재정비해 정규리그를 3위로 마무리하고, 포스트시즌에선 연이어 이변을 일으키며 챔피언결정전 우승까지 차지했다. 남지연도 첫 우승의 기쁨을 만끽했다. 실업배구 시절을 포함해 지금까지 GS칼텍스가 배출한 최고의 리베로가 남지연이다.

대표팀에서도 꾸준히 활약했다. 2003년 월드그랑프리를 시작으로 매년 태극마크를 달았다. 탁월한 위치 선정 능력과 순발력을 앞세워 상대의 강스파이크를 곧잘 받아냈다. 2004년 아테네 올림픽에도 출전했다. 2011년에는 절정의 기량을 보였다. 그해 열린 아시아선수권과 월드컵에서 연이어 리베로상을 받았다. 특히 2011년 월드컵에선 일본의 전설적인 리베로 사노 유코를 제치고 세트당 7.89개의 디그를 기록했다. 남지연은 "리시브효율은 사노 선수가 좋았지만 공은 내가 진짜 많이 받았어요. 국제 대회에서 상을 받았을 때 무척 기분이 좋았죠"라고 떠올렸다.

운명의 트레이드

남지연의 프로 생활은 순탄했다. 하지만 2011/12시즌 이후 변화가 생겼다. 2012년 6월 신생 팀인 IBK기업은행으로 트레이드됐다. 세터 이나연과 아웃사이드 히터 김지수가 GS칼텍스로, 리베로 남지연과 미들 블로커 김언혜가 IBK기업은행으로 향하는 2대 2 트레이드였다. GS칼텍스는 선수단을 재편하는 중에 이숙자를 받칠 어린 세터를 얻고, IBK기업은행은 수비력을 보강할 절호의 기회를 잡았다.

사실 남지연에겐 트레이드가 절실했다. 이미 GS칼텍스는 나현정을 주전 리베로로 쓸 계획이었기 때문이다. 남지연은 구단에 트레이드를 요청한 상태에서 최악의 경우 은퇴까지 고려하고 있었다. 하지만 IBK기업은행 말고도 현대건설 등이 영입을 타진했다. 당시 IBK기업은행을 이끌던 이정철 감독은 당시를 아직도 생생하게 기억한다.

"GS칼텍스 구단 관계자가 남자배구 금성사 배구단 시절 함께 일한 사이라 서로 잘 알았다. 구단끼리 논의하는 과정에서 여러 번 트레이드 카드가 변경됐는데 툭 터놓고 이야기를 했다. 우리는 첫해에 신인 김민주가 리베로를 맡았지만 경험 많은 선수가 필요했다. 우리는 남지연을 정말 원했고 결국 데려올 수 있었다."

팀을 옮긴 남지연은 단단히 마음을 먹었다. IBK기업은행이 손을 내민 만큼 보답하고 싶었다. 이정철 감독의 지옥 훈련도 이겨낼 생각이었다. 대표팀에서 같이 뛴 동료 이효희가 있어 부담도 없었다. 남지연은 "GS칼텍스한테는 지지 않겠다고 결심했어요. 만족할 만한 결과를 못 내면 의미가 없다는 생각까지 했어요"라고 떠올렸다. 트레이드 직전 산악 훈련을 하다 삐끗해 발목을 접질린 채 IBK기업은행에 합류했지만 이정철 감독은 내색하지 않고 휴식을 줬다. 3주째가 돼서야 벽에 공을 바운드시키는 언더패스 훈련을 시켰다.

결과적으로 행운 같은 트레이드였다. 2012/13시즌 팀은 통합 우승을 차지하고 남지연은 3년 만에 통산 다섯 번째 수비상을 받았다. 리시브성공률은 전년보다 낮아졌지만 세트당 디그는 1개 이상 늘었다. 오프시즌에 입은 발목 부상의 후유증으로 시즌 내내 고생하는 중에 제2의 전성기를 다시 열었다. 구단은 우승에 공헌한 남지연에게 이효희에 이어 두 번째로 정규직 직원 채용이라는 선물도 줬다. 은퇴 이후 본인이 원할 경우 은행원으로 일할 수 있다는 증서를 건넸다.

시즌이 끝난 뒤 시상식에서 남지연은 당시 치열한 수비상 경쟁을 펼친 KGC인삼공사의 임명옥을 언급해 박수를 받았다. 두 사람의 세트당 수비(디그정확+리시브정확) 수 차이는 고작 0.0207개. 남지연은 "임명옥에게 고맙다"며 끝까지 경쟁한 2인자를 배려했다. 달콤한 로맨스도 더했다. 그는 "잘하라고 항상 질책하는 남자친구가 있습니다. 지금 TV로 시상식을 보고 있을 겁니다. 곧 결혼하는데 조금만 더 기다려달라"고 말해 박수를 받았다.

'6월의 신부'가 된 남지연은 당초 신혼여행도 미룰 생각이었다. 하지만 이정철 감독이 "꼭 다녀오라"고 신신당부한 덕분에 신혼여행을 다녀온 뒤 팀에 합류했다. 유일하게 합숙하지 않고 출퇴근할 수 있게 배려하기도 했다.

IBK기업은행의 질주는 이어졌다. 2013/14시즌 정규리그 우승, 2014/15시즌 챔피언결정전 우승을 차지하며 창단한 지 4년 만에 정규리그 우승컵 2개와 챔피언결정전 우승컵 2개를 들어 올렸다. 2015년 3월 29일 챔피언결정전 우승을 차지한 뒤 진행한 언론과의 인터뷰에서 그의 평소 마음가짐, 일에 대한 자부심을 엿볼 수 있다.

"모두가 리베로가 단순히 뒤에서 선수들을 받쳐준다고 얘기하지만 난 오히려 수비로 상대 공격수를 죽일 수 있다고 생각합니다. 멋진 수비 하나가 상대에게 심적인 펀치를 날릴 수 있어요. 상대 공격을 무력화하는 것이 공격의 시작이라고 생각해요."

어렵게 따낸 마지막 트로피

2015/16시즌에도 IBK기업은행은 우승 후보로 꼽혔다. 주전 선수들이 모두 뛴 컵대회 결승에서 현대건설을 3-2로 꺾고 정상에 올랐다. 그러나 안심할 수 없었다. 외국인 선수 선발 제도가 바뀌었기 때문이다. 자유계약에서 트라이아웃으로 바뀌면서 니콜을 떠나보낸 한국도로공사처럼 IBK기업은행도 전년 우승의 주역인 데스티니와 결별해야 했다.

다행히 최악은 아니었다. 확률은 6개 구단 중 가장 낮았지만 5순위를 받아 이정철 감독이 원하는 맥마혼을 뽑을 수 있었다. 외국인 미들 블로커를 뽑고 김희진을 아포짓 스파이커로 쓰려는 구상도 했지만 198센티미터의 장신 아포짓 맥마혼을 데려오며 김희진을 그대로 미들 블로커로 쓸 수 있었다. 맥마혼은 높이와 공격력만큼은 다른 선수들에게 뒤지지 않았다. IBK기업은행은 또 한 번 삼각 편대를 구성할 수 있었다.

시즌 초반 맥마혼은 애초의 기대만큼 활약하지 못했다. 아무래도 그 전에 뛰던 외국인 선수들과 비교할 만한 수준은 아니었다. IBK기업은행은 간신히 4위를 유지하며 중위권에서 버티는 데 그쳤다. 반면 현대건설은 에밀리 하통과 양효진, 황연주를 앞세워 전반기 전 경기에서 승점을 따내는 등 꾸준히 선두를 달렸다.

방출 위기를 넘긴 맥마혼은 점차 살아났다. 시즌 초반 몸 상태가 좋지 않던 남지연도 원래의 수비력을 되찾았다. 그러자 김사니의 토스를 받은 삼각 편대의 위력이 배가됐다. 리시브가 흔들릴 때마다 남지연이 절묘한 2단 토스로 공격수에게 공을 올렸다. 현대건설을 맹

추격하던 IBK기업은행은 4라운드 맞대결에서 마침내 처음 승리하며 선두에 올라섰다. 남지연과 김사니가 계속 맥마혼의 기를 살리는 가운데 5라운드에서 다시 현대건설에 승리했다. 시즌 후반 12연승을 달리면서 우승 레이스에 가속이 붙었다.

그러나 막판에 변수가 발생했다. 맥마혼과 김희진이 동시에 부상을 입어 이탈한 것. 챔피언결정전 직행을 확정할 것 같던 IBK기업은행은 흥국생명과 한국도로공사에 연패를 당하며 기회를 놓쳤다. 현대건설과의 승점 차는 불과 1점. 현대건설이 승점 3점을 따낸다면 대역전을 이뤄 우승할 가능성도 있었다.

하지만 2016년 2월 27일 IBK기업은행은 김희진과 맥마혼 없이도 현대건설을 꺾었다. 박정아가 시즌 최다 득점인 32점을 올리고 최은지가 맥마혼의 빈자리를 메웠다. 5세트엔 남지연이 정확한 리시브와 멋진 디그로 현대건설의 서브와 스파이크를 무력화했다. 3-2 승리. IBK기업은행은 창단한 지 6년 만에 세 번째 정규리그 우승을 차지했다.

아쉽게도 챔피언결정전에서 맥마혼의 부재를 끝내 메우지 못하고 현대건설에 우승 트로피를 넘겼지만 남지연에게도 IBK기업은행에도 자존심을 지킨 시즌이었다. 2023/24시즌이 끝난 현재까지도 IBK기업은행이 정규시즌 우승을 차지한 마지막 시즌으로 남아 있다. 남지연은 시즌을 마친 뒤 대표팀에 합류해 2016년 리우데자네이루 올림픽에 출전했다. 한국이 아쉽게도 4강에 오르지 못한 가운데 남지연은 8강 진출에 힘을 보탠 뒤 태극마크를 내려놓았다.

FA 보상선수, 은퇴

은퇴 후 정직원 채용까지 보장받았지만 그의 마지막 팀은 IBK기업은행이 아니었다. 2016/17시즌 챔피언결정전에서 우승한 IBK기업은행은 이후 FA로 풀린 박정아를 놓치고 흥국생명에서 미들 블로커 김수지를 영입했다. 그 과정에서 남지연이 보호선수 명단에서 빠졌다. 은퇴가 얼마 남지 않은 남지연을 김해란과 한지현, 도수빈 등 리베로가 풍족한 흥국생명이 데려갈 리 없다는 계산이었다. 하지만 흥국생명의 생각은 달랐다. IBK기업은행의 전력을 약화할 생각이었다.

이정철 감독은 "남지연에게 미안하다"고 했지만 엎지른 물이었다. 남지연은 고심 끝에 흥국생명에 합류하기로 결정하고, 2017/18시즌 주로 후위 세 자리에서 리시브를 책임지는 교체 선수로 뛰었다. 그리고 시즌이 끝나갈 무렵 은퇴를 결정했다.

흥국생명은 남지연을 베테랑으로 예우했다. 2018년 12월 15일 현대건설과의 홈경기에서 은퇴식을 열었다. 가족들이 함께하고 박미희와 이도희, 이정철 감독 등이 축하했다. 경기 도중 꽃다발을 전달하고 기념사진을 찍는 조촐한 자리였지만 역대 두 번째로 통산 1만 수비를 기록한 대선수의 마지막을 뜻깊게 장식할 수 있었다.

남지연은 "컵대회에선 주전으로 뛰기도 하고 흥국생명 선수들과 많은 교류를 했어요. 부상도 있는 상태에서 백업 선수로서 한 시즌을 치르며 많은 걸 느꼈고, 무난한 마무리였던 것 같습니다"라고 회상했다. 은퇴한 뒤 IBK기업은행으로 돌아와 1년 동안 코치를 지낸 그는 현재 구단 프런트로 근무하고 있다.

최고의 자리에서 실추한 슈퍼스타

이재영

- 2016/17시즌 -

신인왕과 MVP. 두 상은 V리그에서 기자단 투표로만 뽑는다. 큰 기대 속에 데뷔하자마자 기량을 뽐내거나 리그를 대표하는 선수로 우뚝 서야만 가능한 기록이다. 역대 신인왕과 MVP를 모두 거머쥔 선수는 고작 셋뿐이다. 김연경과 황연주, 그리고 이재영이다.

이재영은 김연경 이후 '가장 완벽한 선수'라는 평가를 받았다. 공격과 서브, 리시브, 블로킹, 수비, 스타성까지 모두 갖춘 선수였다. 고등학교 시절 쌍둥이 동생 이다영과 함께 국가대표로 뽑혀 주목을 모았던 그는 프로에 와서도 빠르게 성장했다. 하지만 학창 시절에 저지른 폭력 사건이 밝혀지면서 리그에서 겨우 7시즌밖에 뛰지 못했다. 더 많은 활약을 기대했던 팬들에게는 안타까움이 컸다. 그럼에도 그를 빼놓고 V리그의 역사를 이야기할 수는 없을 것이다. 김연경이 떠난 뒤 무너졌던 흥국생명을 다시 정상에 올리고 여자배구의 인기를 높이는 데 크게 기여했기 때문이다.

슈퍼 트윈스

이재영과 5분 터울의 동생 이다영 쌍둥이는 운동선수가 될 수밖에 없는 운명이었다. 어머니는 1988년 서울 올림픽에 출전한 국가대표 세터 출신이고 아버지는 육상 해머던지기 국가대표였다. 부모의 유전자를 이어받은 자매는 초등학교 3학년 때부터 배구를 시작했다. 힘과 체격이 좀 더 나은 이재영이 공격수로, 이다영이 어머니와 같은 세터로 뛰었다.

전주근영여중 시절부터 주목받은 둘은 선명여고로 진학한 뒤에도 성장을 거듭했다. 고등학교 2학년 때 2013년 아시아선수권에 참가하며 처음으로 태극마크를 달았다. 인천 아시안게임이 열린 2014년에도 나란히 선발됐다. 당시 지휘봉을 잡았던 이선구 감독은 "단순히 미래만 보고 뽑은 게 아니다. 경기에 나갈 만한 실력이 있다"고 말했다. 실제로 아시안게임의 전초전 격이었던 아시아배구연맹(AVC)컵에선 둘 다 선발 출전하기도 했다. 하지만 이재영은 아시안게임 직전에 부상을 입어 경기를 뛰지 못하고 이다영도 부상에서 회복한 이효희에 밀려 벤치를 지켰다. 출전 기회는 없었지만 둘은 금메달을 나란히 목에 걸고 환히 웃었다.

아시안게임이 열리기 전인 2014년 9월 11일 신인 드래프트에서 자매의 운명이 엇갈렸다. 당시 1순위 지명권을 얻을 수 있는 팀은 2013/14시즌 최하위 흥국생명(50퍼센트), 5위 현대건설(35퍼센트),

4위 한국도로공사(15퍼센트)였다. 진준택 당시 경기위원장이 추첨기를 돌렸다. 가장 먼저 나온 구슬은 흥국생명의 노란색. 새롭게 지휘봉을 잡은 박미희 감독을 비롯해 흥국생명 관계자들의 얼굴에 미소가 번졌다. 2순위는 현대건설, 3위는 한국도로공사. 확률 순서대로 순서가 결정됐다. 박미희 감독은 단상으로 나와 이재영의 이름표를 뽑았다. 대표팀에서 훈련하고 있던 이재영은 드래프트장에 나오지 못했다. 이재영에 이어 이다영이 2순위로 뽑혀 현대건설의 유니폼을 입었다. 한국도로공사의 하혜진까지 선명여고 동기생들이 1~3순위를 차지했다.

박미희 감독은 "1순위를 꼭 뽑고 싶었다. 세터 조송화가 성장하고 있는 중에 아웃사이드 히터가 필요해 이재영을 선택했다"고 설명했다. 그리고 곧바로 2014/15시즌부터 이재영을 주전으로 낙점했다. 데뷔전인 1라운드 GS칼텍스와의 경기에서 이재영은 11점을 올리고, 전국체전을 치르고 돌아온 즉시 KGC인삼공사와의 경기에서 16점을 올렸다. 2라운드 현대건설과의 경기에선 서브 리시브를 63개나 받고 24득점을 기록해 강력한 신인왕 후보로 떠올랐다.

하지만 상대 팀들의 집중 견제도 만만치 않았다. 이른바 한 선수를 향해 서브를 몰아 넣는 '서브 폭탄'이 이재영에게 쏟아졌다. 아웃사이드 히터들은 대체로 리시브가 잘되지 않으면 심리적으로 위축돼 공격까지 흔들린다. 그도 마찬가지였다. 상대의 집중 견제에 노출되다 보니 육체와 정신 모두 지쳐갔다. 4라운드 한국도로공사와의 경기에선 공격성공률이 0퍼센트에 그쳐 2세트 도중 교체되기도 했다.

흥국생명 역시 추락했다. 1라운드에서 1위(4승 1패)에 올랐다가 시즌의 반환점을 돈 뒤엔 4위까지 밀려났다. 세터 조송화가 이재영보다 외국인 선수 레이첼 루크에게 토스를 많이 올리는 통에 루크와 이재영 둘 다 흔들리는 일도 벌어졌다.

하지만 박미희 감독은 이재영을 강하게 키웠다. 후위로 오면 리시브가 좋은 선수로 교체해주기는 했지만 선수 스스로 이겨내게 하는 기조를 유지했다. 그러다 시즌 막판에 이재영은 완전히 살아난 모습을 보여 기대에 부응했다. 마지막 6라운드엔 MVP까지 차지했다. 비록 팀은 정규리그를 4위로 마쳐 봄 배구에 가지 못했지만 그는 경기당 득점 10위(374득점, 10위), 공격성공률 40.84퍼센트, 서브 7위(세트당 0.337개), 시간차 2위(52.94퍼센트)를 기록했다. 당연히 그해 신인왕도 그의 차지였다. 기자단 투표에서 29표 중 28표로 압도적인 지지를 얻었다. 그는 당시 이렇게 말했다.

"3라운드부터는 경기를 마친 뒤에 많이 울었어요. 부진할 때는 리시브가 부담스러워 피하고 싶었습니다. 그러던 중 그것만 이기면 된다는 생각이 들고 오기가 생기더라고요. 저녁마다 경기 영상을 보며 문제점을 분석하고 송화 언니와 호흡을 맞추는 연습도 많이 했어요. 감독님이 다른 두 선수에게 리시브를 맡기고 내게는 공격에 집중하라고 해서 자신감을 찾았어요."

2년차 징크스도 없었다. 2015/16시즌 이재영은 국내 선수 최다 득점인 498점(7위)을 올렸다. 약점으로 인식되던 그의 리시브는 어느새 강점이 됐다. 리베로들을 제치고 세 번째로 많이 리시브를 받아 효율이 36.32퍼센트에서 43.67퍼센트로 올라갔다. 흥국생명도 정규리그에서 3위를 차지해 포스트시즌 진출에 성공했다. 2010/11시즌 준우승을 거둔 이후 5년 만이었다.

그렇게 이재영은 김연경이 떠난 뒤 에이스가 없던 흥국생명의 간판선수로 우뚝 섰다. 국가대표팀에서도 입지가 커졌다. 김연경의 대각에 위치하는 아웃사이드 히터 자리를 꿰차며 주축 선수로 발돋움했다. 2016년 리우데자네이루 올림픽에서 출전해서는 준수한 실력으로 8강 진출에 힘을 보탰다.

새로운 에이스

이재영이 합류한 뒤 흥국생명은 약체 팀이라는 이미지를 벗었다. 그래도 2016/17시즌을 앞두고 흥국생명을 우승 후보로 지목하는 배구 전문가는 많지 않았다. 트라이아웃에서 늦은 편인 4순위로 타비러브를 뽑고 FA 영입 등을 통한 전력 보강도 없었기 때문이다. 오히려 수비력이 뛰어난 주예나가 실업팀으로 옮겨 전력에 공백이 생겼다. 직전 시즌 우승 팀인 현대건설과 4시즌 연속으로 챔피언결정전에 오른 IBK기업은행이 양강 구도를 형성하리라고 예상됐다.

하지만 예상과 달리 흥국생명이 초반부터 질주했다. 1라운드에서 4승 1패를 거둬 1위. 이제 2016년 11월 11일 2라운드 IBK기업은행과의 경기가 승부처였다. 이날 사람들의 관심은 토종 아웃사이드 히터들인 이재영과 IBK기업은행의 박정아에게 쏠렸다. 두 선수는 국가대표팀에서 김연경의 대각에 서는 아웃사이드 히터 한 자리를 두고 번갈아 뛰었다. 장단점도 대조적이었다. 박정아는 장신을 살린 블로킹과 공격이 뛰어나고 이재영은 공수 겸장이 돋보였다.

둘의 역학은 경기에서 그대로 드러났다. 박정아는 팀 공격의 32.39퍼센트를 책임지며 블로킹 1개를 포함해 29점(공격성공률 40.58퍼센트)을 올렸다. 그 대신 리시브는 단 한 개도 하지 않았다. 이재영은 팀 공격의 29.07퍼센트를 책임지며 블로킹 2개와 서브득점 1개를 포함해 29점(공격성공률 39.39퍼센트). 득점은 박정아와 같지만 리시브는 팀 내에서 두 번째로 많은 34개 서브를 받아 22개를 세터의 머리 위로 정확히 올렸다. 리시브효율이 무려 64.71퍼센트로 리베로 한지현(45.16퍼센트)보다 높았다. 게다가 주로 전위에서만 때린 박정아와 달리 후위공격을 10번이나 시도(4개 성공)했다.

그날 무려 세 번이나 듀스 접전이 펼쳐진 살얼음판 승부 끝에 흥국생명이 승리했다. 흥국생명이 IBK기업은행을 상대로 홈에서 이긴 건 2011년 12월 18일 이후 5년 만이었다. 그때의 승리로 흥국생명은 정상으로 갈 수 있다는 자신감을 얻었다. 이재영은 경기 뒤 해맑게 웃었다. "무릎이 너무 아파 어젯밤 하늘을 향해 '제발 내일 경기 때는 아프지 않게 해주세요, 꼭 이기게 해주세요'라고 기도했어요. 경기 중엔 잊어버리는데 가끔 고통이 느껴질 때 눈물이 나더라고요. 그 간절함을 하느님이 들어주신 것 같아요."

흥국생명은 결국 정규리그 1위를 차지했다. 직전 시즌 무릎 부상 때문에 많이 뛰지 못한 6년차 세터 조송화 또한 주전 선수로 올라섰다. 이재영과 러브를 향해 조송화가 양 갈래로 토스를 찢어주면서(길게 내주는 것) 미들 블로커 듀오 김수지와 김나희도 덩달아 살아났다. 속공 성공률에서 김수지가 1위(56.03퍼센트), 김나희가 5위(45.88퍼센트)에 올랐다.

당시 흥국생명은 완벽하지는 않아도 멤버 개개인의 능력이 최대치로 발현된 팀이었다. 물론 그 토대는 이재영의 안정된 리시브와 공격 능력에 있었다. 특유의 탄력을 살린 후위공격의 성공률을 30퍼센트대까지 끌어올린 끝에 득점 6위(국내 선수 1위)와 리시브 1위를 차지했다. 모든 걸 잘 해내야 하는 아웃사이드 히터로 그만 한 적임자가 없었다. 그해 정규리그 MVP 역시 그에게 돌아갔다.

챔피언결정전에서 흥국생명은 아쉽게도 IBK기업은행에 우승컵을 내줬다. 이재영은 경기당 평균 23.8득점에 공격성공률 38.5퍼센트를 기록했으나 역부족이었다. 그래도 올스타 투표에서 양효진을 제치고 처음 1위에 오르는 등 최고의 해였음을 증명했다. 그는 "본인에게 직접 투표했냐?"는 질문에 "노코멘트"라고 발랄하게 말했다. 실력과 끼를 겸비한 스타의 등장에 팬들도 환호했다.

10년 만의 우승

2016/17시즌을 마친 뒤 이재영은 대표팀에 합류하지 않았다. 시즌 중에 입은 무릎 부상을 치료하기 위해서였다. 차해원 대표팀 감독과 박미희 흥국생명 감독이 사전 조율했지만 대표팀은 결국 엔트리 14명 중 한 자리를 채우지 못한 채 아시아 선수권대회에 참가하기 위해 필리핀으로 떠났다. 문제는 2017년 8월 출국을 앞두고 김연경이 한 언론 인터뷰에서 발생했다. 대표팀 주장인 그가 "이번 대회엔 이재영이 대표팀에 들어와야 했다. 팀에서도 경기를 다 뛰고 훈련까지 소화한다고 들었는데 이번에 빠졌다. 결국 중요한 대회만 뛰겠다는 것 아니냐"라며 이례적으로 실명을 거론하며 공개 비판한 것이다.

주요 선수만 고생한다는 혹사 논란이었지만 리우데자네이루 올림픽이 있었던 2016년과 달리 2017년엔 올림픽이나 아시안게임 등 큰 대회가 없었다.

이재영은 억울함을 호소했다. "아직 재활 중이다. 배구공을 갖고 훈련한 지 일주일밖에 되지 않아 지금 대표팀에 가면 팀에 부담만 되리라고 생각했다"고 말했다. 이어 7월에 한 언론 인터뷰에서 그 자신이 "매일 팀 훈련 후에 나머지 훈련을 한다"고 말한 것을 두고 "정상적인 배구 훈련이 아니라 근육 강화가 잘되고 있다는 의미였는데 오해를 산 것 같다"고 해명했다. 대한배구협회에서 주요 선수들이 일부 대회에서 쉴 수 있게 먼저 배려하거나 선수들의 상황을 정확히 설명했다면 일어나지 않을 일이었다.

2017/18시즌, 부상 여파에 심적인 부담까지 안은 이재영은 초반에 부진했다. 직전 시즌 정규리그 1위까지 차지한 팀이 1라운드에서 1승 4패에 그쳤다. 2라운드 첫 경기인 한국도로공사와의 경기에서도 0-3 완패를 당해 4연패에 빠졌다.

2017년 11월 12일 GS칼텍스와의 경기에서 흥국생명은 3-0으로 이겨 반전의 계기를 마련했다. 1세트 중반 외국인 선수 테일러 심슨이 부상으로 빠진 뒤 이재영이 두 사람의 몫을 해냈다. 서브득점 3개, 후위공격 3개를 포함해 시즌 최다 득점인 25점을 올리며 승리를 이끌었다. 하지만 그의 표정은 밝지 않았다. "좀 더 잘해야겠다고 생각했습니다"라고 말한 뒤 눈물을 터뜨렸다. 당시 이렇게 말을 이었다. "힘들었지만 값진 시간이었다고 생각해요. 언니들이 도와준 덕분에 이겨낼 수 있었습니다. 내 자신에 대해 화가 나고 자존심도 많이 상했어요.”

그러나 흥국생명은 결국 정규리그를 최하위로 마쳤다. 테일러가 부상을 입어 팀을 떠난 게 결정적이었다. 족저근막염으로 남은 경기에 출전하지 못한 2015/16시즌에 이어 또 한 번 ‘먹튀’를 저지른 것. 그뿐 아니라 당시 팀은 트레이드가 이뤄지지 않아 리베로가 5명일 정도로 포지션별 전력 불균형이 심각했다. 이재영은 직전 시즌보다 더 많은 555득점을 올려 2시즌 연속으로 ‘베스트7(아웃사이드 히터)’에 뽑혔지만 빛이 바랬다.

절치부심한 흥국생명은 2018/19시즌을 앞두고 FA로 풀린 김세영과 김미연을 한꺼번에 영입하고 신인 드래프트에서 전체 1순위로 미들 블로커 이주아를 뽑았다. 여기에 폴란드 국가대표 베레니카 톰시아를 뽑아 탄탄한 멤버 구성을 갖췄다. 하지만 이재영의 컨디션이 좋지 않았다. 자카르타-팔렘방 아시안게임에 출전하는 등 대표팀에 다녀오는 사이 잔부상이 많았다. 흥국생명은 2라운드까지 3위를 유지하는 데 그쳤다.

이재영이 제 컨디션을 찾은 다음 흥국생명의 상승세가 이어졌다. 특히 2019년 1월 6일 IBK기업은행과의 경기에서 그는 세 세트 동안 42개 공격 중 23개를 성공시키고 26득점을 올리는 괴력을 뽐냈다. 백어택과 퀵오픈을 코스와 강도를 바꿔가며 자유자재로 때렸다. 3세트 듀스 상황에서도 경기를 끝내는 득점을 올려 해결사 역할을 했다. 그렇게 IBK기업은행의 4연승 도전을 저지한 흥국생명이 선두로 올라섰다. 이후 GS칼텍스와 한국도로공사 등 2위 그룹과 점점 격차를 벌려 2년 만에 다시 정규리그 1위를 차지했다.

그리고 다시 맞이한 챔피언결정전. 이재영과 흥국생명은 두 번 실수하지 않았다. 톰시아가 부진한 중에도 이재영이 에이스 역할을 톡톡히 했다. 1차전에서 23득점에 디그 22개를 기록했다. 상대 팀 한국도로공사의 파튜(파토우 듀크)와 비교해도 손색없었다.

흥국생명은 2차전을 내주고 3차전을 잡았다. 3차전은 이재영의 에이스 본능이 돋보인 경기였다. 세트 스코어 2-2로 맞선 가운데 그는 5세트에서만 8득점을 올려 그날 통틀어 34득점을 기록했다. 흥국생명은 4차전까지 따내면서 2008/09시즌 이후 10년 만에 챔피언결정전 트로피를 들어올렸다. 통합 우승으로 치면 2006/07시즌 이후 12년 만이다. 김연경 없이 이룬 첫 우승이라는 점에서 더 의미 있었다.

이재영에게도 최고의 시즌이었다. 정규리그(만장일치)와 올스타전, 챔피언결정전(만장일치) 모두에서 MVP를 독식했다. 2011/12시즌의 황연주와 함께 둘만이 해낸 업적이다. 또 624득점으로 득점 2위(국내 선수 1위)를 차지해 2008/09시즌의 김연경 이후 처음으로 한 시즌 600득점을 돌파했다. 공격뿐 아니라 수비에도 공헌해 수비 7위, 디그 7위에 올랐다.

이후 2019/20시즌 흥국생명은 고전했다. 외국인 선수 루시아 프레스코가 부진하고 2020년 도쿄 올림픽 예선에서 활약한 이재영이 무릎 인대 부상을 당한 것이 영향을 끼쳤다. 이재영은 2020년 2월 20일 KGC인삼공사와의 경기에서 트리플 크라운을 달성하며 화려하게 복귀했다. 이후 흥국생명은 그의 맹활약에 힘입어 4연승을 거두며 선두권을 맹추격했다. 그러나 코로나19로 시즌이 조기 종료되면서 결국 3위로 정규리그를 마무리했다.

학교 폭력 사건

2020년 4월 FA 자격을 획득한 이재영은 흥국생명 잔류를 선택했다. 그리고 동시에 FA가 된 동생 이다영이 현대건설을 떠나 흥국생명에 합류했다. 공교롭게도 쌍둥이를 영입하고 시즌 준비를 하려던 상황에서 김연경의 국내 무대 복귀가 이뤄졌다. 코로나19 펜데믹 상황에서 해외 생활을 이어가기 어렵던 중에 흥국생명으로 돌아온 것. 다들 슈퍼 팀이 결성된 흥국생명이 승승장구하리라고 예상했다. 컵대회 결승에서 GS칼텍스에 패하기는 했지만 정규리그가 개막하자마자 10연승을 기록하며 단단한 전력을 뽐냈다. 그러나 이다영과 김연경 간의 불화가 밖으로 드러나면서 팀이 흔들리기 시작했다.

둘의 불화가 사실인 것으로 드러나면서 새로운 사건까지 발생했다. 이다영이 SNS에서 김연경을 계속 비난한 게 계기가 돼 과거 학창 시절 그가 동료 선수를 괴롭힌 사실이 밝혀졌다. 피해자들이 인터넷 커뮤니티 게시판에 폭로 글을 올린 것이다. 그들은 이다영이 '피해자인 척 목소리를 내는 게시물을 보고 화가 치밀어 올랐다'고 이유를 설명했다. 이후 다른 피해자들의 진술이 추가로 이어지면서 여론이 건잡을 수 없이 나빠졌다.

결국 흥국생명 측은 사실상 이재영과 이다영의 과거 학교 폭력을 시인하고 무기한 활동 중지라는 자체 징계를 내렸다. 2021년 2월 자매는 SNS에 해당 사실을 인정하는 자필 사과문을 올리고 숙소를 떠났다. 이후 한국배구협회는 쌍둥이의 국가대표 자격을 제한하는 징계를 내렸다. 한국배구연맹은 오랜 시간이 지나 폭행 입증이 어렵고 처벌 근거가 없다는 이유로 별도 처벌을 하지 않았다. 하지만 그 사건 이후 체육계 전체에 학교 폭력 관련 '미투'가 이어지기도 했다.

결국 흥국생명은 배구 팬과 대중들의 비난을 거스르지 못하고 2020/21시즌이 끝난 뒤 자매들과의 재계약을 포기하고 선수 등록 명단에서 뺐다. 그러던 와중에 국내 무대에서 설 자리를 잃은 두 자매는 그리스 리그의 구단 PAOK로 동시에 이적했다. 사태는 악화 일로를 걸었다. 사실 여부를 떠나 두 선수의 진심 어린 사과, 피해자들과의 원만한 화해를 기대했던 팬들은 냉담한 반응을 보였다.

이재영은 그리스로 떠난 지 한 달도 안 돼 왼쪽 무릎 부상으로 시즌 도중 한국으로 돌아왔다. 이후 수술과 재활을 하느라 그리스로 돌아가지 못했다. 2022/23시즌을 앞두고 페퍼저축은행이 이재영 영입을 고려했으나 언론 보도가 나간 뒤 그의 V리그 복귀를 두고 비난이 쏟아지자 포기하고 말았다. 이다영은 그리스에 이어 루마니아를 거쳐 프랑스 리그로 이적해 현재 선수 생활을 이어가고 있다.

5회 우승에 빛나는 '클러치박'
박정아

- 2017/18시즌 -

2018년 3월 13일 김천체육관에서 열린 챔피언결정전 1차전 5세트. IBK기업은행은 한국도로공사를 상대로 14-10, 매치포인트를 따내며 승리를 눈앞에 뒀다. 하지만 한국도로공사는 박정아의 공격을 시작으로 연속 득점을 올리며 승부를 듀스로 끌고 갔다. 그리고 15-15에서 그의 스파이크가 폭발하면서 경기가 뒤집어졌다. 박정아가 IBK기업은행 김희진의 공격을 잘 막아냈고 다시 넘어온 공을 메디가 때렸으나 밖으로 나갔다. 패배 직전에 거둔 대역전승.

기세를 탄 한국도로공사는 2차전, 3차전을 내리 따내며 3연승으로 정상에 올랐다. 6개 팀 중 유일하게 우승이 없던 한국도로공사가 처음으로 정상에 오르는 순간이었다. 챔피언결정전 MVP는 경기당 평균 23.3점을 올린 박정아에게 돌아갔다. IBK기업은행을 떠나 FA

로 한국도로공사의 유니폼을 입자마자 네 번째 우승 반지를 끼며 '우승 청부사'라는 기분 좋은 타이틀을 얻었다.

슈퍼 루키 박정아

처음엔 '피구가 배구인 줄 알았다'던 박정아는 초등학교 4학년 때 배구를 시작했다. 부산 남성여고 시절에는 기대주로 꼽혔다. 185센티미터의 큰 키에 백어택 능력을 갖춰 그때 벌써 국가대표가 됐다. 1993년 3월생인데도 학교에 일찍 들어가 1994년생들과 함께 입학한 걸 감안하면 더욱 놀라운 일이다.

하지만 박정아는 드래프트 대상이 아니었다. 제6 구단으로 창단을 준비하던 IBK기업은행이 신생 팀 창단 조건에 따라 3개 학교를 우선 지명했기 때문이다. IBK기업은행은 국가대표인 김희진, 채선아, 이나연이 있는 중앙여고, 배구 명문인 선명여고, 박정아가 있는 남성여고를 선택해 10명을 선발했다.

고교 배구에선 장신 선수에게 날개 공격수와 미들 블로커를 동시에 맡기는 일이 잦다. 높은 블로킹을 활용하면서 스피드가 느려도 타점으로 상대를 압도할 수 있는 레벨이기 때문이다. 미들 블로커도 날개 공격수들이 주로 하는 오픈공격을 책임진다. 박정아 역시 그랬다. 하지만 이정철 IBK기업은행 감독은 고교 시절 미들 블로커와 날개 공격수를 오갔던 그의 포지션을 아웃사이드 히터로 고정했다. 그 대신 그의 장점인 공격력을 살리기 위해 조치를 마련했다. 수비력이 좋은 박경낭과 리베로 김민주에게 서브를 받게 하고 박정아에겐 리시브를 면제했다.

부담을 던 박정아는 화려하게 날아올랐다. 입단 첫해인 2011/12 시즌 화끈한 공격력을 선보이며 득점 11위에 올랐다. 강훈련에 코피까지 터뜨리면서도 경기에 출전할 정도로 승부욕을 불태운 그는 입단 동기이자 두 살 많은 김희진과 신인왕 경쟁을 벌인 끝에 22표 중 16표를 얻어 수상의 영광을 누렸다.

외국인 선수 수준의 공격력을 지닌 박정아와 김희진을 보유한 덕에 IBK기업은행은 승승장구했다. 첫해엔 4위에 머물렀지만 창단 2년째인 2012/13시즌에 첫 우승을 차지했다. 이후 5시즌 연속으로 챔피언결정전에 오르며 우승 3회, 준우승 2회를 거머쥐었다.

리우의 눈물

6인제 배구는 로테이션 시스템을 쓴다. 모든 선수가 서브를 넣기 위해서다. 사이드아웃(수비 팀이 득점해 서브권을 가져오는 것)이 일어날 때마다 선수들은 시계 방향으로 위치를 바꿔야 한다. 하지만 선수들의 특성이 다르기 때문에 똑같이 리시브와 공격, 토스를 하지 않고 포지션을 정해 역할을 맡는다. 박정아는 프로에 오면서 주로 왼쪽에서 공격하는 아웃사이드 히터로 뛰었다. 아웃사이드 히터는 코트의 6명 중 2명이 맡는다. 보통은 수비 전문 선수인 리베로까지 합쳐 총 3명이 상대의 서브를 받는다. 보통 아웃사이드 히터 중 한 명은 공격이 좋은 선수, 나머지 한 명은 수비가 좋은 선수를 기용한다.

하지만 IBK기업은행은 로테이션에 따라 다르지만 박정아는 거의 리시브를 안 받는 시스템을 썼다. 적어도 리그에선 완벽했다. 박정아와 김희진, 외국인 선수로 이어지는 삼각 편대가 상대를 초토화했기 때문이다. 그러다 보니 단점도 생겼다. 박정아의 리시브 능력이 좀처럼 향상되지 못한 것이다. 이는 그의 발목을 붙잡게 된다.

박정아는 국가대표로도 꾸준히 뽑혔다. 2016년 리우데자네이루 올림픽 최종예선에선 2차전 네덜란드와의 경기가 백미였다. 박정아는 선발로 나서 13득점을 올리며 김연경(24점) 다음으로 많은 득점을 올렸다. 그러나 석 달 뒤 본선 8강에서 만난 네덜란드는 그를 상대로 목적타 서브를 집요히 넣었다. 예선과 달리 그는 큰 활약을 보여주지 못했다. 서브 리시브를 제대로 못 하는 중에 공격에서도 김연경을 돕지 못했다. 결국 4강 진출에 실패했다.

일부 팬과 언론들은 박정아에게 비난의 화살을 돌렸다. 그가 범실 13개를 저지르는 등 저조했던 건 사실이다. 하지만 '23실점'('실점'은 배구에서 쓰지 않는 용어다)이라는 표현까지 써가며 희생양으로 몰아갔다. 평소 배구를 보지 않던 이들까지 그의 SNS에 몰려가 댓글을 남겼다. 결국 그는 자신의 SNS를 비공개로 전환했다. 상처를 받고 눈물도 많이 쏟았다. 이정철 감독은 기자들에게 "올림픽 관련 질문은 삼가해달라"고 부탁하기도 했다. 5년 뒤 김연경의 유튜브 채널에 출연해서도 "박정아에게 리우 올림픽이란?"이라는 질문을 받자마자 눈이 빨개질 만큼 그에게 큰 트라우마로 남았다.

우승 청부사

2017/18시즌을 앞두고 박정아는 처음 FA 자격을 얻었다. 그리고 한국도로공사 이적을 결정했다. "IBK기업은행에 남는다면 더 편할 것이다. 하지만 새로운 배구를 해보고 싶다"고 말했다. 그가 말한 도

전은 리시브 능력까지 키워 완벽한 아웃사이드 히터로 성장하는 것이었다. 그러나 순탄하지 않았다. 리시브 훈련 시간을 늘려가며 노력했지만 하루아침에 되지 않았다. 상대 팀은 더욱 집요히 그를 공략했다. 결국 김종민 한국도로공사 감독은 그를 설득해 '2인 리시브' 체제를 꾸렸다.

때마침 한국도로공사엔 리그 정상급 리베로 임명옥이 있었다. 리시빙 아포짓 스파이커인 문정원은 발이 빠르고 리시브가 좋았지만 공격력이 다소 아쉬웠다. 임명옥과 문정원, 둘이 리시브를 전담하고 박정아는 공격에 집중했다. 결과는 성공적이었다. 1라운드를 2승 3패로 마친 뒤 한국도로공사는 서서히 경기력을 끌어올렸다. 결국 6라운드 흥국생명과의 경기에서 3-0 승리를 거두며 정규리그 우승을 확정했다. 2014/15시즌 이후 3년 만이었다.

사실 박정아는 시즌 내내 기복이 심했다. 경기 초반에 잘 풀리지 않다가 뒤늦게 살아나거나, 초반에 좋다가도 후반에 무너지는 경향이 종종 있었다. 그의 컨디션에 따라 경기 결과가 달라질 때도 많았다. 하지만 후반으로 갈수록 나아졌다. 결국 득점 8위, 공격성공률 9위, 백어택 8위에 오르는 등 국내 선수 중에선 단연 돋보이는 활약을 해냈다.

운명의 장난처럼 만난 챔피언결정전 상대는 전 소속 팀인 IBK기업은행. 모든 이의 시선이 친정 팀을 만난 박정아에게 쏠렸다. 공교롭게도 박정아는 IBK기업은행을 상대로 성적이 좋지 않았다. 그에 대해 훤히 알고 있는 IBK 코칭스태프와 선수들이 철저한 분석을 마치고 공격 코스를 지켰기 때문이다. 멘털적인 면도 있었다.

박정아는 "선수라면 당연히 이기고 싶은데 IBK기업은행을 만나면 더 이기고 싶었다. 그래서인지 경기력이 잘 안 나왔다"고 말했다. 정규리그 5, 6라운드 맞대결에서 한국도로공사는 IBK기업은행에 패했다. 시즌 막판 외국인 선수 이바나 네소비치가 어깨 부상에 시달리면서 박정아의 부담이 커졌다.

그러나 '챔피언결정전의 박정아'는 달랐다. 가장 중요한 1차전에서 공격성공률 49.01퍼센트를 기록하며 27점을 쏟아부었다. 이바나가 공격성공률 33.33퍼센트(28점)를 올리며 생각만큼 해주지 못했으나 박정아가 공백을 완벽히 메웠다. IBK기업은행의 주포 메디가 44득점을 터뜨렸지만 박정아가 찬스 때마다 득점을 올린 끝에 한국도로공사가 첫 경기를 따냈다.

기세를 탄 한국도로공사는 2차전에서도 이겼다. 박정아는 무려 공격성공률 51.1퍼센트에 24득점을 올리며 메디(49.29퍼센트, 25득점)와 대등하게 맞섰다. 안방 김천에서 2연승을 거둔 한국도로공사는 적지인 화성에서 열린 3차전에서도 승리하며 창단 이래 첫 우승의 기쁨을 누렸다. MVP(29표 중 26표)는 당연히 박정아의 차지였다.

그는 이로써 개인 네 번째 우승을 기록했다. 그러면서 우승 청부사 이미지와 함께 '클러치박'이라는 별명을 공고히 했다. 사실 그 전까지 그 별명은 마냥 좋은 의미로만 쓰이지 않았다. 때때로 흔들리다가 중요한 상황에서만 잘한다는 뜻도 있었다. 그러나 이제는 정말 해결사로서 우뚝 섰다. 이바나도 "박정아의 팬이 됐다. 그의 정신력이나 게임에 임하는 자세 등은 최고였다"고 극찬했다.

대표팀에서도 그는 한층 성장한 모습을 보였다. 여전히 리시브 능력이 뛰어나다고는 할 수 없지만 성숙한 모습을 보이며 김연경의 대각선 위치를 든든히 지켰다. 특히 2021년 열린 도쿄 올림픽에서 달라진 모습을 보였다. 예선 도미니카공화국과의 경기에서 19개 서브를 받았는데 범실은 2개뿐이고 '정확'으로 기록된 리시브(세터가 두세 걸음 안에 토스할 수 있게 올려주는 리시브)는 8개였다.

당시 조별리그에서 맞붙은 한일전은 '인생 경기'라 할 수 있었다. 세트 스코어 2-2로 맞선 5세트 12-14에서 연속 공격으로 득점을 따내 듀스를 이끌어내더니 15-14에선 절묘한 쳐내기 공격으로 경기를 마무리 지었다. 박정아는 "(리우 올림픽 때보다) 마음가짐을 더 단단히 했다. 이번엔 좋은 경기를 펼치기 위해 준비를 많이 했다"고 말했다. '클러치박'의 각성을 앞세워 대표팀은 2012년 런던 올림픽 이후 9년 만에 4강 진출에 성공했다.

두 번째 별까지

박정아는 2017/18시즌 우승 이후 한국도로공사의 주축 선수로 꾸준히 활약했다. 2018/19시즌엔 프로 데뷔 후 처음으로 500득점(588점)을 돌파하기도 했다. 2020년 또 한 번 FA 자격을 얻었을 때는 3년 총액 17억 4천만 원에 재계약했다. 한국도로공사는 그가 입단한 뒤 2019/20시즌에 최하위를 했을 뿐 5년 동안 우승 1회, 2위 2회를 차지하며 인기 팀이 됐다.

대표팀에선 2021년 도쿄 올림픽을 마지막으로 태극마크를 내려놓은 김연경을 대신해 주장을 맡았다. 하지만 김연경과 양효진이 빠지면서 대표팀의 경기력은 크게 떨어졌다. 김연경은 "사실 서로 자주 연락하는 사이는 아니었는데 정아가 대표팀 주장이 된 뒤 친해졌다. 많이 힘들어할 때 서로 의견을 나눴다"고 했다. 결국 2022년 내내 대표팀은 고전하고 박정아도 힘든 상태로 한국도로공사에 복귀했다.

2022/23시즌에 들어 한국도로공사는 힘겨운 여정을 이어갔다. 외국인 선수 카타리나 요비치가 기대에 못 미치고 박정아는 컨디션 난조를 겪어 개막전에서 뛰지 못했다. 박정아는 2라운드 중반에 기량을 되찾았지만 오프시즌 동안 휴식하지 못한 탓에 체력 저하를 보였다. 그렇게 한국도로공사는 올스타 휴식기 전까지 저조한 모습을 보였다. 그러나 4라운드를 앞두고 V리그 경험이 있는 캣벨이 합류하고 박정아도 다시 경기력을 끌어올리면서 정규리그를 3위로 마치고 포스트시즌 진출에 성공했다. 그 와중에도 박정아는 526득점을 올렸다.

그해 봄 배구의 주인공은 한국도로공사였다. 2위 현대건설을 플레이오프에서 물리치고 챔피언결정전에 진출했다. 챔피언결정전의 상대는 김연경이 버티고 있는 흥국생명. 2연패를 당하고 김천으로 돌아온 한국도로공사 선수들은 체력도, 정신력도 떨어져 있었다. 그래도 챔피언결정전까지 왔는데 한 판도 못 따고 끝날 게 아니라 지더라도 한번 미친 듯이 해보자는 마음으로 3차전에 나섰다.

3차전에서 한국도로공사가 1세트를 내주면서 흥국생명의 3연승으로 끝나는 듯했다. 그런데 2세트 20-20에서 교체 투입된 신인 이예은이 위력적인 서브를 성공시킨 덕에 역전에 성공했다. 기세를 탄 끝에 한국도로공사가 3세트까지 따냈다. 4세트 16-20으로 뒤진 상황에서 김종민 감독은 체력이 떨어져 코트 밖에 나와 있던 박정아와 캣벨을 다시 투입했다. 그게 기적의 시작이었다.

캣벨과 박정아가 연달아 득점을 올렸다. 박정아는 스파이크를 때린 뒤 휘청거리는 모습으로 벤치로 걸어가 하이파이브를 했다. 결국 한국도로공사는 기적 같은 역전승을 거두며 '4차전'을 만들어냈다. 김종민 감독은 "솔직히 4세트를 포기했었다. 점수 차가 더 벌어지면 박정아를 투입하지 않으려 했다"고 말했다. 한국도로공사는 4차전까지 승리하며 2승 2패로 승부의 균형을 맞췄다.

흥국생명의 안방인 인천 삼산월드체육관에서 열린 5차전도 5세트까지 가는 대접전이었다. 한국도로공사가 13-12로 앞선 상황에서 박정아가 회심의 스파이크를 때렸을 때 주심이 비디오 판독을 요청했다. 확인 결과 공은 사이드라인을 살짝 벗어났다. 하지만 김종민 감독이 추가 판독을 요청했다. 블로커 터치아웃 여부. 여자배구에서는 좀처럼 3인 블로킹을 하지 않는데 박정아가 때린 공이 옐레나의 새끼손가락을 살짝 스친 게 확인됐다. 14-12 챔피언십 포인트. 흥국생명이 이주아의 블로킹으로 13-14를 만들었지만 박정아가 쳐내기 공격으로 승부를 마무리했다. 챔피언결정전 사상 최초로 2연패 뒤 3연승을 거둔 리버스 스윕이 완성되는 순간이었다. 한국도로공사에 입단한 첫해 우승을 안긴 박정아는 5년 만에 다시 팀에 별을 안기고 자신 또한 통산 다섯 번째 우승을 경험했다.

페퍼저축은행에서의 도전

한국도로공사와 박정아의 인연은 거기까지였다. 세 번째 FA 자격을 얻은 박정아의 다음 행선지는 광주광역시였다. 페퍼저축은행과

여자배구 역대 최고액 계약(3년 22억 5천만 원)을 맺고 붉은색 유니폼을 입었다. 2021년 창단하고 2시즌 연속으로 최하위를 차지한 페퍼저축은행은 박정아와 함께 채선아까지 영입했다. 아헨 킴 감독이 개막을 앞두고 팀을 떠나는 불상사가 있었지만 조 트린지 차기 감독도 박정아에게 큰 기대를 걸었다. 팀 전력상 리시브까지 맡아야 했지만 그는 "어차피 최하위라 더 떨어질 데도 없다. 부담 없다"고 말했다.

페퍼저축은행은 2023/24시즌에도 최하위에 그쳤다. 대표팀 역시 세대교체의 여파로 부진하면서 박정아로서는 두 배로 힘든 시즌을 보내야 했다. 그래서 박정아에게도, 페퍼저축은행에게도 2024/25시즌은 명예 회복이 걸린 중요한 무대다.

‘미친 디그’ 수비의 경지
김해란

- 2018/19시즌 -

난초꽃 향기는 오묘하다. 자극적이지 않고 은은한 향이 매력적이다. 배구의 리베로가 그렇다. 화려한 공격수처럼 돋보이지는 않지만 상대의 스파이크를 받아내는 모습은 팬들의 아낌없는 박수를 자아낸다. 2023/24시즌을 끝으로 은퇴한 ‘미친 디그’ 김해란이 대표적이다.

V리그가 출범하기 전인 2002년 한국도로공사에 입단한 그는 17년 동안 리그를 대표하는 리베로로 활약했다. 국가대표로도 많은 대회에 출전했다. 하지만 프로 무대에선 오랫동안 우승과 인연을 맺지 못했다. V리그에서 뛴 지 무려 15시즌 만에 흥국생명에서 정상에 오르는 감격을 누렸다.

또 하나의 이정표도 세웠다. 출산하고 돌아와 코트를 누빈 역대 세 번째 선수가 됐다. 미들 블로커였던 장소연과 정대영과 달리 그는 순발력이 중요한 리베로였는데도 복귀에 성공했다. 출산으로 쉰 한 해(2020/21시즌)를 제외하면 프로 무대에서 20년간 활약했다.

발목 부상과 천직

김해란은 "열두 살 때 키가 166센티미터"였다고 했다. 큰 키를 살리려고 자연스럽게 공격수 포지션을 맡았다. 마산제일여중을 거쳐 마산제일여고에 가서도 줄곧 중앙 공격수로 뛰었다. 키는 168센티미터에서 멈췄지만 순발력과 운동신경이 탁월했다. 미들 블로커였지만 리시브도 곧잘 하고 사이드에서 공격도 하는 등 다재다능했다.

하지만 고등학교 졸업을 앞두고 발목 부상을 당했다. 복숭아뼈가 다섯 조각이 날 정도로 크게 다쳐 수술을 피할 수 없었다. 김해란은 당시를 이렇게 떠올렸다. "실업팀에 가는 것만 생각하다가 다쳐서 걱정이 많았어요. 어느 팀에서도 뽑지 않을 것이라는 얘기를 듣고 유급하려 했죠. 그런데 한국도로공사가 뽑겠다고 나섰습니다." 전체 1순위로 뽑혀 함께 한국도로공사에 입단한 동기 한송이는 "해란이가 발목만 다치지 않았다면 1라운드에서 뽑혔을 것"이라고 했다.

김해란은 입단하자마자 재수술을 받았다. 그리고 포지션을 리베로로 바꿨다. 열일곱 살 때 유스대표팀에서 리베로를 맡은 적이 있지만 정식으로 해본 건 그때가 처음이었다. "사실 대표팀에서 힘든 기억이 있어 다시는 리베로를 안 하려고 했는데, 어리다 보니 팀에서 하라는 대로 했죠. 그런데 돌아보면 좋은 선택이었어요. 그 덕분에 선수 생활을 오래할 수 있었죠." 연습 시간이 쌓이면서 좋은 결과가 나왔다. "외국인 선수들이 오고부터는 파워가 달라 공격을 막기가 힘들었습니다. 나는 고지식한 편이라 그냥 연습을 더 많이 했어요. 코치님들, 특히 박종익 코치님이 공을 많이 때려줬죠."

그의 말대로 리베로는 '천직'이었다. 순발력이 뛰어난 그는 상대의 서브를 척척 받고 공격을 걷어 올렸다. 빠르게 주전을 꿰찬 다음 리그 정상급 선수로 발돋움했다. 2005년 V리그가 출범한 뒤에도 꾸준히 활약해 수비상을 3차례(2007/08, 2008/09, 2011/12시즌)나 받았다. 팀에서도 인정받아 리베로인데도 한때는 팀 내 최고 연봉을 받기도 했다. 2005년 아시아클럽선수권에서도 리시브상을 받았다. 태극마크도 자주 달았다. 2006년부터 사실상 붙박이로 리베로 자리를 차지했다. 2012년 런던 올림픽에서 한국이 4강에 오르는 데도 기여했다. 프로배구 10주년을 맞이해 선정한 '베스트7'에도 당당히 뽑혔다.

하지만 한국도로공사는 우승과는 인연이 멀었다. V리그 원년에 정규리그 1위를 차지했지만 챔피언결정전에서 KT&G의 벽을 넘지 못했다. 2005/06시즌엔 정규리그 2위를 차지해 챔피언결정전에 올라갔지만 김연경이 이끄는 흥국생명에 패했다. 2006/07시즌엔 3위를 기록했으나 현대건설과의 플레이오프에서 져 챔피언결정전 진출에 실패했다. 이후 3시즌 연속으로 봄 배구에 나서지 못했다.

그래도 작은 수확을 거뒀다. 2011년 컵대회에서 프로 출범 이후 처음으로 정상에 올랐다. 당시 한국도로공사는 국가대표 선수들이 차출되고 외국인 선수가 합류하지 않은 상태에서 8명으로 대회에 나섰다. 황민경과 하준임, 임효숙, 김선영, 이재은, 최윤옥 등이 똘똘 뭉쳐 4연승을 달린 끝에 결승까지 오르고 KGC인삼공사를 3-2로 꺾어 우승을 차지했다. 챔피언결정전 준우승 2회, 컵대회 준우승 3회만 하다가 천신만고 끝에 차지한 우승 트로피였다. 김해란은 이렇게 떠올렸다. "웜업존에 선수가 딱 한 명밖에 없었어요. 너무 힘들었지만 선수들끼리 똘똘 뭉쳐 거둔 우승이라 더욱 기억에 남아요. 그때 뛴 선수들끼리 모임을 만들었는데 지금까지 만나고 있어요." 2013년 6월 15일엔 내셔널리그 축구 팀 대전 코레일에서 뛰던 조성원 관동대 축구부 코치와 결혼했다.

원치 않은 이적, 스스로 택한 이적

2015년은 김해란에게 잊히지 않는 해다. 13년 동안 정들었던 한국도로공사를 떠나야 했기 때문이다. 임명옥과 자리를 맞바꾸는 형태로 KGC인삼공사로 이적했다. 이성희 KGC인삼공사 감독이 영입 의사를 한국도로공사에 전하고 여러 카드를 맞춘 끝에 결국 같은 포지션의 선수끼리 바꾸는 트레이드가 성사됐다. 한 배구 관계자는 "이호 (한국도로공사) 감독이 김해란을 꼭 집어 보내려고 한 건 아니지만 부상을 당한 뒤라 받아들인 것으로 안다"고 전했다. 김해란은 2014/15시즌 올스타전 중간에 팬 서비스 차원에서 후위공격을 하다 무릎 인대를 다쳤다. 결국 그해 시즌이 끝날 때까지 돌아오지 못했다.

당시 대전에서 만난 김해란은 덤덤히 말했었다. "부상 때문이라고 생각하면 이해는 됐어요. 섭섭하기는 했지만 지금 생각해보면 이적을 계기 삼아 더 독하게 재활할 수 있었어요." 당시 KGC인삼공사는 하위권에서 허덕이고 있었다. 이성희 감독의 기대대로 김해란은 리더가 되어 팀을 이끌었다. 그런 김해란을 이감독은 시즌 내내 입이 마르도록 칭찬했다. 김해란의 말이다. "팀을 옮기면서 느낀 게 많았어요. 그동안 내가 먼저 후배들을 챙겼어야 했는데 그러지 못했다는 후회가 들었어요. 후배들이 거리감을 느끼지 않게 소통하고 먼저 배려해야겠다는 깨달음을 얻었습니다. 이적 직후 바닥에서부터 다시 시작한다는 마음으로 '올라가보자'는 말을 후배들에게 했어요."

KGC인삼공사의 유니폼을 입은 김해란은 언제 다쳤냐는 듯 빠르게 예전 기량을 되찾았다. 리시브효율이 50퍼센트를 넘는 중에 디그 1위를 2시즌 만에 되찾았다. 통산 '1만 수비(디그 6583개+리시브 3420개)'도 리그 사상 최초로 돌파했다. 2016년 2월 1일 현대건설과의 경기에선 대기록을 세웠다. 무려 상대 스파이크를 54개나 받아냈다. 상대가 공격하면 받고 또 받아내는 신기에 가까운 디그쇼를 펼칠 때마다 관람석에서 감탄사가 터져 나왔다. 물론 종전 기록(53개)도 자신이 갖고 있었다. KGC인삼공사의 주포 알레나는 "김해란이 팀을 정말 잘 리드한다. 수비할 때는 일부러 그에게서 떨어진다. 더 많은 구역을 수비해달라는 뜻"이라며 웃었다.

팬들은 그런 김해란에게 '미친 디그'라는 별명을 선물했다. 30대 중반의 나이에도 꾸준한 기량을 유지하기 위해 식단도 조절했다. "조금만 흔들려도 '이제 안 된다'라는 소리를 들을까 봐 겁이 났어요. 먹는 것 하나하나 신경을 썼죠. 예전엔 치킨이나 인스턴트 음식이 당기면 망설이지 않았는데 이제는 자연스럽게 밥을 챙겨 먹고 있어요." 그보다 더 중요한 건 심장. "리시브는 어렵습니다. 해도 해도 실력이 늘지 않는 게 리시브예요. 중요한 건 경기 당일의 컨디션과 자신감이에요. 내 경우엔 실수해도 티를 내지 않으려고 노력해요. '미안'이라고 말한 뒤 바로 마음을 잡아요. 속으로는 나도 무섭지만 믿고 따르는 다른 선수들을 생각하면 불안한 마음을 내색할 수 없어요."

하지만 KGC인삼공사에서도 그는 우승 타이틀을 거머쥐지 못했다. 2015/16시즌엔 최하위에 그쳤다. 서남원 감독이 부임한 2016/17시즌에는 초반 돌풍을 일으켰으나 힘이 부쳤다. 컵대회에서 결승까지 올랐으나 1세트에서 김해란이 오른쪽 팔꿈치에 부상을 입어 빠지면서 준우승에 그쳤다. 다행히 큰 부상이 아니었던 터라 곧바로 돌아와 팀을 정규리그 3위로 끌어올렸다. 하지만 플레이오프에서 탈락하며 챔피언결정전까지 가지는 못했다. 알레나가 포스트시즌 중간에 부상을 입은 게 결정적이었다.

FA 자격을 얻었을 때 김해란은 예상을 뒤엎고 흥국생명으로 이적했다. 한국도로공사에 이어 KGC인삼공사에서도 만난 서남원 감독과의 호흡은 좋았지만 현실적인 조건을 무시할 수 없었다. 당시만 해도 KGC인삼공사는 투자에 인색한 편이었다. 나중에 현대건설까지 영입전에 가세했지만 결국 2년 2억 원이라는 좋은 조건을 제시한 흥국생명이 그를 품에 안았다. 김해란은 이렇게 돌아봤다. "KGC인삼공사 생활은 좋았어요. 당시 이적을 통해 선수 생활 전반을 돌아볼 터닝 포인트로 삼았죠. 2년 동안 선수들이 너무 잘 따라주고 분위기도 좋았어요."

2017/18시즌 흥국생명은 외국인 선수 테일러의 부상과 불성실한 태도 때문에 시즌 내내 고전하다 최하위에 머물렀다. 하지만 이재영의 성장과 김해란의 건재를 확인했다. 김해란은 디그 797개를

기록해 당시 나현정이 갖고 있던 '단일 시즌 최다 디그' 기록(789개, 2016/17시즌 GS칼텍스)을 일찌감치 경신했다. 박미희 감독의 부탁에 따라 주장을 맡은 김해란은 묵묵한 리더십으로 선수들을 이끌었다. FA 보상선수로 이적해온 선배 남지연과도 좋은 관계를 유지했다. 대표팀에도 꾸준히 발탁됐다. 2012년 런던 올림픽에 이어 2016년 리우데자네이루 올림픽에도 출전하고 2017년 월드그랑프리엔 최고참으로 출전했다.

기다렸던 최고의 자리

김해란이 처음 계획했던 '은퇴 나이'는 서른 살이었다. 하지만 선수 생활을 이어가는 동안 목표한 나이를 서른셋으로 올려 잡았다. 남편도 현역 생활을 연장하는 아내를 응원하며 출산을 자연스레 조금씩 미뤘다. 그렇게 한 해 두 해 은퇴는 미뤄졌다. 하지만 한 가지가 부족했다. 바로 우승이었다. 김해란은 "당연히 우승하고 싶지만 욕심내지 않아요"라고 말하면서도 마음속엔 우승 직후 은퇴한 김사니처럼 화려한 결말을 그리고 있었다.

2018/19시즌을 앞두고 흥국생명은 완전히 다른 팀이 됐다. 미들블로커 김세영과 서브가 뛰어난 김미연이 합류했다. 5년차를 맞은 이재영은 리그 최고의 아웃사이드 히터로 성장해 있었다. 톰시아의 기량도 준수하고 신인 이주아도 빠르게 팀에 녹아들었다. 김다솔과 신연경도 코트에 들어갈 때마다 자기 역할을 해냈다. 리베로가 5명이나 있는 반면 미들 블로커 자원이 부족했던 지난 시즌과는 달랐다. 김해란은 이렇게 회상했다. "너무 힘든 1년을 보냈어요. 김세영과 김

미연 선수가 오면서 할 수 있겠다는 생각이 들었어요. 어차피 프로팀의 목표는 우승이지만 워낙 전년 성적이 좋지 않아서 우선 플레이오프 진출을 목표로 삼았죠."

출발도 괜찮았다. 개막전에서 리그 데뷔전을 치른 톰시아가 30점, 이재영이 19점을 올리며 KGC인삼공사를 꺾었다. 김해란의 컨디션도 절정이었다. 무려 디그 37개에 리시브효율 84.2퍼센트를 기록했다. 이재영이 대표팀에 다녀온 여파로 컨디션이 들쭉날쭉했지만 흥국생명은 차츰차츰 승수를 쌓아 올렸다. 1라운드 3승 2패, 2라운드 3승 2패, 3라운드 4승 1패, 4라운드 4승 1패. 순위도 3위에서 2위, 2위에서 1위로 올라섰다. 그 뒤에 김해란이 버티고 있었다. 데뷔한 이래 가장 높은 리시브효율(53.14퍼센트)과 세트당 디그 (6.745개)를 기록했다. 커리어 하이였다. 이재영과 김해란이 구축한 수비 라인은 견고하고 흔들림이 없었다. 2019년 1월 27일 현대건설과의 경기에선 디그 27개를 성공시키며 남녀 최초로 통산 9000개를 돌파했다.

5라운드에서도 흥국생명은 한국도로공사에만 한 번 졌을 뿐 선두 행진을 이어갔다. 박미희 감독이 "김해란이 있어 수비가 든든해진 덕분에 팀이 잘 풀리고 있다. 5라운드 MVP를 받으면 좋겠다"고 말하기도 했다. 리베로의 라운드 MVP 수상은 사실상 어려운 일. 아쉽게도 5라운드에서 한국도로공사가 전승을 거두면서 그 팀의 문정원이 수상했지만 그만큼 김해란의 경기 지배력은 대단했다.

6라운드 한국도로공사와의 맞대결에서 흥국생명은 또다시 1-3으로 져 위기에 몰렸다. 두 팀 모두 한 경기씩을 남겨둔 상황에서 앞날을 점치기 어려웠다. 하지만 흥국생명은 현대건설과의 마지막 경기에서 3-1 승리를 거둬 챔피언결정전 직행을 확정했다. 2년 만이자 통산 다섯 번째 정규리그 우승. 김해란으로선 2005/06시즌 이후 무려 13년 만에 챔피언결정전 무대를 밟게 됐다.

챔피언결정전의 상대는 한국도로공사였다. 마산중앙고 동기인 김종민 한국도로공사 감독과 차상현 GS칼텍스 감독의 대결로도 눈길을 끈 플레이오프는 3경기 연속으로 풀세트 접전을 벌인 끝에 한국도로공사의 승리로 끝났다. 흥국생명으로선 상대가 긴 접전을 치르고 올라온 건 나쁘지 않았지만 그 상대가 정규리그에서 유일하게 상대 전적(2승 4패)에서 뒤진 한국도로공사인 건 달갑지 않았다. 게다가 4~6라운드에 걸쳐 흥국생명을 이긴 한국도로공사의 선수들은 자신감을 보였다. 김해란으로선 마산제일여고 출신 2년 후배인 임명옥과 수비 대결을 벌여야 했다.

대망의 1차전. 흥국생명은 1세트를 25-13으로 쉽게 따낸 다음 2세트를 어이없게 10-25로 넘겨줬다. 김해란은 이렇게 돌아봤다. "한국도로공사가 힘들게 올라온 것을 보고 잠깐 마음을 놓았어요. 뭔가 '아, 쉽겠다'라는 안일한 생각이 좀 있었던 것 같아요. 그래서 다시 집중해야 했습니다." 3세트부터 재정비한 흥국생명은 4세트에서 듀스 접전까지 간 끝에 에이스 이재영의 활약을 앞세워 승리했다.

그러나 2차전에서 파튜와 박정아를 앞세워 한국도로공사가 반격에 성공했다. 다시 승부처인 3차전에서 흥국생명이 풀세트 끝에 승리를 거둔 다음 기세를 몰아 4차전까지 가져갔다. 4차전 4세트에서 22-24로 쫓기던 한국도로공사는 이원정의 패스 페인트 공격이 성공한 듯했지만 이내 터치네트가 확인되면서 흥국생명에 승리를 내줬다.

김해란이 그토록 원했던 순간이 왔다. 실업배구 시절을 포함해 무려 18시즌 만에 접해보는 우승의 실감이었다. 평소와 마찬가지로 덤덤한 표정으로 우승 트로피를 들어 올린 김해란은 이렇게 소감을 밝혔다. "4차전 마지막 포인트를 앞두고 박미희 감독님이 '이제 다 왔다'고 말씀할 때 선수들이 다 함께 '네' 하고 외친 게 생각나요. 무척 기다려온 우승인데 막상 차지하고 나니 웬일인지 덤덤하더라고요."

복귀, 그리고 은퇴

김해란은 우승한 뒤 딱 한 시즌만 더 뛰고 은퇴했다. "처음엔 2020년 도쿄 올림픽을 대표팀에서 뛰는 것을 끝으로 은퇴할 생각이었어요. 그런데 코로나19로 2019/20시즌이 일찍 마감하고 올림픽 일정까지 미뤄지면서 그만둬야겠다는 생각을 했죠. 더 미루면 출산이 어렵겠다는 생각을 했거든요." 김해란은 리그 최초 통산 '1만 디그' 기록과 올림픽 3회 연속 출전을 포기하고 코트를 떠났다. 2020년 12월 아들 하율이를 낳고 난 뒤 필자와 연락이 닿았을 때 그는 "완전히 다른 사람이 된 것 같아요"라고 했다. 출산으로 체중이 20킬로그램이나 늘었다. 그는 "육아가 너무 힘들지만 행복해요"라며 웃었다.

그런 김해란이 2021/22시즌을 앞두고 코트로 전격 복귀했다. 출산 경험이 있는 박미희 감독도 그의 도전을 격려했다. 김해란은 생각보다 빨리 '선수 모드'로 몸을 바꿨다. "다른 선수들과 똑같이 웨이트 트레이닝과 공 훈련을 했습니다. '내가 아이를 낳은 게 맞나?'라는 생각이 들 정도였어요. 훈련도 재밌게 느껴졌고요." 복귀하기 직전 원

쪽 팔꿈치에서 뼛조각을 제거하는 수술을 받았지만 별문제가 없었다. 시즌 내내 어려움을 겪으면서도 총 16경기에 출전했다. 2022년 2월 2일 IBK기업은행과의 경기에선 마침내 1만 디그 기록을 달성했다.

1년 사이 팀은 많이 달라져 있었다. 김연경을 포함해 많은 선수가 팀을 떠났다. 김해란은 "좋은 엄마, 좋은 선수"가 되겠다던 약속처럼 꿋꿋이 팀을 이끌었지만 몸 상태가 완벽하지 않았다. 리시브효율은 데뷔 이래 가장 낮은 31.28퍼센트로 떨어지고 세트당 디그도 두 번째로 낮은 세트당 5.776개를 기록했다. 코로나19로 시즌이 2019/20시즌에 이어 두 번째로 조기 종료된 가운데 흥국생명은 6위(10승 23패)로 시즌을 마쳤다.

그러나 오프시즌 흥국생명은 또 한 번 반전의 계기를 마련했다. 김연경이 1년 만에 복귀한 것. 김해란도 드디어 출산 전의 기량을 되찾았다. 권순찬 감독이 팀을 맡은 흥국생명은 2022/23시즌에 돌입하자마자 선두 경쟁을 펼쳤다. 그러던 중 2023년 1월 3라운드 최종전에서 승리한 뒤 구단은 권감독을 사실상 경질했다. 권감독은 선수단 운용에 개입하는 구단의 처사에 항의하다가 결국 구단의 압박에 못 이겨 물러났다. 김해란과 김연경을 비롯한 선수단도 분노하면서 전체적으로 팀이 흔들렸다.

하지만 마르첼로 아본단자 감독이 부임한 뒤 다시 팀은 안정을 되찾았다. 흥국생명은 정규리그를 1위로 마치고 챔피언결정전에 올랐다. 하지만 1차전, 2차전을 연달아 따내고도 한국도로공사의 저력에 밀려 3연패를 해 우승컵을 내주고 말았다.

다시 한 번 통합 우승을 한 뒤 은퇴하리라고 결심했던 김해란도 고민에 빠졌다. "아본단자 감독님이 1년만 더 버티면 안 되겠냐고 말씀해서 고민스러웠어요. 사실 무릎이 좀 아픈 상태라 힘들었어요." 하지만 김연경과 다시 한 번 우승 도전을 위해 2023/24시즌까지 뛰기로 했다. 그런데 생각과 달리 좀처럼 컨디션이 올라오지 않았다. 훈련 양을 조절한 탓에 아본단자 감독도 섣불리 그를 경기에 투입하지 못했다. 2023/24시즌 정규리그는 8경기 30세트 출전에 그쳐야 했다. 데뷔 이래 가장 적었다.

하지만 위기의 순간 아본단자 감독은 김해란을 다시 투입했다. 현대건설과의 챔피언결정전 2차전에서 도수빈이 흔들릴 때 김해란 카드를 내밀었다. 김해란의 말이다. "뛰다가 나온 적은 있어도 벤치에 있다가 들어간 적은 한 번도 없었거든요. 너무 떨렸어요. 말로 표현할 수 없는 긴장감이 드는데 한편으로는 너무 재밌더라고요. 이렇게 큰 경기가 마지막이라고 생각하니 아쉬운 마음도 들었습니다." 김해란은 선발로 나선 3차전에서 리시브효율 53.3퍼센트를 기록하며 디그 29개를 걷어냈다. 시즌 최고의 경기력을 마지막 경기에서 보여줬다. 비록 준우승으로 끝났지만 레전드에게 걸맞은 멋진 마무리였다. 김해란은 이후 두 번째 은퇴를 선언하고 정말로 코트를 떠났다. 그는 "국가대표 리베로라는 이름으로 기억되고 싶어요"라고 했다.

2024년 4월 기준 통산 디그 1위에 오른 그는 총 1만 1059개, 세트당 5.994개를 기록했다. 디그 2위인 임명옥은 총 1만 683개, 세트당 5.070개를 기록하고 있다.

살아 있는 전설
양효진

- 2019/20시즌 -

미들 블로커는 주목받는 포지션이 아니다. 날개 공격수(아웃사이드 히터와 아포짓 스파이커)보다 득점이 적고 그렇다고 세터처럼 팀을 이끄는 포지션도 아니다. 심지어 후위에 오면 리베로와 교체되기 때문에 실제 경기에서 뛰는 시간도 길지 않다. 자연스럽게 MVP나 연봉 1위에서 멀어지기 마련이다.

하지만 이런 패러다임을 바꾼 선수가 양효진이다. 그는 압도적인 피지컬 능력을 활용해 리그를 지배했다. 2013/14시즌부터 9년 연속으로 '연봉 퀸' 자리를 지키며 정규리그 MVP 2회와 챔피언결정전 MVP 1회를 차지했다.

특히 현대건설의 역사는 양효진 입단 전과 후로 나뉜다. V리그가 출범한 이래 한 번도 챔피언에 오르지 못하던 현대건설은 그의 입단을 기점으로 정규리그 우승 3회, 챔피언결정전 우승 3회를 차지했다. 그의 등번호 14번은 영구결번으로 남을 가능성이 높다.

1라운드 4순위

양효진은 부산여중 2학년 때 이미 180센티미터를 넘었다. 스카우트되어 고등학교에 진학했지만 이후에도 좀처럼 근육이 붙지 않았다. 고등학교 3학년 때 몸무게는 62킬로그램. 높이는 뛰어나지만 파워가 부족하다는 평가가 따라다녔다. 당시 활약하던 남성여고가 전국 대회에서 성적을 내지 못하면서 그도 주목받지 못했다.

그렇게 2007년 신인 드래프트에서 높은 순번으로 뽑히지 못했다. 당시 최대어는 공격력과 수비력을 겸비해 고교 때부터 국가대표로 활약한 배유나였다. 직전 시즌 4위였지만 확률 추첨에서 5위 KT&G를 제치고 1순위 지명권을 얻은 GS칼텍스가 배유나를 뽑았다. 1순위를 놓친 KT&G는 고민 끝에 180센티미터의 아웃사이드 히터 이연주를 뽑았다. 3순위로 한국도로공사가 왼손잡이 하준임을 선택했다.

양효진은 4순위로 밀렸다. 그는 당시를 떠올리며 "아쉽기는커녕 이름이 불려 그나마 다행이라고 생각했어요"라고 말했다. 그날의 선택은 선수와 팀 모두에게 만족스러운 결과로 이어졌다. 2007/08시즌 그는 신인 중 최다 득점인 308점을 올리고 정대영, 김세영에 이어 블로킹 3위(세트당 0.573개)를 기록했다. 팬들은 큰 키에 귀여운 얼굴, 실력까지 갖춘 그에게 '거요미'라는 별명까지 붙였다.

사실 그의 가장 큰 재능은 키가 아니라 '향상심'이었다. "해야 할 게 많았죠. '난 못하는 게 왜 이리 많을까'라고 생각하며 더 열심히 했어요. 더 잘하고 싶은 마음이 컸어요." 신인왕을 배유나에게 내준 시상식에서도 "다음엔 꼭 상 하나는 받아야지"라고 마음먹었다. 그는 2009/10시즌 블로킹 1위에 올라 꿈을 이뤘다.

2009년 부임한 황현주 감독과의 만남도 기폭제가 됐다. 학창 시절 양효진은 시간차공격에는 능했으나 속공이나 이동공격 기술은 부족했다. 세터 출신인 황감독은 그런 그를 다양한 공격 패턴을 소화하는 미들 블로커로 바꿔놓았다. 밤늦게까지 이어지는 훈련을 그는 참고 또 참았다. 훈련 중간중간 간식을 먹어가며 웨이트트레이닝을 하자 힘도 붙었다.

대표팀에서의 경험도 성장을 도왔다. 2008년 베이징 올림픽 예선에서 처음 태극마크를 단 뒤 꾸준히 국가대표로 뽑혔다. 대표팀에 합류해 세계적인 선수들을 어떻게 막을지 고민하는 과정에서 성장의 발판을 마련했다. 자연스럽게 블로킹 기술이 향상돼 2009년 월드그랜드챔피언십에선 스타 선수들을 제치고 블로킹 1위에 오르기도 했다. '키만 큰 유망주'는 어느새 '대한민국 대표 미들 블로커'로 우뚝 섰다. 2010/11시즌엔 마침내 첫 우승까지 차지했다.

두 개의 무기

양효진은 2009/10시즌 이후 쭉 '블로퀸(블로킹+퀸)'으로 군림했다. 좋은 손 모양과 상대 공격을 읽는 타이밍, 큰 키를 두루 갖춰 무려 11년 연속으로 블로킹 1위를 지켰다. 황현주 감독은 "양효진은 상대팀 경기 비디오를 보는 것을 게을리 하지 않는다. 많이 보고 분석하며 익히는 중에 그런 것들이 경기에서 순간적으로 녹아져 나온다"고

했다. 양효진 역시 똑같은 이야기를 했다. "상대 팀이 어떤 타이밍에서 어떤 코스로 공격할지를 많이 생각해요. 그런 이미지 트레이닝이 도움이 됩니다."

그에겐 블로킹보다 더 뛰어난 필살기가 있다. 그 특유의 중앙 오픈공격이다. '중빵'이라고도 부르는 미들 블로커의 오픈공격은 중등부와 고등부 경기에서 흔히 볼 수 있다. 팀 내 최장신 선수가 전위 가운데에 위치해 있다가 세터가 높게 띄운 공을 공격하는 방식이다. 학생 선수들은 공격수들 간의 신장 차가 크고 몸이 재빠르지 않기 때문에 제대로 대응하지 못한다. 그러나 프로 레벨에선 선수들의 수비와 블로킹에 막혀 거의 통하지 않는 기술이다.

하지만 그의 오픈공격은 다르다. 워낙 신장이 크고 체공 시간이 긴 데다 최고 타점에서 때리는 스킬이 뛰어나다. 여기에 코트의 빈 곳을 노리는 센스까지 더했다. 상대 수비가 앞쪽으로 몰리면 코트 뒤쪽으로 때리고 수비가 흩어져 있으면 가운데 빈 곳을 노린다. 특히 블로킹이 두 명 이상 따라 붙으면 페인트로 블로킹 바로 뒤로 살짝 넘긴다. 상대 팀도 그의 습관이나 공격 패턴을 분석하지만 도무지 막을 수 없었다. 그는 "상대가 분석하는 것을 아니까 나도 거기에 맞춰 공격해요"라며 웃었다. 국제 대회에선 통하지 않는 기술이라며 평가절하하는 이들도 있지만 V리그에선 '치트키(게임에서 강력한 상황 해결 능력을 발휘하는 명령어)'로 통했다.

그런 그의 위력이 잘 드러난 경기가 2013년 1월 26일 성남에서 열린 한국도로공사와의 경기다. 그는 그날 무려 40점을 올렸다. 공격득점 29개, 블로킹 7개, 서브득점 4개를 기록하며 팀 전체 공격의

34.6퍼센트를 혼자 책임졌다. 그가 리베로와 교체되지 않고 코트에서 있을 때 절반 이상 공이 올라갔다는 의미다. 경기를 마치고 그가 "40점은 아니고 30점을 좀 넘기지 않았나요?"라고 되물을 정도였다.

그는 경기당 평균 두 자릿수 득점을 가볍게 올리며 매년 400~500점을 기록했다. 2011/12시즌엔 483점을 올려 득점 5위(국내 선수 1위)를 기록했다. 사실 미들 블로커는 전위에서만 공격하기 때문에 득점 순위에 이름을 올리기 어렵지만 그는 무려 열 번이나 득점 TOP 10에 들었다. 심지어 공격성공률 1위도 세 번이나 차지했다. 미들 블로커가 원래 공격성공률이 높은 편이어도 점유율 20퍼센트(공격성공률 기준)를 넘기 힘든데 그는 그 차원을 뛰어넘었다.

그가 가장 아끼는 기록은 블로킹이다. 2009/10시즌 세트당 0.980개로 블로킹 1위를 차지한 그는 당시 공격 1위로 소속 팀의 우승을 이끌던 몬타뇨의 스파이크도 15개나 잡아내 '몬타뇨 킬러'라는 별명이 붙을 정도였다. "어릴 땐 경쟁에 민감하고 상 욕심이 있어서 1위라는 타이틀과 수치를 엄청 중요하게 생각했죠. 블로킹 1위를 넘어 세트당 1개를 목표로 삼고 또 달성하기도 했죠. 사실 '10년 연속 블로킹 1위'는 꼭 해보고 싶었는데 감사하게도 11년 연속으로 1위를 하고 나니 미련이 없어졌어요. 그 후론 1위를 뺏겨도 덤덤한 마음이 됐어요."

연봉 퀸과 MVP

2012/13시즌을 마치고 FA 자격을 얻은 양효진은 원 소속 팀과 연봉 2억 5천만 원에 계약했다. 당시 연봉 1억 5천만 원의 최고액을 받던 한송이와 황연주를 훌쩍 넘은 것이다. 미들 블로커 최초로 연봉

퀸이 된 그는 2013/14시즌 올스타 투표에선 남녀부를 통틀어 1위를 차지했다. 김연경이 해외로 떠난 상황에서 명실상부 최고의 선수로 자리매김했다.

하지만 그도 좀처럼 손에 넣을 수 없는 게 있었다. MVP 트로피였다. 꾸준히 리그 최고 수준의 퍼포먼스를 보였지만 소속 팀 현대건설은 좀처럼 정상에 오르지 못했다. 2010/11시즌 우승을 한 번 차지했을 뿐 2014/15시즌까지 준우승 2회, 3위 2회에 그쳤다. 그러다 보니 MVP를 뽑는 투표에서 우승 팀의 선수들에게 번번이 밀렸다. 2010/11시즌엔 팀 동료이자 선배인 황연주가 워낙 뛰어나 수상하지 못했다. 월간 및 라운드 MVP는 몇 번 받았지만 정규리그와 챔피언결정전 MVP까지는 가지 못했다.

그런 그에게 드디어 기회가 왔다. 2015/16시즌 초반 현대건설은 선두로 달렸다. 개막전에서 흥국생명에 2-3으로 지기는 했으나 차츰차츰 승수를 쌓았다. 양효진과 김세영, 두 국가대표급 미들 블로커가 중앙을 지키고 에밀리 하통과 한유미, 황연주, 정미선이 날개에서 뛰는 공격진은 화려하지는 않아도 탄탄했다. 세터 염혜선이 기복이 심한 중에도 중심을 지키고 든든한 백업 이다영도 있었다. 현대건설은 그해 정규리그에서 IBK기업은행에 이어 2위를 차지했다.

플레이오프에서 현대건설은 외국인 선수 문제를 겪은 흥국생명을 2연승으로 누르고 챔피언결정전에 올랐다. 그리고 외국인 선수 맥마혼이 부상으로 빠진 IBK기업은행을 3연승으로 꺾고 5년 만에 우승했다. 챔피언결정전에서 단 한 세트도 내주지 않고 우승한 사례로 팀 통산 두 번째 우승이었다.

챔피언결정전 MVP는 세 경기 연속으로 팀 내 최다 득점을 올린 양효진에게 돌아갔다. 시즌을 마친 뒤 그는 다시 한 번 현대건설과 FA 계약을 맺고 여자 선수 최초로 연봉 3억 원을 받으며 연봉 퀸의 자리를 지켰다.

2016년 여름 리우데자네이루 올림픽에도 출전해 8강 진출을 이뤘다. 하지만 올림픽 이후 어깨 부상이 심해 2016/17시즌엔 다소 저조한 모습을 보였다. 물론 그럼에도 블로킹 1위에 오르며 3시즌 연속으로 '베스트7'을 수상했다. 2018/19시즌엔 황연주에 이어 리그 두 번째로 통산 5000득점 고지를 밟았다. 2019년 2월 그날 어느새 12년 차 베테랑이 된 그는 지난 배구 인생을 돌아봤다. "기록을 보니 배구를 참 오래했다는 생각이 듭니다. 배구를 통해 다양한 인간관계와 책임감, 팀워크 등 인생을 배운 것 같습니다."

여자배구는 2012년 런던 올림픽(4강), 2016년 리우데자네이루 올림픽(8강), 2020년 도쿄 올림픽(4강)에 참가해 3회 연속으로 8강에 진출했다. 브라질과 한국, 미국, 러시아만 해낸 기록이다. 양효진은 김연경, 김희진과 함께 세 대회에 모두 출전한 선수다. "아무래도 대표팀에서 제일 값진 기억은 올림픽이죠. 그 무대에서 뛸 수 있다는 것만으로도 좋았어요. 경기 자체의 무게감이나 집중도가 높다 보니 출전할 때 말할 수 없는 기쁨이 있어요. 가장 힘들었던 대회는 리우데자네이루 올림픽이에요. 마지막 8강전 상대가 네덜란드였는데 예선에선 이기다가 본선에서 졌죠. 대회 직전에 연습경기를 괜히 했나 하는 생각까지 했어요. 체력을 많이 쏟아부은 경기이기도 해서 아쉬움이 남습니다."

세 번째 우승

2019/20시즌을 앞두고 그는 세 번째 FA 계약을 체결했다. 연봉 3억 5천만 원. 이번에도 최고 연봉자의 자리를 지켰다. 현대건설은 수비력이 좋은 고예림을 IBK기업은행에서 데려오고 신인 드래프트에서 전체 2순위로 미들 블로커 대형 자원인 이다현을 뽑았다. 직전 시즌 대체선수로 들어와 무난한 모습을 보인 마야와도 재계약했다. 세터 이다영의 기량도 물이 올랐다. 과거 우승을 차지했던 2015/16시즌 못지않은 전력을 구성한 현대건설은 컵대회에서도 우승을 차지해 더욱 기대를 모았다.

시즌 초반은 3강 체제로 흘러갔다. GS칼텍스와 현대건설, 흥국생명이 상위권을 이뤘다. 그리고 3라운드에서 현대건설은 피치를 올렸다. 마야가 무릎 부상으로 도중에 하차했지만 대체선수 헤일리가 무난한 모습을 보였다. 양효진이 경기당 평균 20점 이상을 올리는 괴력을 뽐내는 가운데 3라운드에서 5전 전승을 달성하며 1위로 반환점을 돌았다. 휴식기에 도쿄 올림픽 아시아 최종예선에 참가해 출전권을 따낸 양효진은 4라운드에서도 맹활약해 라운드 MVP를 수상했다. 현대건설은 6라운드 초반까지 선두로 질주했다.

하지만 뜻밖의 변수가 발생했다. 코로나19가 기승을 부리면서 리그가 전격 중단된 것. 한국배구연맹은 리그 중단과 재개를 두고 고민하다가 집단 감염 가능성이 높은 실내 체육 시설 운영을 중단해달라는 정부의 요청에 따라 결국 그대로 시즌을 마쳤다. 한국배구연맹이 팀별 경기 수가 다른 것을 감안해 5라운드 성적에 기준해 순위를 결정하면서 현대건설은 2010/11시즌 이후 9년 만에 정규리그 1위를 차지했다. 하지만 챔피언결정전이 열리지 않음에 따라 허탈하게 시즌을 마쳐야 했다.

압도적인 기록으로 공격성공률 1위에 오른 그는 기자단 투표에서 30표 중 24표를 얻어 생애 처음으로 정규리그 MVP에 올랐다. 하지만 챔피언결정전을 치르지 못한 것을 두고 그는 "큰 보너스를 받은 것 같아요. 하지만 이렇게 시즌이 끝나 상실감이 너무 큽니다"라고 아쉬움을 드러냈다.

2020/21시즌 양효진은 리그 최초로 6천 득점을 달성하며 통산 득점 1위에 올라섰다. 그러나 주전 세터 이다영이 떠난 공백이 크고 외국인 선수 헬렌 루소도 뛰어난 기술에 비해 파괴력이 부족한 탓에 팀은 봄 배구를 하지 못했다. 그래도 대표팀에선 큰 성과를 거뒀다. 도쿄 올림픽에서 런던 올림픽 이후 9년 만에 다시 4강에 올랐다. 아쉽게 이번에도 메달은 거머쥐지 못했지만 태극마크를 달고 나선 마지막 대회를 뜻깊게 마무리했다. "마지막 올림픽일지도 모른다는 생각에 경기장 안에서 사진을 많이 찍었어요. 한일전을 많이 치러봤는데 이번 조별리그에서 역전승(3-2)한 경기가 최고였던 것 같아요."

2021/22시즌 현대건설은 컵대회 우승에 이어 초반 연승으로 지난 시즌의 아쉬움을 씻어냈다. 주전으로서 두 번째 시즌을 맞이한 세터 김다인과 양효진의 호흡이 절묘했다. 양효진은 주무기인 오픈은 물론 더 다양한 속공 패턴을 선보였다. 여기에 새로 가세한 외국인 선수 야스민이 가공할 공격력을 선보이고 리베로 김연견도 멋진 수비와 2단 연결 능력을 발휘했다. 새 사령탑인 강성형 감독도 부드러운 리더십으로 선수단을 잘 이끌었다.

현대건설은 리그 '개막 후 최다 연승(12연승)'과 최다 연승(15연승)을 기록하며 9할대 승률(28승 3패)을 찍었다. 그러나 이번에도 코로나19로 정규리그가 조기 마감됐다. 현대건설 선수단에서도 코로나19 확진자가 대거 나오면서 남자부와 달리 포스트시즌이 치러지지 않았다. 현대건설은 정규리그 1위에 또다시 만족해야 했다. 양효진은 "우승하려면 실력뿐 아니라 운도 필요한 것 같아요"라며 한숨을 내쉬었다. 그래도 2022년 4월 자신의 결혼기념일에 개인 통산 두 번째 정규리그 MVP를 수상해 경사가 겹쳤을 땐 활짝 웃었다.

2021/22시즌을 마친 뒤 그는 논란의 주인공이 됐다. 전년도 연봉(7억 원)보다 무려 2억 원이 줄어든 5억 원에 도장을 찍었기 때문이다. 그러면서 그동안 지켜오던 연봉 1위 자리도 내줬다. 당시 현대건설은 FA 선수가 4명이나 있는 데다 직전 시즌 성적도 좋아 샐러리캡(연봉 합산 제한)을 지키기 어려운 처지였다. 그때 양효진이 연봉을 깎고 계약한 덕에 전력을 유지할 수 있었다.

다만 다른 구단에서 7억 원을 제시했는데도 거절하고 그렇게 계약했다는 점에서 전력 평준화라는 샐러리캡의 취지에 어긋나다는 비판이 따랐다. 양효진은 이렇게 설명했다. "팬들이 좋은 시선으로 보지는 않으실 듯해요. 하지만 지금 나 자신과 구단의 상황을 고려해 그런 선택을 내리게 됐습니다. 현대건설과 좋은 인연을 맺어오는 중에 두 번이나 우승컵을 놓쳐 이번에는 꼭 차지하고 싶습니다."

2022/23시즌 현대건설은 챔피언결정전에 오르지 못했다. 재계약한 야스민이 허리 통증 때문에 부진한 탓이었다. 황연주가 야스민의 빈자리를 잘 메웠지만 이번에는 대체선수 이보네 몬타뇨가 기대

에 미치지 못했다. 결국 김연경이 돌아온 흥국생명에 정규리그 1위를 내준 뒤 플레이오프에서 한국도로공사에 패해 3위로 마감했다. 2023년 3월 5일 양효진은 페퍼저축은행과의 경기에서 통산 7천 득점을 달성했다. 리그 남녀부 통틀어 최초 기록이었다.

2023/24시즌 현대건설은 개막 전 예상에서 3, 4위권으로 꼽혔지만 흥국생명과 치열한 선두 다툼을 벌인 끝에 마지막 경기에서 승점 1점 차로 정규리그 1위를 차지했다. 양효진은 시즌 중반이던 2024년 1월 10일 GS칼텍스와의 경기에서 통산 공격득점 5500점을 돌파하기도 했다. 그리고 챔피언결정전에서 흥국생명과 다시 만났다. 챔피언결정전에 직행해 열흘 넘는 시간이 주어질 때 강성형 현대건설 감독은 정규리그 막바지 목 디스크를 안고 뛴 양효진에게 완전한 휴식을 줬다.

대표팀에서 오랫동안 룸메이트로 지내온 두 '절친' 김연경과 양효진이 챔피언결정전에서 처음 만나 격돌하는 순간이었다. 한 치의 양보도 없었다. 체력을 회복한 양효진이 눈부신 퍼포먼스로 승리를 이끈 덕에 결국 현대건설이 흥국생명을 3승 무패로 꺾고 통합 우승을 달성했다. 현대건설의 챔피언결정전 우승은 2015/16시즌 이후 8년 만이지만 통합 우승은 2010/11시즌 이후 13년 만이었다.

양효진은 리그 최초로 1500블로킹을 넘어서며 10년 연속으로 '베스트7'도 수상했다. 우승 소감을 밝히는 자리에서 그는 환히 웃었다.
"우승의 문턱을 항상 못 넘겼잖아요. '배구를 그만두기 전에 다시 우승이라는 영광을 누리기가 힘든 건가'라는 생각도 정말 많이 했어요. 연습 체육관에 우승 연도가 적힌 현수막이 걸려 있어 늘 보게 되는데 그 기간이 꽤 길었잖아요. 묵혀둔 숙제를 덜어낸 듯한 기분이었죠."

육각형 플레이어의 표본

이소영

- 2020/21시즌 -

"MVP는 이소영, 그리고 러츠 선수!"

사회자의 호명을 듣고도 이소영은 어리둥절한 표정으로 주변을 둘러봤다. 2020/21시즌 챔피언결정전에서 메레타 러츠와 함께 자신이 공동 MVP로 뽑힐 줄 몰랐던 것. 앞으로 걸어 나오는 그의 표정은 얼떨떨했다. GS칼텍스를 7년 만에 다시 최고의 자리로 이끈 그는 "진짜 생각하지 못했습니다. MVP는 당연히 러츠가 되리라고 생각했어요"라고 말했다.

러츠는 당시 챔피언결정전을 통틀어 78점을 올리는 괴력을 발휘했다. 하지만 이소영의 활약도 대단했다. 득점은 42점으로 팀 내 세 번째이지만 공격성공률은 48.2퍼센트로 압도적 1위였다. 수비와 서브 리시브도 완벽에 가까웠다. 무엇보다 주장으로서 팀원들을 잘 독려했다. 정규리그에서도 공격성공률과 리시브효율 모두 40퍼센트대를 유지해 MVP 투표에서 김연경(14표)에 이어 2위(12표)를 차지했다. 데뷔 첫해 '아기 용병'이라 불리던 그가 '쏘캡(소영+캡틴)'으로 우뚝 선 순간이었다.

육상 소녀, 아기 용병이 되다

"학창 시절 내가 배구를 잘한다고 생각한 적은 없어요. 배구를 어떻게 해야 잘하는지 몰랐거든요. 성적은 괜찮은 편이지만 실력이 뛰어난 건 아니었어요. 전주근영여고가 좋은 성적을 낸 덕분에 드래프트에 뽑힌 거죠." 말은 그렇게 하지만 이소영은 운동 능력이 워낙 탁월했다. 어떤 포지션을 맡겨도 잘 소화해냈다.

2012/13시즌 드래프트에서 1순위로 GS칼텍스에 지명됐다. 구단에선 그가 단신(175센티미터)인 점을 고민했지만 이선구 감독은 확신이 있었다. 이감독은 당시 "모든 팀이 이소영을 원했다. 내 마음에도 1순위는 이소영이었다. 앞으로 10년간 팀을 이끌 선수다. 만족스러운 드래프트였다"라며 활짝 웃었다. 워낙 운동 능력이 뛰어난 선수라 프로에서 더 성장할 수 있으리라는 전망이었다. 하지만 이감독은 "즉시 전력감은 아니다"고 잘라 말했다. 여러 포지션을 실험해보며 기량을 좀 더 갈고 닦아야 한다는 취지였다.

그러나 베띠가 갑작스레 왼쪽 발목 인대가 파열되는 부상을 입으면서 이소영은 예상보다 빨리 코트에 투입됐다. 당시 GS칼텍스는 날개 공격수 자원이 넉넉지 않았다. 거포 자원인 김민지가 FA 자격을 얻어 떠나고 배유나를 아포짓 스파이커로 고려하는 상황에서 이소영의 투입이 결정됐다.

그런데 기대를 뛰어넘는 활약을 보였다. 상대의 목적타 서브에 굴하지 않고 꿋꿋이 버텼다. 그러면서 정대영, 한송이와 함께 공격을 이끌었다. 25경기에 출전해 254점을 기록하며 경기당 평균 10점 이상을 올렸다. 베띠가 자리를 비운 동안에도 연승 행진을 달렸다. 지금은 "듣기 민망한" 표현이지만 베띠를 대신한 그에게 '아기 용병'이라는 별명까지 생겼다. "기회도 운이 따라야 한다고 하는데 신인 시절에 그런 행운이 따랐습니다. 선수로서 성장 가능성을 알게 해준 순간이었어요."

직전 시즌 최하위로 처져 있던 GS칼텍스는 정규리그를 2위로 마치고 4년 만에 챔피언결정전에 올랐다. 비록 팀은 IBK기업은행에 패해 준우승에 그쳤지만 이소영은 만장일치로 신인왕에 뽑혔다.

그의 강점은 뛰어난 습득력과 운동 능력이었다. 고교 시절 점프서브를 넣던 그는 프로에 입문하고부터 스파이크 서브를 넣었다. 타고난 근력과 순발력이 뒷받침된 서브는 처음 시도할 때부터 완벽했다. 올스타전에선 시속 84킬로미터를 기록해 서브퀸에 오르기도 했다. 이선구 감독은 "하나를 가르치면 열을 배운다. 스펀지처럼 빨아들인다"고 감탄했다. 학창 시절 힘들어하던 리시브도 빠르게 개선됐다. 아포짓 스파이커와 아웃사이드 히터를 두고 고민하던 이감독은 그를 계속 아웃사이드 히터로 내보냈다. 그의 친한 친구인 농구 선수 강이슬은 "농구도 잘한다. 힘이 정말 좋아 3점 슛도 쏠 수 있다"고 칭찬했다. GS칼텍스는 프로축구 FC서울과 함께 GS스포츠단 산하에 있다. 한 구단 관계자는 "소영이는 공도 잘 찬다. 아마 다른 운동을 했어도 성공했을 것"이라고 했다. 실제로 경기 중 급할 때 발로 공을 차 네트를 넘기는 반사 신경을 선보이기도 했다. TV 예능 프로그램에 출연해서는 족구 실력을 뽐냈다.

프로에 데뷔하고 얼마 되지 않아 우승 트로피도 들어 올렸다. 2년 차인 2013/14시즌 GS칼텍스는 또다시 정규리그에서 2위에 올라 챔피언결정전에 진출했다. 상대도 그대로 디펜딩 챔피언 IBK기업은행. 그러나 이번엔 다른 결과가 났다. GS칼텍스는 베띠와 이소영의 활약에 힘입어 5차전까지 가는 승부를 벌인 끝에 3승 2패로 정상에 올랐다.

GS칼텍스는 챔피언결정전에서 우승한 뒤 전체적으로 스쿼드가 약해졌지만 이소영은 꾸준히 자기 몫을 해냈다. 2014/15시즌을 앞두고 열린 컵대회에선 결승전까지 눈에 띄는 성장세를 보이면서 MIP(기량발전상)를 받았다.

올라운드 플레이어

2016년 11월 19일 IBK기업은행과의 경기에서 3세트까지 블로킹 4개, 후위공격 2개, 서브득점 3개를 기록하던 이소영은 4세트 초반 후위에서 뛰어올라 상대의 블로킹을 넘기며 페인트 공격을 성공시켰다. 이로써 황연주, 김연경, 김희진에 이어 리그의 국내 선수 네 번째로 블로킹과 백어택, 서브 에이스를 한 경기에 3개 이상 기록하는 트리플 크라운을 달성했다. 이후에도 그 기록을 달성한 선수는 이재영 한 명뿐이다.

당시 부진을 겪고 있던 이소영은 해당 경기에서 승리해 팀 3연패를 벗어날 때 기쁨의 눈물을 보였다. 그는 이렇게 떠올렸다. "지금도 다시 하고 싶은 기록이에요. 그때 시즌 전에 세운 목표가 트리플 크라운이었는데 일찍 달성해서 기뻤죠. 사실 후위공격을 많이 하는 선수가 아닌데 2라운드에 성공해서 좋았어요."

또 하나의 별명이 '육각형 플레이어'다. 육각형 플레이어라는 말은 유명 축구 게임 '위닝 일레븐'에서 선수들의 능력치를 여섯 가지로 측정할 때 고른 능력을 보이는 선수를 가리키는 데서 유래했다. 공격과 수비, 서브, 리시브까지 골고루 잘하는 이소영은 그런 평가에 어울렸다. '만능선수', '살림꾼'이라는 말도 많이 들었다. 차상현 GS칼텍스 감독은 "똑똑하게 배구하는 선수다. 궂은일도 도맡아 하는 게 소영이의 배구 스타일인데 인정받는 부분이다. 우리 팀으로선 고맙고 빠지면 그 자리를 메우기 어려운 존재다"며 고마워했다.

이소영은 자신처럼 단신이지만 공수에 모두 능했던 남자배구 신진식과 석진욱의 영상을 보며 힌트를 얻기도 했다. "솔직히 너무 좋아요. 모든 부분에서 잘하고 있다는 평가이니까요. 한편으로는 그런 기대에 못 미치면 어쩌나 하는 부담감이 늘 있죠. '나는 그렇게 잘해야 하는 선수야'라며 스스로를 채찍질하기도 해요. 계속 좋은 평가를 받고 싶습니다."

승승장구하던 그에게도 힘든 시기가 있었다. 2017년 대표팀에 소집돼 연습 경기를 하던 도중 무릎 인대를 다쳤을 때다. 뛰어난 운동능력을 가진 그에게 십자인대 부상은 너무나 뼈아팠다. 구단은 6개월 이상 치료가 필요하다고 전했다. 공교롭게도 여섯 번째 시즌을 맞이해 FA 자격을 얻기 직전이었다. "다치는 순간 큰 부상이라고 느꼈습니다. 검진 결과를 듣고 세상이 무너지는 것 같았어요. 다시 배구를 할 수 있을지 걱정이 컸습니다. 그래도 목표가 뚜렷했어요. 정신을 다시 차리고 관절 운동 범위를 넓히는 등 어떻게든 길을 찾으려 했죠. 단 한순간도 힘들다는 생각을 안 했습니다."

사실상 모두가 시즌 아웃이라고 생각할 때 한 사람만 고개를 흔들었다. 시즌 막바지인 2018년 1월 16일 현대건설과의 홈경기에서 이소영은 마침내 돌아왔다. 완벽한 몸 상태는 아니었다. 특유의 강타도, 강서브도 볼 수 없었다. 그는 그날을 떠올리며 "내 몸 같지 않았어요. 점프를 하는데 마치 땅에서 발을 잡아당기는 듯했어요"라고 했다. 하지만 남은 10경기에 모두 선발로 나섰다. 그렇게 생애 처음으로 FA 자격을 얻은 다음 GS칼텍스와 재계약했다.

한번 굴곡을 경험한 난 선수는 더욱 강해진다. 2018/19시즌 그는 데뷔 이래 최다 득점인 471점을 올렸다. 공격성공률도 데뷔 시즌 이후 가장 좋은 39.96퍼센트를 찍고 블로킹도 세트당 0.377개를 기록했다. FA 계약을 한 뒤 무너지는 선수도 많지만 그는 오히려 커리어 하이를 찍었다. 컵대회 MIP, 1라운드 MVP를 수상하며 GS칼텍스를 봄 배구로 이끌었다. 2015년 리모델링이 끝난 장충체육관으로 돌아온 뒤 치르는 첫 포스트시즌이라는 점에서 더욱 의미가 있었다.

어린 선수들이 유독 많았던 선수단에서 리더십이 돋보이는 이소영에게 팬들은 '소영 선배'라는 또 다른 별명을 지어줬다. GS칼텍스와 정관장에서 함께 뛰었던 박혜민은 "소영 언니는 평소 후배들을 잘 챙기지만 집중해야 할 땐 목소리를 높일 줄 안다. 정말 의지되는 사람"이라고 했다.

최초의 트레블

2019/20시즌 GS칼텍스는 1라운드를 5전 전승으로 휩쓸었다. 이소영과 강소휘, 권민지로 이뤄진 아웃사이드 히터진이 탄탄했다. 신장은 다소 낮지만 세 선수 모두 공격과 수비 어느 한쪽에 치우치지 않는다는 점에서 더욱 안정적이었다. 세터 안혜진과 이고은도 장단점이 뚜렷해 서로 보완하는 효과가 있었다. 미들 블로커진이 상대적으로 약하기는 했지만 새로 영입한 한수지와 주장 김유리가 노련한 플레이로 중심을 잡았다.

무엇보다 새 외국인 선수 메레타 러츠의 활약을 빼놓을 수 없었다. 4순위 지명권을 얻은 차상현 GS칼텍스 감독은 최장신(206센티미터)인 러츠를 선택했다. 그동안 GS칼텍스가 추구해온 빠른 템포의 배구 스타일과는 다르지만 느린 움직임을 상쇄할 정도로 높이가 뛰어나고 배구에 대한 이해도가 높았다. 동료들과 잘 어울리는 친화력도 뛰어났다. 러츠는 한수지와 함께 높은 블로킹을 형성해, 당시 국내 최고 수준의 공격력을 자랑하던 박정아와 이재영을 철저히 잡아냈다. 자연스럽게 상대의 공격이 외국인 선수에게 몰리는 사이 이소영과 강소휘, 그리고 리베로 한다혜와 김해빈이 수비력으로 커버했다.

그러나 2라운드에서 3승 2패, 3라운드에서 2승 3패를 기록하며 조금씩 주춤했다. 이소영이 또다시 부상을 입은 여파였다. 수비의 중심이던 그가 2라운드 흥국생명과의 경기 1세트에서 발목과 발등의 인대가 파열되는 부상으로 빠진 뒤 GS칼텍스는 흔들리기 시작했다. 이번에도 예상했던 재활 기간인 6~7주보다 일찍 복귀했지만 차상현 감독은 그를 무리해 기용하지 않았다.

4라운드에서 복귀한 이소영은 주장직까지 맡았다. 차츰 그가 경기력을 끌어올리는 가운데 GS칼텍스는 5연승을 달리며 선두 현대건설을 바짝 따라붙었다. 독주 체제를 굳히는 듯했던 현대건설과의 5라운드 맞대결에서도 3-2 승리를 거둬 승점 1점 차로 간격을 좁혔다. 그날 장충체육관을 찾은 3700여 관중들은 마치 우승을 차지한 것처럼 환호했다. 정규리그에서 역전 우승도 가능해 보였다.

하지만 누구도 예상하지 못한 재난이 일어났다. 코로나19가 기승을 부리기 시작한 것이다. 한국배구연맹은 일단 무관중으로 경기를 치르고 선수들 사이에서 감염자가 나올 경우 리그를 중단하기로 했다. GS칼텍스는 6라운드 첫 경기에서 한국도로공사를 제압했다. 이후 흥국생명이 현대건설을 이긴 틈을 타 1위에 올라섰다. 그러나 현대건설과의 다음 맞대결에서 0-3으로 져 다시 1위를 빼앗겼다. 그렇게 여전히 승점 1점 차. 두 팀 모두 3경기씩 남겨둔 상황에서 역전 가능성은 충분했다. 하지만 코로나19의 확산세가 강해지면서 결국 리그는 그대로 막을 내리고 5라운드 성적으로 순위를 매기기로 했다. GS칼텍스로선 아쉬움이 남는 결과였다.

다음 시즌 GS칼텍스는 멤버가 바뀌는 큰 변화 없이 팀을 다졌다. 유서연이 트레이드로 합류해 날개 공격수진이 보강된 정도에 그쳤다. 젊은 팀인 GS칼텍스는 강했다. 김연경과 이재영, 이다영 등 화려한 멤버를 구축한 흥국생명을 컵대회 결승에서 눌렀다.

정규리그에서도 기세는 이어졌다. 개막하고 10연승을 기록하며 선두를 달리던 흥국생명을 만났을 때 GS칼텍스는 5세트 접전 끝에 시즌 첫 패배를 안겼다. 이소영이 5세트 10-8에서 연이어 강서브를 때려 넣어 순식간에 스코어가 14-8로 벌어지면서 승부가 갈렸다. 당시 그가 "김연경 언니나 재영이처럼 잘하는 선수가 많아 승부욕이 불타오릅니다"라고 소감을 밝히고, 김연경이 "소영이가 경기를 너무 얄밉게 잘한다"고 말해 웃음을 자아내기도 했다.

꾸준히 흥국생명을 쫓던 GS칼텍스는 마침내 시즌 막바지 추월에 성공한다. 흥국생명 내부에서 선수단 불화가 밝혀지고 과거 학교 폭력까지 드러나면서 이재영과 이다영 쌍둥이가 팀을 떠난 게 결정적이었다. 반면 차상현 감독과 이소영의 리더십 아래 하나로 뭉친 GS칼텍스는 추격전을 펼치다가 2021년 3월 12일 IBK기업은행과의 경기에서 3-0 승리를 거두며 마침내 1위로 올라섰다. 그리고 다음 날 흥국생명이 KGC인삼공사에 패하면서 정규리그 제패를 확정했다.

마지막 남은 챔피언결정전. 플레이오프를 치르고 올라온 흥국생명 선수들의 발걸음은 무거웠다. 반면 GS칼텍스 선수들은 자신감이 넘쳤다. 이소영은 안정적인 수비로 공격을 잇고 공격 기회가 찾아오면 결정력을 유감없이 과시하며 승부처인 1세트에서 팀의 승리를 이끌었다. 러츠와 이소영, 강소휘가 각각 24점, 14점, 11점을 올렸다. 그날 이소영의 공격성공률은 무려 66.7퍼센트에 달했다. 경기가 끝나고 그는 이렇게 말했다. "흥국생명 경기를 계속 보며 플레이를 많이 분석했는데 그것이 경기에서도 잘 맞아떨어졌습니다. 연경 언니의 점유율을 줄이는 데 효과를 봤어요."

2차전에서도 이소영은 펄펄 날았다. 득점은 강소휘(18점)와 러츠(17점)가 이소영(15점)보다 더 많았지만 공격성공률은 이소영(59.25퍼센트)이 제일 높았다. 무엇보다 20점대 이후 승부처에서 해결사 역할을 해냈다. 기세를 탄 GS칼텍스는 3차전에서 승부에 마침표를 찍었다. 5세트까지 가는 대혈전이 벌어졌지만 교체 투입된 유서연이 5세트 초반 활약한 덕에 10-2로 달아나며 승부를 일찌감치 결정지었다. GS칼텍스는 2013/14시즌 이후 7년 만에 다시 챔피언에 올랐다. 컵대회, 정규리그, 챔피언결정전 우승을 모두 휩쓸어 리그 사상 첫 트레블(3관왕)까지 달성했다.

이소영은 주장으로서 평균 연령 22세의 젊은 팀을 이끌고 두 번째 우승 반지를 꼈다. 얼굴에 희색이 가득했다. "처음 우승했을 때는 언니들을 따라 가며 멋모르고 했습니다. 두 번째 우승은 내가 후배들을 끌고 가는 입장이라 느낌이 달랐습니다. 선수단과 감독, 코칭스태프 사이를 연결하는 게 힘들었어요."

챔피언결정전 MVP를 뽑는 투표의 결과는 흥미로웠다. 최다 득점을 올린 러츠와 이소영이 나란히 11표를 받은 것. 챔피언결정전 사상 첫 공동 수상이었다. 이소영은 MVP 트로피를 러츠에게 들게 하고 기념사진을 촬영했다. 러츠에게 고마움이 컸기 때문이다. "진짜 놀랐어요. 내가 수상할 줄 전혀 몰랐거든요. 구단 직원들이 같이 나가라고 하는데 무슨 말인지 잘 못 알아들었어요. 물론 기분은 좋았죠. 너무 얼떨떨했고요. 3차전만 보더라도 사실 러츠의 공이 커서 '내가 왜?'라는 생각이 들었어요. 동갑내기 친구로 서로 많이 의지했는데 둘이 함께 받아 더욱 좋았어요."

시상식 인터뷰를 마친 이소영은 눈물을 훔쳤다. 혹시나 자신이 우는 모습을 현장에 온 어머니가 볼까 싶어서였다. 아버지가 일찍 돌아가신 뒤 혼자 딸을 뒷바라지하며 항상 경기장을 찾는 어머니였다. 하지만 북받쳐 오르는 감정이 끝내 터졌다. 어머니의 목에 메달을 걸어주고 펑펑 우는 그의 모습을 지켜본 많은 이가 '강하게만 보이던 이소영에게 이런 모습도 있구나' 하는 느낌을 받았을 것이다. "엄마가 '고생했다, 수고했다'는 말을 계속했어요. 그런 말을 할 사람은 엄마가 아니라 난데…."

대전에서의 3년

GS칼텍스를 정상으로 이끈 직후 오프시즌에 이소영은 모두를 놀라게 했다. KGC인삼공사로 이적했기 때문이다. KGC인삼공사는 3년 최대 총액 19억 5천만 원을 제시해 그를 붙잡는 데 성공했다. 이영택 KGC인삼공사 감독이 꾸준히 만나 마음을 돌리고 구단도 최고 대우를 약속한 끝에 계약이 체결됐다.

이적하고 첫 경기인 2021년 10월 19일 페퍼저축은행과의 경기에서 이소영은 21점을 올리며 팀의 승리를 이끌었다. 그동안 KGC인삼공사는 팬층이 약했지만 이소영이 가세한 뒤부터 대전 충무체육관에 많은 팬이 찾아왔다. 구단 관계자들도 이소영의 영입으로 전력과 관중을 한꺼번에 얻었다며 만족해했다. 그러나 아쉽게도 직전 시즌 최고의 활약을 펼친 발렌티나 디우프가 떠난 자리를 극복하지 못하고 팀은 리그가 조기 종료된 시점에서 정규리그를 4위로 마감했다.

시즌 최종 득점은 377점으로 국내 선수 중에선 네 번째로 많았다. 수비력도 여전했다. 하지만 엘레나와 이소영에게 공격이 집중되다 보니 성공률이나 해결 능력은 GS칼텍스에서만큼 보여주지 못했다.

결국 상위권 진입에 실패한 KGC인삼공사는 이영택 감독과 결별하고 고희진 감독을 선임했다.

KGC인삼공사에서 두 번째 시즌은 시작부터 위기였다. 그 전부터 좋지 않았던 어깨 상태가 심각해지면서 우측 견관절 회전근개 및 상부 관절와순 파열이라는 진단을 받았다. 이소영과 구단은 상의 끝에 일단 국가대표팀에서 나와 재활을 하다가 시즌에 돌입했다. 이소영은 2022/23시즌 내내 아픔을 참고 뛰었다. 36경기를 모두 소화하는 동안 457득점을 올렸다. 물론 직전 시즌보다 나은 성적이지만 여전히 커리어 하이를 찍은 2020/21시즌만큼의 퍼포먼스는 아니었다.

결국 시즌을 마치자마자 수술을 받았다. 재활 기간은 6~8개월. 때마침 팀명도 정관장 레드스파크스로 변경됐다. 고희진 정관장 감독은 "절대로 무리시키지 않을 것이다. 완벽해진 다음에 뛰게 할 것"이라고 했다. 한국배구연맹 홍보팀을 거쳐 현재 스포츠 홍보 종합대행사에서 근무하고 있는 이정임 실장은 가장 가까이서 그를 지켜본 사람이다. 이실장은 "소영이는 배구를 정말 잘하고 싶어 하는 선수였다. 경기가 끝나면 항상 재방송을 보며 경기를 복기했다. 부상을 당했을 때도 빨리 경기에 나가고 싶어 정말 열심히 재활했다"고 했다.

2023/24시즌 초반 정관장은 아시아쿼터로 들어온 메가왓티 퍼티위의 활약과 세터 염혜선의 안정된 볼 배급을 앞세워 선두 흥국생명을 위협했다. 그러나 2라운드와 3라운드에선 외국인 선수 지오바나 밀라나(등록명 지아)가 흔들리면서 주춤했다. 또다시 포스트시즌에 못 나갈 수도 있는 상황. 이소영도 복귀해 수비에서 중심 역할을 했으나 공격이나 서브 면에서 성적이 예전 같지 않았다.

그러던 중 이소영의 경기력이 살아나면서 정관장은 시즌 막판 돌풍의 주역이 됐다. 선두 다툼을 벌이던 현대건설과 흥국생명까지 이기고 3위에 올라 7년 만에 봄 배구를 확정했다. 2024년 3월 7일 GS칼텍스와의 경기에서 승리하면 4위와의 준플레이오프 없이 플레이오프에 직행할 수도 있었다. 그런 기세라면 정규리그 3위로 챔피언결정전 우승까지 차지할 수도 있다는 예상이 나왔다. 이소영은 그때를 이렇게 돌아봤다. "주변에서 내가 복귀하고부터 팀이 안정되고 무서운 전력으로 탈바꿈했다고 말하더라고요. 지아와 메가도 더 힘을 냈어요. 우승할 수 있다는 말을 들으니 '어디 한번 일을 내보자'라는 생각이 들었습니다."

그러나 이번에도 부상 악령이 그를 괴롭혔다. 2세트 도중 블로킹을 하고 내려오다가 왼쪽 발목을 접질렸다. 들것에 실려 나간 뒤 병원 검진을 받은 결과 왼쪽 발목 인대가 셋 중 둘이 파열됐다는 진단이 나왔다. 중상이었다. 고희진 감독은 공식 인터뷰에서 "챔피언결정전에선 이소영이 돌아올 수 있다"고 말했지만 필자에겐 "쉽지 않을 것 같다"고 토로했다. 이소영은 긴박한 그때를 돌아봤다. "그때 몸이 정말 좋았어요. 보통 몸 상태가 좋을 때 다친다고 얘기하잖아요. 정말 그랬거든요. 누구 탓을 할 수도 없고 너무 미안했죠. 초반에 같이 하지 못하다 돌아온 뒤 분위기가 좋아졌는데…. 팀원들이 '언니, 할 수 있죠?'라고 물어볼 때 안 될 줄을 알면서도 '챔피언결정전에 가면 뛸 수 있다'고 말을 꾸며낼 수밖에 없었어요."

정관장은 결국 흥국생명과의 플레이오프에서 1승 2패로 져 물러났다. 하지만 이소영 효과는 확실히 있었다. 그리고 그는 또 한 번 도전을 택했다. 통산 네 번째 FA 자격을 얻은 그는 2024/25시즌을 앞두고 정관장을 떠나 IBK기업은행으로 이적했다.

리그 최고의 신드롬

김희진

- 2021/22시즌 -

2021년 도쿄 올림픽을 계기로 여자배구의 인기는 말 그대로 폭발했다. 주장 김연경을 중심으로 세계적인 강팀들과 싸워 2012년 런던 올림픽 이후 9년 만에 4강 신화를 이룬 대표팀 선수들에게 스포트라이트가 쏟아졌다. 그중에서도 가장 큰 사랑을 받은 선수가 김희진이었다. 보이시한 외모와 호쾌한 스파이크 덕분에 특히 여성 팬들을 몰고 다녔다. '김희진 신드롬'이라는 단어까지 나올 정도였다.

대중들에겐 그때 비로소 널리 알려졌지만 그는 이미 고등학교 시절부터 배구계에서 각광받는 기대주였다. 운동선수 출신인 부모님의 DNA를 이어받아 일찌감치 태극마크를 달았다. 그의 고교 졸업에 맞춰 IBK기업은행이 '제6 구단'으로 창단한 건 익히 알려진 일화다. 워낙 운동 능력이 뛰어나 외국인 선수 못지않은 공격력과 블로킹을 선보이며 팀의 간판선수로 활약했다.

남들보다 출발은 늦었지만

김희진은 고등학교 2학년이던 2009년 국가대표팀에 뽑혔다. 당시 김연경을 제외하면 파워를 갖춘 장신 공격수가 없던 대표팀으로선 그의 합류가 큰 힘이 됐다.

2010년에 프로에 뛰어들었다. 때마침 창단을 준비하고 있던 IBK기업은행은 협상을 통해 배구 명문 3개 학교의 선수들을 우선 지명할 권리를 얻었다. 중앙여고와 남성여고, 진주 선명여고에서 고교 랭킹 넘버원인 김희진과 박정아를 포함해 총 10명 선수를 한꺼번에 데려왔다. 드래프트 대상은 아니었지만 당시 IBK기업은행은 김희진의 이름을 가장 먼저 불렀다. 사실상 전체 1순위나 다름없었다.

IBK기업은행은 1년 동안 조직력을 다진 뒤 2011/12시즌부터 V리그에 합류했다. 베테랑 몇 명과 신인 선수들로 구성된 팀이지만 IBK기업은행은 6개 팀 중 4위에 오르며 선전했다. 김희진의 활약도 인상적이었다. 미들 블로커로 나서 이동공격 1위, 속공 2위, 서브 5위에 올랐다. 아쉽게도 신인왕은 두 살 어린 입단 동기 박정아(박정아는 빠른 1993년생이고 김희진은 1년 유급했다)에게 내줬지만 기대에 걸맞은 모습을 보여줬다.

2012년은 그에게 잊을 수 없는 해다. 데뷔 시즌을 마친 뒤 합류한 대표팀에서 빛나는 활약을 했기 때문이다. 당시 대표팀의 주전 아포짓 스파이커는 황연주였다. 런던 올림픽 예선만 해도 황연주가 주로 뛰고 김희진은 교체로 간간이 투입됐다. 그러던 중 본선에서 김희진에게 기회가 왔다. 아무래도 신장 면에서 황연주(177센티미터)보다는 김희진(185센티미터)이 나았기 때문이었다. 대표팀 막내였던 그는 조별리그 세르비아전과 튀르키예전에서 각각 11점과 10점을 올리며 기대 이상의 활약을 펼쳤다. 아쉽게도 일본과의 동메달 결정전에서 진 뒤에는 눈물을 펑펑 흘렸다. 하지만 1976년 몬트리올 올림픽 이후 36년 만에 4강에 오른 대표팀에 박수가 쏟아졌다.

2년차 징크스도 없었다. 2012/13시즌엔 데뷔 첫해보다 더 좋은 성적을 냈다. 공격성공률은 47.65퍼센트로 상승하고 총득점도 374점으로 늘어났다. 서브득점과 블로킹도 세트당 평균 0.1개 이상 늘어났다. 팀도 최고의 결과를 냈다. IBK기업은행은 알레시아와 김희진, 박정아가 이룬 삼각 편대를 앞세워 2년 만에 정규리그 1위와 챔피언결정전 우승을 함께 차지했다.

MB에서 OP로, OP에서 MB로 트랜스포머

김희진은 국내 선수 중에선 장신이다. 그래서 고교 시절에는 미들 블로커를 보는 동안 아포짓 스파이커로도 뛰었다. 프로에 와서는 미들 블로커에 집중했다. 아무래도 공격력이 뛰어나고 힘이 좋은 외국인 선수들이 아포짓 스파이커를 맡았기 때문이다. 대표팀에서 아포짓 자원이 부족할 때 나서기도 했지만 리그에선 거의 미들 블로커로 뛰었다. 하지만 컵대회에선 달랐다. 외국인 선수가 거의 출전하지 않기에 아포짓으로 나섰다. 2013년 컵대회에서 KGC인삼공사와 만났을 땐 서브 3점, 블로킹 3점, 백어택 4점을 기록해 트리플 크라운을 달성했다. 비록 정규리그가 아니라 상금 100만 원은 받지 못했지만 다재다능함을 뽐냈다.

사실 리그에서 그런 선수는 거의 없다. 뛰어난 탄력을 살린 스파이크 높이(300센티미터) 덕분이었다. 사실 중앙 공격과 측면 공격은 공을 때리는 방법이 전혀 다르다. 속공은 스텝을 밟지 않고 뛰어오른다. 오픈이나 백어택은 도움닫기를 한 뒤 스파이크를 날린다. 김희진은 이렇게 말했다. "전혀 어렵지 않아요. 원래 나는 속공보다는 이동공격에 자신이 있습니다. 그래서 스텝을 밟으며 때리는 공격 리듬이 익숙해요." 하지만 이 포지션, 저 포지션을 오가는 게 편치는 않았다. 그는 "솔직히 준비하는 게 쉽지는 않아요"라고 말하면서도 묵묵히 해냈다.

2014/15시즌은 그런 김희진의 장점이 드러난 시즌이었다. 당시 IBK기업은행은 이효희가 빠진 자리에 김사니를 주전 세터로 영입했다. 당시 팀의 주포는 미국 국가대표 출신인 데스티니 후커. 데스티니는 출산 이후에도 여전히 강력한 경기력을 뽐냈다. 그러던 중 2015년 1월 KGC인삼공사와의 경기에서 그가 큰 부상을 입었다. 공격한 뒤 착지하는 과정에서 KGC인삼공사 조이스의 발목을 밟아 발이 돌아갔다. 고통스러워하며 눈물까지 보인 데스티니는 부축을 받아 겨우 코트 밖으로 빠져나왔다. 그 후 염좌 및 인대 손상이라는 진단을 받았다. 이정철 감독은 결국 김희진을 아포짓 스파이커로 내세웠다.

김희진은 공격 본능을 마음껏 발휘했다. 전위는 물론 후위에서도 틈만 나면 공격했다. 가장 돋보인 경기는 2월 2일 5라운드 한국도로공사와의 경기. 당시 니콜과 이효희를 앞세워 9연승을 달리던 한국도로공사를 상대로 35득점을 쏟아부으며 승리했다. 후위공격은 무려 11개, 블로킹과 서브득점도 각각 2개씩 올렸다. 칭찬에 인색한 이정철 감독조차 "김희진이 너무 잘해줬다"며 고마워했다. 그 전까지 공격점유율 20퍼센트 정도였던 김희진은 그날 무려 공격의 52.6퍼센트를 책임지며 시즌 평균(38.2퍼센트)과 비슷한 공격성공률(38.3퍼센트)을 찍었다. 특히 백어택 성공률은 40.7퍼센트나 됐다. 당시 경기 뒤에 만난 그는 "(힘들어서) 쓰러질 뻔했어요"라고 했다. 하지만 "지금까지 내가 한 경기 중 최고"라며 미소 지었다.

그해 마지막 결과도 좋았다. IBK기업은행은 정규리그에선 2위에 머물렀지만 챔피언결정전에 진출해 한국도로공사에 3연승을 거두고 3승 0패로 정상에 올랐다. 김희진은 2차전에선 4세트에서만 무려 10점을 올리며 20득점을 기록했다. 정규리그에선 데뷔 이래 최고 득점인 450점을 올려 국내 선수 1위에 올랐다.

2015/16시즌에도 두 포지션을 오가며 자신의 진가를 입증했다. 스파이크 서브는 아니지만 까다로운 점프 서브를 구사해 서브 1위에 오르기도 했다. 아쉽게도 후반에 그가 손가락 부상을 입어 빠진 뒤 IBK기업은행은 그 여파로 챔피언결정전에서 현대건설에 3연패를 당하고 말았다.

2016/17시즌에는 세 번째 우승 트로피를 들어올렸다. 당시 김희진은 체력적으로 매우 힘들었지만 주장답게 교체 없이 정규리그 전 경기를 소화했다. 미들 블로커로만 뛰던 그는 흥국생명과의 챔피언결정전에선 상대 주포인 러브를 막기 위해 블로킹은 가운데에서 하고 공격은 아포짓 스파이커처럼 오른쪽에서 때렸다. 급기야 2차전이

끝난 뒤엔 탈진 증상을 보여 언론 인터뷰도 하지 못하고 곧바로 병원에 가기도 했다. 나중에 그는 이렇게 털어놨다. "그땐 체력이 정말 0퍼센트였어요. 공이 잘 보이지 않을 정도여서 어떻게 때렸는지도 기억이 안 납니다. 감으로 했어요." 투혼 그 자체였다.

2016/17시즌이 끝난 뒤 처음 FA 자격을 얻은 김희진은 연봉 3억 원에 잔류해 '연봉 퀸'에 올랐다. 그러나 그와 함께 챔피언결정전 진출 5차례와 우승 3차례를 견인한 박정아는 한국도로공사로 떠났다. 당시 국가대표팀에서 만난 두 선수는 웃으며 감회를 털어놨다. 김희진은 "상대 팀으로 맞서보니 막기 힘들었다. 같은 팀일 때는 잘 못 느꼈는데 상대편이 되니 무서웠다"고 하고, 박정아는 "상대 팀에서 맞붙는 건 처음이라 어렵다고 생각했다. 그래도 희진 언니랑 로테이션상 자주 맞붙지 않아 다행이었다. 희진 언니를 앞에 두고 공격하는 동료 문정원을 볼 때 '우와' 탄성이 나왔다"며 웃었다.

배구계에선 농반진반으로 남자부 대표 미남인 문성민, 김요한과 함께 김희진을 '배구계 3대 미남'이라고 부르기도 한다. 숏커트 스타일에 체격이 좋은 데다 이목구비도 뚜렷하기 때문이다. 하지만 보기와 달리 그는 다소 내성적인 편이다. 자신의 발을 밟고 다친 다른 선수가 걱정돼 다음 경기에서 제대로 집중하지 못한 적도 있다. 오랫동안 함께 했던 동료들도 '주장 스타일'은 아니라고 입을 모았다. 그러나 그는 2016/17시즌부터 2년간 주장 완장을 찼다. 그도 "나는 다른 선수들을 이끌고 나가는 스타일이 아니에요. 그런데 주장이 되고 나서 조금 달라지고 있어요"라고 했다. 그만큼 팀을 위해 노력했다는 얘기다.

시간이 흘러 함께 영광을 이룬 IBK기업은행 창단 멤버들이 하나 둘 팀을 떠났다. 2010년 함께 시작한 10명 중 박정아에 이어 채선아가 마지막으로 이적하면서 김희진 혼자 남았다. 팀의 중심 역할을 하던 리베로 남지연도 FA 보상선수로 이적한 뒤 은퇴하고 이효희의 빈자리를 메운 김사니마저 은퇴했다. 흥국생명에서 이적해온 김수지가 그나마 베테랑으로서 도왔지만 김희진의 어깨가 무거웠다. 그러면서도 팀 사정상 필요한 포지션을 오가고 때로는 진통제를 먹어가며 뛰었다. 하지만 점차 역부족을 느끼던 중 결국 2018/19시즌엔 6년 만에 봄 배구를 하지 못했다. 2019/20시즌엔 그가 종아리 근육 파열로 시즌을 일찍 접으면서 팀은 창단 이후 최악의 성적인 5위에 머물렀다.

도쿄 올림픽

당시 김희진은 소속 팀뿐 아니라 대표팀에서도 악전고투했다. 휴식 없이 오프시즌에 자주 차출되다 보니 몸 상태가 점점 나빠졌다. 결국 2018년엔 대표팀에 합류했다가 도중에 무릎과 발목 상태가 나빠져 빠졌다. 대표팀에 처음 뽑힌 지 10년 만에 생긴 일이었다. 김희진이 없는 대표팀은 세계선수권대회에서 조별리그 탈락의 쓴잔을 마시고 이후 차해원 감독은 지휘봉을 내려놓게 됐다.

대한배구협회는 이후 파격적인 결단을 내린다. 최초로 외국인 감독을 선임한 것. 이탈리아 출신의 스테파노 라바리니 감독이었다. 비선수 출신으로 10대 때부터 지도자 생활을 시작한 그는 세계 최고 리그 중 하나인 이탈리아에서 코치로서 좋은 성과를 냈다. 그리고

2018년엔 브라질 리그의 구단 미나스를 세계클럽선수권 준우승으로 이끌었다. 당시 준결승에서 상대한 팀은 튀르키예의 명문이자 김연경이 뛰고 있던 엑자시바시였다. 도쿄 올림픽 출전권을 확보하려고 고심해온 협회의 결단이기도 하고 김연경의 추천도 있었다. 라바리니 감독은 명문 팀들에서 일하던 스태프들까지 함께 데려와 대대적인 팀 개편에 나섰다.

시작은 좋지 않았다. 2019년 발리볼네이션스리그에서 한국은 3승 12패에 그쳐 15위에 머물렀다. 도쿄 올림픽 세계예선에선 러시아를 상대로 2-0으로 앞서다가 역전패해 출전권을 놓쳤다. 안방에서 열린 아시아선수권에서도 준결승까지 무난히 올라갔지만 2진을 내세운 일본에 패해 3위에 머물렀다.

이유는 있었다. 이전 감독들과 완전히 다른 배구를 하다 보니 선수들이 전혀 적응하지 못했다. 라바리니 감독은 이른바 '스피드 배구'를 이식하려 했다. 스피드 배구의 요체는 리시브 이후 공격수 4명이 공격에 가담해 한 발 빠른 플레이로 전위 3명만 참여하는 상대 블로킹을 따돌리는 것이다. 리시브를 완벽히 하지 못하더라도 세터가 발 빠르게 이동해 패스하고, 미들 블로커는 속공을, 아포짓 스파이커나 후위에 위치한 아웃사이드 히터는 백어택을 준비한다.

그동안 미들 블로커의 이동공격을 많이 쓰고 김연경에게 쏠리던 우리 대표팀의 전술과는 완전히 달랐다. 미들 블로커 양효진은 "스텝 하나까지 감독님이 지시를 내린다"며 고충을 털어놓기도 했다. 다행히 대표팀은 태국에서 열린 아시아 최종예선 결승전에서 복사근이 찢어졌는데도 출전한 김연경을 앞세워 태국을 물리치고 도쿄행 티켓을 따냈다. 그러나 쌍둥이 자매가 불미스러운 일로 대표팀에 승선할 수 없게 됐다. 주전 세터 이다영과 공수를 겸비한 이재영의 공백은 큰 손실이었다.

라바리니 감독은 본선을 앞두고 김희진을 키 플레이어로 꼽았다. 대표팀에서 후위공격을 할 수 있는 선수는 김연경과 아포짓 스파이커 김희진뿐이었기 때문이다. 무릎 수술을 받아 몸 상태가 좋지 않은 김희진으로선 적지 않은 부담이었다. 그러나 라바리니 감독은 그를 계속 독려했다. "김희진의 백어택 성공률이 김연경보다 낮아도 계속 시도해야 한다. 그래야 상대의 블로킹을 효과적으로 무너뜨릴 수 있다. 김희진은 우리가 원하는 스타일의 배구를 할 수 있는 선수다. 재활 기간이 충분했던 것은 아니지만 그는 우리 전술상 꼭 필요하다. 어떻게든 컨디션을 회복시키겠다." 라바리니 감독은 힘들어하는 김희진을 "마이 아포짓"이라 부르며 격려했다.

김희진은 그런 라바리니의 믿음에 보답했다. 올림픽 조별리그 1차전에서 브라질에 0-3으로 졌으나 2차전 케냐와의 경기에서 20점을 올리며 경기력을 끌어올렸다. 세터 염혜선은 적극적으로 김희진을 활용하며 자신 있게 공격을 이끌었다. 8강 진출의 분수령인 도미니카공화국과의 경기에선 5세트 막판 결정적인 직선 공격을 성공시켜 3-2 승리에 기여했다. 이후 일본을 꺾은 대표팀은 8강에서 튀르키예를 물리치고 2012년 런던 올림픽 이후 두 대회 만에 4강에 올랐다. 이후 브라질과 세르비아에 연패해 메달을 따지는 못했지만 올림픽 구기 종목 중 가장 좋은 성과를 냈다. 하나가 돼 세계적인 강호들과 맞서 싸운 여자배구 대표팀은 도쿄 올림픽이 낳은 최고의 스타였다.

올림픽 이후 김희진도 큰 사랑을 받았다. 많은 팬이 그 특유의 털털한 매력과 보이시한 외모에 호감을 드러냈다. 2021/22시즌 IBK기업은행의 홈경기가 열릴 때마다 화성실내체육관은 만원사례를 이뤘다. 무릎 부상을 당하고도 빠르게 돌아왔다. 3라운드부터는 미들 블로커가 아니라 아포짓 스파이커로만 뛰며 팀 내 주포 역할을 했다. 해당 시즌 국내 선수 '한 경기 최다 득점(32점)' 기록도 세웠다. 올스타 투표에선 11만 3448표를 획득해 올스타전 사상 최초로 10만 표를 돌파하며 남녀부 통합 1위의 영광을 안았다.

2022년 8월 열린 컵대회 개막전은 V리그 인기의 정점을 보여줬다. 대회는 서울에서 먼 전남 순천에서 열렸지만 팬들의 줄이 새벽부터 이어졌다. 국내로 돌아온 김연경의 흥국생명과 김희진의 IBK기업은행의 격돌을 지켜보려는 팬들의 열기 탓에 에어컨을 틀어도 땀이 날 정도였다.

아쉽게도 김희진은 2022년을 정점으로 하락세를 그렸다. 고질적인 부상 탓이었다. 결국 2022/23시즌 막바지 무릎 수술을 받았다. 1년으로 예상됐던 재활 기간은 앞당겨졌으나 2023/24시즌에도 예전과 같은 모습을 보여주지는 못했다. 그동안 달았던 등번호 4번 대신 7번을 쓰며 의욕을 드러냈으나 여의치 않았다. 포지션 역시 이제는 아포짓 스파이커를 소화하기 어려워 미들 블로커에 전념하게 됐다. 하지만 V리그 20년 역사상 가장 완벽히 두 포지션을 소화한 선수를 꼽으라면 그를 빼놓을 수 없다.

리시브의 달인 '최리'

임명옥

- 2022/23시즌 -

2022/23시즌 챔피언결정전 5차전에서 포스트시즌 사상 최장 경기 시간인 158분의 혈투가 벌어졌다. 3.4퍼센트라는 리그 역대 최고의 시청률이었다. 마지막 승자는 한국도로공사였다. 주장 임명옥은 2017/18시즌에 이어 선수단 대표로 트로피를 들어 올렸다. 공격은 하지 않지만 상대의 서브와 공격을 척척 받아내는 살림꾼 그가 없었다면 한국도로공사의 우승은 불가능했다.

지금이야 임명옥 없는 한국도로공사를 상상할 수 없지만 처음 김천으로 향할 당시 그는 '버림받았다'고 생각했다. 하지만 그는 유일하게 우승이 없던 구단에 별 두 개를 달아줬다. 5회 정상에 오르며 현역 리베로 중에서 가장 많은 우승 기록을 세웠다. 강아지 이름마저 '리베로'일 만큼 리베로 포지션에 대한 애정도 가득하다.

백어택 때리다 리베로로 변신

임명옥은 마산제일여고 시절 어깨가 아파 유급을 고려한 적도 있지만 금방 생각을 접었다. 빨리 졸업해 프로 선수가 되고 싶었다. 결국 2005년 원년 드래프트에서 전체 3순위로 뽑혀 KT&G에 입단했다.

당시 포지션은 아웃사이드 히터. 백어택 2점 제도가 시행되던 시기이고 공격력에 자신도 있어 기회가 올 때마다 후위공격에 나섰다. 그러는 사이 어깨 통증이 재발했다. 게다가 KT&G에는 국가대표 아웃사이드 히터들인 최광희와 임효숙이 있었다. 앞이 캄캄했지만 용기를 내 김형실 감독을 찾아갔다. "감독님이 신입생인 내가 수비도 잘하고 리시브도 잘한다고 칭찬해줬죠. 언니들이 있어도 뛰고 싶은 욕심에 무작정 감독님을 찾아갔어요. 후위 수비 세 자리에 들어가 리시브를 받는 건 자신 있다고 했죠. 감독님이 알겠다고 하더라고요." 김감독은 적극적인 자세로 임하는 임명옥을 시즌 내내 기용했다.

그렇게 3시즌을 보내다가 2007/08시즌부터 주전 리베로가 됐다. 허리 통증에 시달리다 리베로로 전향한 최광희가 은퇴한 자리를 메웠다. "사실 처음부터 리베로를 하고 싶었어요. 리시브를 좋아하고 잘하니까. 그런데 시즌이 개막하기 일주일 전에야 알게 됐어요." 리베로로 변신한 다음부터는 팬들로부터 '최고의 리베로'의 줄임말인 '최리'라는 별명을 얻으며 승승장구했다.

2010/11시즌과 2013/14시즌엔 수비상을 수상했다. 팀명이 KT&G에서 KGC인삼공사로 바뀌고 그 사이 3차례 우승하는 동안 항상 같은 자리를 지켰다. 심지어 팀이 리그 최다 연패 기록인 20연

패를 당하던 2012/13시즌에도 선수들과 함께 눈물을 흘렸다. 그렇게 프랜차이즈 스타로서 커리어를 쌓아갔다.

'김천 도련님' 김종민 감독

2015년 5월 깜짝 놀랄 만한 뉴스가 전해졌다. 한국도로공사 김해란과 KGC인삼공사 임명옥이 트레이드된 것. 결혼 이후에도 꾸준히 선수 생활을 이어가며 각자 주전 리베로로 데뷔한 팀에서 10년 넘게 뛴 둘 모두에게 적지 않은 충격이었다. "지금은 트레이드되더라도 '저 팀이 나를 필요로 하는구나'라고 생각하는데, 당시엔 생각지도 못한 트레이드였어요. '버림받는구나, 버림받고 왔어'라는 생각이 더 많았어요. 트레이드된 뒤에도 힘들었어요. 구단에서 하나부터 열까지 뭔가를 계속 지적했거든요. 해란 언니를 보낸 걸 후회한다는 말도 들었어요. 눈치만 보며 한 시즌을 치렀어요."

2016/17시즌 한국도로공사는 새 사령탑을 선임했다. 남자배구 대한항공의 김종민 감독이었다. 직전 시즌까지 팀을 잘 이끌던 그는 구단과 마찰을 겪는 과정에서 스스로 물러났다. 대한항공 정직원으로서 사무직으로 돌아가 근무하던 중 한국도로공사의 제안을 받았다. 고심 끝에 처음으로 여자부에서 지도자 생활을 시작했다. 그런 감독의 눈에 띈 선수가 임명옥이었다.

"김종민 감독님이 얼마 안 있어 나를 보더니 왜 눈치를 보냐고 하더라고요. '나를 알아주는구나' 하고 생각했어요. 감독님 덕분에 자신감과 자존감을 갖게 됐어요. 감독님을 만난 게 배구 인생의 터닝포인트죠. 오래 함께 지내다 보니 보기 싫을 때도 있지만 내 마음 속엔 은인이라는 생각이 강해요, 김종민 감독님은."

팀 내 선수단 변화도 많았다. FA로 풀린 배유나를 데려오고 황민경을 보상선수로 보냈다. 김미연과 이고은을 IBK기업은행으로 보내고 최은지와 전새얀을 받는 2대 2 트레이드를 실시했다. 미들 블로커들인 장소연과 하준임은 나란히 은퇴했다. 컵대회를 마칠 무렵 레슬리 시크라가 허리 부상으로 떠난 자리에 급히 케네디 브라이언을 데려왔다. 예상대로 쉽지 않았다. 팀은 좌초하고 브라이언이 득점 세리머니를 선수들과 하지 않는 것을 두고 '왕따설'까지 돌았다. 기량마저 저조한 브라이언이 결국 두 달 만에 한국을 떠나고 힐러리 헐리가 합류해 겨우 시즌을 마쳤다. 시즌 막판 5연승을 달리기도 했지만 결국 최하위로 정규리그를 마쳤다. 공교롭게도 모기업 본사가 있는 김천으로 본거지를 옮기자마자 팀은 2시즌 연속으로 하위권으로 떨어져 더욱 힘든 상황에 몰렸다.

그래도 임명옥 개인한테는 반등에 성공한 시즌이었다. 2010/11시즌 이후 가장 좋은 리시브효율(54.33퍼센트)을 기록하고 디그는 데뷔 이래 가장 많은 세트당 6.284개를 성공시켰다.

눈물의 사모곡

2017/18시즌 한국도로공사는 공격진을 재편했다. 2011/12시즌 대체선수로 활약했던 이바나 네소비치를 다시 데려오고 FA로 풀린 박정아를 영입했다. 정대영과 배유나의 미들 블로커진과 임명옥과 문정원의 리시브 라인의 결합이 강력했다. 박정아가 리시브를 면제받으면서 문정원과 임명옥이 거의 모든 서브를 받아냈지만 둘 다 수

비 범위가 넓고 안정감이 있어 흔들리지 않았다. 임명옥은 "많은 구역을 커버해야 하지만 2인 리시브가 나중엔 더 편해졌어요"라고 했다. 시즌 초반 주춤하다가 후반으로 갈수록 조직력이 탄탄해진 한국도로공사는 정규리그 1위에 올라 챔피언결정전에 진출했다.

하지만 돌발 변수가 생겼다. 임명옥의 어머니가 챔피언결정전을 나흘 앞두고 세상을 떠났다. "2014년 결혼 날짜를 잡고 신혼여행을 준비할 무렵 엄마가 어깨가 아프다고 해서 큰 병원에 가 진찰을 받았어요. 폐암 말기라는 진단을 받았죠. 그리고 4년 동안 투병을 했어요. 돌아가실 때는 의식이 없어 가족들이 진짜 힘들었어요. 맨날 울었죠. 그래도 팀에 피해를 줄 수는 없어 경기는 다 뛰었어요."

구단은 임명옥을 위해 경기만 뛰고 병원에 갈 수 있게 배려했지만 결국 챔피언결정전을 앞두고 어머니가 세상을 떠났다. 임명옥이 스무 살 때 아버지가 뇌경색으로 쓰러진 뒤부터 가장 노릇을 해온 어머니였다. 주변 사람들에게 늘 딸을 자랑하며 뿌듯이 여겼다.

"엄마가 좀 버텨줬으면 했어요. 내가 우승하는 걸 보고 가시기를. 그렇지만 그 전에 돌아가셨죠. 친척들은 '명옥아, 네가 마음이 안 잡히면 안 가도 될 것 같다'며 챔피언결정전 출전을 말렸어요. 그런데 언니는 '명옥이는 간다. 엄마가 가기를 원할 거다'라고 했어요. 새벽에 장지에 어머니를 모시고 돌아가신 지 이틀 만에 훈련에 복귀했죠. 효희 언니랑 대영 언니, 유나, 정아가 모두 가족처럼 많이 울고 신경을 써줬어요. 지금도 가장 기억나는 멤버죠."

김종민 감독은 "명옥이가 이틀 만에 복귀했다. 하루 더 쉬라는 말에도 훈련을 하겠다고 했다. 그게 무척 고마웠다. 선수들도 명옥이를 보며 마음가짐을 새로 했다"고 했다. 선수단은 근조 리본을 달고 코트에 섰다. 그리고 1차전에서 거짓말처럼 열세를 딛고 역전승을 거두었다. 임명옥의 회상에 따르면 당시 선수들은 경기가 끝날 때까지 서로 한 마디도 안 했다고 한다. 점수를 올릴 때마다 다 같이 모여 파이팅을 외칠 때도 말이 나오지 않았다. 서로 말없이 토닥이기만 했다. 이후 2연승을 해 IBK기업은행을 꺾고 1970년 창단 이후 처음으로 정상에 올랐다. 이효희는 "명옥이 엄마가 도와준 것 같다"고 했다. 챔피언결정전 MVP에 오른 박정아는 "명옥 언니에게 특히 고맙다. 언니를 위해 더 열심히 뛰었다"고 했다.

2018/19시즌 챔피언결정전에서 준우승한 뒤 FA 자격을 얻었을 때 임명옥은 3년 전의 연봉과 비교해 7천만 원이나 오른 1억 8천만 원에 계약을 맺고 한국도로공사에 남았다. 30대 중반이 된 뒤에도 기량을 유지했다. 아니, 더 끌어올렸다. 2019/20시즌엔 리시브와 디그, 수비 세 부문 모두에서 1위에 올랐다. 자연스럽게 생애 첫 '베스트7' 수상까지 따라왔다. 나이가 들면서 잔부상도 많아지고 훈련량을 소화하기도 버거웠지만 김종민 감독의 배려로 충분히 시즌을 준비한 덕분에 기량은 여전했다.

2020/21시즌엔 나이를 거꾸로 먹는다는 말을 들으며 압도적인 실력을 뽐냈다. 또다시 수비 부문에서 1위에 올랐다. 2021년 1월 27일 5라운드 현대건설과의 경기에서 리그 최초로 5천 리시브도 달성했다. 유일한 아쉬움은 무릎 수술을 받는 바람에 2020년 도쿄 올림픽 대표팀에 뽑히고도 참가하지 못한 것이다. 다만 이효희가 은퇴한 영향으로 팀은 정규리그 4위에 머물렀다.

2021/22시즌엔 주장까지 맡았다. 팀원들의 신뢰가 두터운 데다 코트에서 선수들의 위치까지 잡아주는 리더십이 있어 가능했다. 사실 배구에선 원래 리베로에게 주장을 잘 맡기지 않는다. 주장은 심판에게 항의하고 설명을 듣는 역할을 해야 하는데 리베로는 코트에서 빠져 있는 경우가 많기 때문이다. 국제배구연맹 규칙에서도 리베로는 주장을 할 수 없다고 명시했다. 그래서 리베로가 베테랑이 아니면 주장을 맡기지 않거나 맡더라도 경기에서는 주장 역할을 하는 선수를 따로 두는 경우가 많았다. 지금은 규정이 바뀌어 리베로도 주장(주장 선수의 등번호 아래 줄을 그어 표시함)을 맡을 수 있게 됐다.

'캡틴 임명옥'은 여전한 경기력을 뽐냈다. 무릎 수술로 훈련에 늦게 참여했으나 차츰차츰 컨디션을 끌어올렸다. 그 결과 3시즌 연속으로 수비 부문을 싹쓸이하고 리베로 최초로 3시즌 연속으로 '베스트7'을 수상했다. 팀은 정규리그에서 2위까지 올라갔다. 코로나19로 시즌이 조기 종료되면서 포스트시즌이 열리지 않은 게 아쉬웠다. 당시 팀 역사상 최다 기록인 12연승을 올린 한국도로공사는 독주를 이어가던 현대건설(28승 3패)에 유일하게 2패를 안긴 팀이었다. 선수단도 챔피언결정전에서 만나면 해볼 만하다는 자신감을 드러냈지만 어쩔 수 없었다. 시즌이 끝난 뒤 다섯 번째 FA 자격을 얻은 임명옥에게 팀은 다시 손을 내밀었다. 그는 역대 리베로 최고 대우(2년 총액 7억 원)를 받으며 잔류를 택했다.

역대 포스트시즌 최장 경기

2022/23시즌 한국도로공사는 어려운 시즌을 맞을 것처럼 보였다. 한국 무대 첫해인 2020/21시즌엔 다소 주춤했지만 다음 시즌 득점 2위에 오르며 주포 역할을 한 켈시 페인이 트라이아웃에 나오지 않았기 때문이다. 하필 드래프트 순서도 재계약한 팀들을 빼면 가장 늦은 5순위가 나왔다. 최종적으로 선택한 선수는 세르비아 국적의 카타리나 요비치. 1999년생으로 어리지만 유럽 리그를 경험하고 191센티미터의 키도 나쁘지 않았다. 그러나 막상 뚜껑을 열어보니 실망감을 지울 수 없었다. 점프력과 순발력이 떨어져 후위공격을 거의 하지 못했다. 아포짓 스파이커가 전위에서만 공격한다면 사실상 큰 의미가 없는 것. 게다가 공격을 전담해야 할 외국인 선수가 그렇다면 사정은 더욱 어려웠다. 김종민 감독은 고민 끝에 카타리나와 계속 가기로 했지만 좀처럼 나아지지 않았다. 조금씩 향상되는 모습을 보이기는 했지만 다른 팀의 외국 선수들과 경쟁하기엔 역부족이었다.

결국 한국도로공사는 승부수를 띄웠다. 지난날 GS칼텍스와 흥국생명에서 뛴 적이 있는 캐서린 벨(캣벨)을 영입하기로 했다. 때마침 튀르키예 리그에서 뛰고 있던 캣벨은 시즌 초반엔 거의 뛰지 않다가 서서히 경기에 나서고 있어 몸 상태가 좋았다. 한국도로공사 구단 관계자가 직접 선수의 상태를 확인한 뒤 교체를 결정했다.

캣벨은 2023년 1월 6일 KGC인삼공사와의 경기에서 공격성공률 25퍼센트에 그치고도 20점을 올렸다. 대표팀에 다녀온 뒤 시즌 초반 어려움을 겪던 박정아도 살아나 둘의 쌍포가 완성됐다. 물론 모든 건 임명옥과 문정원의 2인 리시브 체제가 물 샐 틈 없이 돌아간 덕분이었다.

한국도로공사는 3월 14일 페퍼저축은행전에서 여유 있게 정규리그 3위를 확정해 봄 배구행 티켓을 따냈다. 그리고 사흘 뒤 최종전인 GS칼텍스와의 경기에서 3-0 승리를 거둬 4위 KGC인삼공사와의 준플레이오프(정규시즌 3위와 4위 간의 승점 차가 3점 이하일 경우) 없이 2위 현대건설과 맞붙게 됐다.

플레이오프는 수비력에서 앞선 한국도로공사의 완승으로 끝났다. 3-1로 이긴 1차전에서 임명옥은 22개 리시브 중 15개를 정확히 받아냈다. 그해 정규리그에서 리시브효율 59.85퍼센트를 기록해 데뷔 이후 최고 기록을 세운 그는 이때 68.2퍼센트에 다다랐다. 현대건설의 서브가 임명옥의 손에 닿으면 곧바로 세터 이윤정에게 향하고 다시 박정아와 캣벨, 배유나를 거쳐 점수로 연결했다. 디그도 무려 25개에 달했다. 문정원(24개)과 이윤정(19개), 캣벨(15개)까지 상대의 스파이크를 모두 걷어 올렸다. 그날 현대건설의 공격성공률은 고작 28.5퍼센트에 머물렀다.

안방 김천에서 열린 2차전은 더 압도적이었다. 현대건설은 시즌 도중 허리 부상으로 이탈한 야스민을 대체해 합류한 이보네 몬타뇨가 4득점에 그치면서 0-3으로 무릎을 꿇었다. 상대의 서브가 임명옥을 피해 문정원에게 몰렸지만 소용없었다. 문정원은 41개 서브 중 19개를 정확히 받아내고 범실을 하나도 기록하지 않았다. 임명옥은 리시브는 12개밖에 하지 못했지만 3세트 동안 29개 디그를 기록했다.

대망의 챔피언결정전 1차전. 정규리그를 1위로 마치고 기다리던 흥국생명은 강했다. 1세트에서 듀스 접전이 벌어질 때 김연경이 해결사로 나서 27-25 승리를 이끌었다. 2세트도 옐레나의 공격까지 살아난 흥국생명이 25-12로 가져갔다. 최종 결과는 3-1. 옐레나가 32점, 김연경이 26점을 올린 흥국생명의 화력이 캣벨과 박정아가 30점을 합작한 한국도로공사를 압도했다. 김연경과 흥국생명을 응원하는 분홍색 물결과 함성이 인천 삼산월드체육관을 가득 채웠다.

기세를 탄 흥국생명이 2차전에서도 셧아웃 승리를 챙겼다. 한국도로공사는 세 세트를 합쳐 54점을 올리는 데 그쳤다. 그것도 상대의 범실로 올린 득점이 17점이나 됐다. 사실 선수단의 컨디션이 바닥에 가까웠다. 주전 선수 상당수가 감기에 시달려 몸 상태가 좋지 않았다. 박정아와 배유나는 흥국생명 선수들에게 감기를 옮길까 봐 마스크를 쓰고 다른 선수들은 얼음주머니로 연신 열을 식혔다. 김종민 감독은 "감기 때문만은 아니다. 실력 차가 3대 7 정도"라고 했다.

임명옥도 자존심이 상했다. 공격도 공격이지만 서브 리시브가 너무 안 됐기 때문이었다. 2차전에선 리시브효율이 22.22퍼센트까지 떨어졌다. "결승까지 간 것만으로도 진짜 잘한 거잖아요. 부담이 없어서 그랬는지 플레이오프는 잘했죠. 그러다 챔피언결정전 1차전, 2차전을 너무 쉽게 내줬어요. 선수들끼리 '우리 자존심은 지키자. 우리도 이름이 있는데 한 번만 이겨 자존심을 지키자. 편하게 하자'고 말했어요. 특히 리시브가 흔들린 나 자신에게 화가 나더라고요. 어떻게든 만회하려고 했죠."

역대 챔피언결정전에선 1차전과 2차전을 가져간 팀이 모두 정상에 올랐다. 흥국생명 구단은 3차전과 4차전이 열리는 김천에서 우승 축포를 쏜 뒤 축하연을 할 장소까지 준비했다. 그러나 기적이 조금씩 꿈틀거리기 시작했다. 흥국생명 선수들의 몸이 조금씩 무거워지고 한국도로공사의 강점인 수비와 블로킹이 살아났다. 임명옥과 문정원이 수비를 받쳐주자 캣벨과 박정아의 공격이 살아났다. 3차전에서 3-1, 4차전에서 3-1로 한국도로공사의 승리. 마침내 승부는 2승 2패가 됐다.

인천으로 돌아와 열린 5차전. 흥국생명이 옐레나의 활약을 앞세워 1세트를 25-23으로 챙겼다. 2세트는 한국도로공사가 25-23으로 이겼다. 한국도로공사 세터 이윤정은 집중 견제를 받는 박정아와 캣벨을 놓아두고 배유나의 중앙을 이용했다. 배유나는 2세트에서만 7득점을 올렸다. 임명옥과 문정원의 리시브가 정확했기에 가능했다. 흥국생명 블로커들의 시선이 분산된 틈을 타 한국도로공사가 3세트까지 25-23으로 따냈다. 하지만 30초가 넘는 긴 랠리가 4차례나 이어진 끝에 다시 흥국생명이 4세트를 25-23으로 가져갔다. 5차전 세트 스코어 2-2. 이제 더 이상 물러날 데가 없는 곳에서 5차전 5세트가 시작됐다.

한국도로공사는 어려운 상황에서 블로킹을 터뜨리며 8-6으로 앞서갔다. 임명옥의 멋진 디그 직후 공격득점까지 나와 9-6. 한국도로공사가 거의 승리로 가는 길에 올라선 듯했다. 하지만 벤치에서 휴식을 취하고 들어온 옐레나가 펄펄 날면서 다시 13-12, 한 점 차까지 좁혀졌다. 이어진 랠리에서 한국도로공사는 박정아의 공격이 가로막혔지만 이윤정이 받아내면서 재차 공격의 기회를 잡았다. 임명옥이 언더토스로 정확히 올린 공을 박정아가 상대 블로커 3명을 앞에 두고 때렸다. 첫 판정은 '인'으로 박정아의 득점이었다. 하지만 흥국생명 측이 비디오 판독을 신청해 아웃 판정을 끌어냈다.

그때 김종민 감독이 '블로커 터치아웃'을 대상으로 다시 비디오 판독을 요청했다. 마지막 지푸라기라도 잡는 심정이었다. 느린 화면에 옐레나의 손에 공이 스치는 모습이 잡혔다. "정아가 때릴 때 제일 가까이에서 블로킹 커버를 준비했어요. 내 눈에는 공이 상대 블로커의 손에 맞은 게 안 보이더라고요. '정아야, 괜찮아'라고 위로하는데 터치아웃 판정이 났죠. 그 순간 '감독님이 잘했다'라는 말보다 '정아야, 좀만 더 힘내자'라는 말이 먼저 나오더라고요." 그렇게 매치포인트를 잡아 달아난 한국도로공사는 박정아가 그다음 퀵오픈까지 성공시켜 15-12로 5세트를 마무리하고 경기를 끝냈다. 임명옥은 기적 같은 리버스 스윕에 성공하며 리베로 최초로 다섯 번째 우승 트로피를 들어올렸다.

2023/24시즌에는 우승을 놓쳤지만 5시즌 연속으로 '베스트7'을 수상하며 리그 최고의 리베로임을 증명했다. 또 2019/20시즌부터 5시즌 연속으로 리시브 1위, 수비 1위 자리를 지키며 최고의 수비수로 군림했다. 그는 "상을 받다 보니 욕심이 생기는 것 같아요. 다른 선수들이 '베스트7' 시상식에 가고 싶다고 하는데 당연하죠. 하지만 나도 양보하고 싶지 않아요"라며 연속 수상에 대한 욕심을 드러냈다.

2024년 4월 기준 그는 통산 수비성공 1만 7170개로 리그 남녀부 통틀어 1위의 수비 기록을 보유하고 있다. 또 리시브정확 6487개를 기록하고 있고, V리그 원년 멤버로서 559경기에 출전하며 최다 경기 출전 기록을 보유하고 있다.

통산 6회 MVP
김연경

- 2023/24시즌 -

"시즌이 끝난 뒤 고민을 많이 하고 흥국생명 구단과도 상의했다. 다음 시즌 많은 팬을 위해 한 번 더 도전하기로 결심했다." 2024년 4월 리그 시상식에서 생애 여섯 번째 정규리그 MVP 트로피를 받아 든 김연경은 "다음 시즌 코트에 설 것이냐?"는 사회자의 질문에 이렇게 대답했다. 2023년 2월 처음 은퇴 의사를 밝혔던 그는 소속 팀의 통합 우승을 위해 1년 계약을 하고 코트에 나섰지만 팀은 정규리그 2위, 챔피언결정전 준우승에 그쳤다.

해외에서 11년간 뛰고 한국에 돌아오자마자 그는 30대 나이에도 3시즌에 걸쳐 정규리그 MVP를 차지했다. 하지만 팀은 그 동안 번번이 우승 문턱에서 좌절했다. 특히 2023/24시즌 준우승은 현역 연장과 은퇴의 갈림길에서 코트를 선택한 그에게 더욱 뼈아팠다. 당시 시즌 후반 배구계에선 그가 선수 생활을 더 이어가리라는 말이 돌았다. 2023/24시즌만 해도 36경기 140세트에 나가 775득점을 올려 데뷔 시즌인 2005/06시즌의 756득점을 경신하고 공격성공률 2위, 리시브 5위 등을 기록해 여전히 최고의 기량을 보였다. 그 스스로도 팬들에게 자신을 더 보여주고 싶은 마음이 있었다. 그리고 그날 생방송 도중에 현역 연장의 뜻을 전했다.

2021년 열린 도쿄 올림픽을 끝으로 대표팀에서 은퇴한 그를 V리그는 여전히 필요로 한다. 시청률과 관중 동원, 마케팅 효과 등 모든 것이 이를 입증한다. 2024년 6월 8일 'KYK 인비테이셔널 2004'에선 대표팀에서 함께 동고동락했던 선후배 동료 10명(김해란, 한송이, 김사니, 이숙자, 이효희, 임효숙, 한유미, 김수지, 양효진, 황연주)과 함께 합동으로 국가대표 은퇴식을 치렀다.

11년 만의 복귀

2009년 5월 임대 선수로 JT 마블러스에 입단한 김연경은 말 그대로 일본 리그를 초토화했다. 직전 시즌 10개 팀 중 9위로 처졌던 JT는 그가 가세한 뒤 2009/10시즌 정규리그 1위에 올랐다. 그해 챔피언결정전에서 준우승에 그치지만 2010/11시즌엔 창단 첫 우승을 차지했다. 동일본 대지진의 여파로 시즌이 조기 종료된 까닭에 정규리그 성적만으로 우승 팀을 가렸다. MVP도 그의 차지였다.

일본 무대까지 점령한 그는 눈을 더 높은 곳으로 돌렸다. 세계 최고 수준인 튀르키예 리그에 진출했다. 그리고 월드 클래스 레벨의 선수로 발돋움했다. 유럽 진출 첫해인 2011/12시즌 팀을 유럽배구연맹 챔피언스리그 우승으로 이끌고 득점왕과 MVP를 수상했다. 당시 흥국생명과 이적 문제로 분쟁을 겪는 중에도 흔들리지 않고 활약을 이어가 2012/13시즌 유럽배구연맹컵(유로파리그와 비슷한 권위의 대회)에서 준우승을 차지하고 대회 득점 1위에 올랐다. 2012년 런던 올림픽에서 한국 여자배구가 4강에 진출해 배구 팬들을 깜짝 놀라게 했을 때 그의 인기도 올라 국내에서 튀르키예 리그가 중계될 정도였다. 그해 런던 올림픽에서 그는 득점왕에 이어 대회 MVP에 오르는 위업을 달성했다.

2011/12시즌을 마치고 그는 페네르바체와의 2년 계약을 추진했다. 하지만 흥국생명은 이에 반발했다. 김연경 측은 흥국생명에서 4년간 뛰고 일본에서 2년, 튀르키예에서 1년 총 3년간 임대 생활을 했으니 임대된 기간을 포함해 FA 기한인 6시즌을 채웠다("이미 넘었다")는 논지를 폈다. 반면 흥국생명은 당시 V리그엔 해외 임대 선수 관련 규정이 없었기 때문에("해외 임대 기간은 국내 FA 연한에 포함되지 않는다") 아직 2년의 보유 기간이 남아 있다고 주장했다.

선수의 신분을 두고 구단과 선수가 충돌한 가운데 결국 2013년 9월 10일 국제배구연맹이 최종 결론을 내렸다. 2013/14시즌 김연경의 원 소속 팀은 흥국생명이니 페네르바체가 그를 데려가려면 대한배구협회를 통해 이적료 22만 8750유로(당시 3억 2천만 원)를 지불해야 하고, 그다음 시즌엔 국제적으로 FA가 된다는 해석이었다. 다만 한국배구연맹은 국내에서는 여전히 흥국생명 소속으로 2년 더 뛰어야 FA가 된다고 결론지었다.

2014년 5월 그는 페네르바체와 2년 재계약을 맺었다. 연봉은 15억 원 수준. 당시 필자는 이스탄불에서 그를 만나 심정을 물었다. 그의 FA 신분이 인정되고 처음 이뤄진 인터뷰였다. "솔직히 기쁘지도 않았어요. 협상이 너무 길어지면서 힘들었을 뿐이죠. 과정 중에 소통이 잘 되지 않아 참 괴로웠어요. 원 소속 팀인 흥국생명과도 불편한 관계가 되어 힘들었죠. 어찌됐든 흥국생명은 내가 성장한 팀이잖아요. 나중에 은퇴는 흥국생명에서 하고 지도자도 되고 싶었는데…. 솔직히 지금은 잘 모르겠어요."

그 사이 그는 계속 트로피를 쌓아올렸다. 2013/14시즌 페네르바체를 유럽배구연맹컵 우승으로 이끈 뒤 대회 MVP에 오르고, 2014/15시즌 튀르키예 리그에서 우승할 때도 MVP에 올랐다. 2016/17시즌 다시 리그 우승을 차지했다. 2016년 리우데자네이루 올림픽에도 출전해 한국 배구의 8강 진출을 이끌었다. 그렇게 월드 스타로서 위상을 굳혀 갔다.

페네르바체에서 6년간 뛴 그는 2017년 중국 상하이로 이적해 또 팀을 정규리그 1위에 올려놨다. 그리고 1년 뒤 다시 튀르키예 리그로 돌아가 엑자시바시로 이적했다. 당시 그는 중국행에 대해 "가족들을 자주 보고 싶었어요. 대표팀에서 뛰기에도 이동 시간이 짧고, 리그 기간이 짧아 편했죠"라고 설명했다. 그게 전부는 아니었다. 페네르바체의 라이벌이던 엑자시바시로 곧바로 이적하는 걸 페네르바체도 그도 원하지 않았다.

2018년 다시 이스탄불에서 만났을 때 그는 직접 운전해 엑자시바시 훈련장에 다닐 만큼 현지 생활에 익숙해져 있었다. 나이는 서른. 하지만 몸도 마음도 지쳐 있었다. 대표팀은 2018년 자카르타-팔렘방 아시안게임에서 동메달에 그치고 세계선수권도 1라운드에서 탈락했다. 클럽세계선수권에서도 우승에 실패했다. 국내에선 그가 돌아올 수 있다는 여론이 나오기 시작했다. 실제로 그는 2년 뒤에 열리는 도쿄 올림픽을 감안해 한국에서 뛰는 것도 고려하고 있었다. 하지만 몸값이 문제였다. V리그 샐러리캡 규정상 그가 받을 수 있는 최고 금액은 팀 전체 액수(14억 원)의 25퍼센트인 3억 5천만 원. 유럽에서 세전 기준 20억 원대 연봉을 받던 그로서는 너무 큰 손해를 감수해야 했다.

"아직 한국에 돌아갈 생각은 없어요. 연봉 문제도 걸림돌이지만 아직 세계적인 선수들과 경쟁하며 큰 무대에서 뛰고 싶어요. 돌아가고 싶은 생각은 있습니다. 하지만 언제가 될지는 모르겠어요. 지금은 아니에요."

V리그로 돌아온 건 2년이 더 지나서였다. 코로나19 여파로 유럽 리그가 얼어붙으면서 그가 받던 몸값을 지불할 만한 팀들이 지갑을 열지 않았다. 튀르키예와 이탈리아, 중국, 일본까지 고려했지만 여의치 않았다. 도쿄 올림픽을 준비하기 위해서라도 유럽에 계속 머물기는 어려웠다. 그는 흥국생명에 복귀할 의사가 있음을 전했다.

하지만 이번엔 흥국생명이 당황했다. FA 자격을 얻은 이재영과 총액 6억 원에 계약하고 쌍둥이 동생 이다영(4억 원)도 현대건설에서 데려오는 과정에서 주머니 사정이 좋지 않았다. 샐러리캡 총액이 23억 원인 상황에서 김연경까지 최고액(7억 원)을 받게 되면 다른 선수들의 연봉을 맞추기 어려웠다. 2020년 6월 결국 김연경은 이런 상황을 인정하고 계약 기간 1년, 총액 3억 5천만 원에 사인했다.

그의 복귀는 배구계를 뛰어넘어 스포츠계에서도 가장 큰 뉴스 중

하나였다. 꾸준히 상승 곡선을 그리던 여자배구 시청률은 마침내 남자부를 넘어섰다. 흥국생명의 경기가 열리는 날이면 항상 경기장은 관중들로 가득 찼다.

쌍둥이 자매에 김연경까지 가세한 흥국생명이 전승 우승을 할 수도 있다는 섣부른 예상까지 나왔다. 하지만 결과는 달랐다. 2020/21시즌 도중 쌍둥이 자매의 학교 폭력 문제가 불거지면서 흥국생명은 제대로 시즌을 치르지 못했다. 끝내 우승컵을 GS칼텍스에 내줘야 했다. 고군분투한 김연경은 정규리그 MVP를 거머쥐고도 아쉬움을 삼켜야 했다. 정규리그 우승팀이 아닌 선수가 MVP를 차지한 것은 정대영 이후 역대 두 번째였다. 결국 그는 시즌을 마치고 다시 중국 리그로 떠났다.

현역 연장과 우승 도전

상하이에서 한 시즌을 보낸 다음 그는 다시 돌아왔다. 심사숙고한 끝에 V리그 컴백을 결정한 그는 무엇보다 선수 생활의 마지막을 멋지게 마무리하겠다는 생각이었다. 2022년 6월 흥국생명은 그와 1년 총액 7억 원에 계약했다. 지난 시즌 6위에 그쳤던 팀은 그의 합류로 단숨에 상위권 후보로 부상했다.

2022/23시즌 흥국생명은 초반부터 선두 다툼을 벌였다. 그리고 여러 악재를 딛고 정규리그 1위를 차지해 챔피언결정전에 직행했다. 669점을 기록해 득점 5위(국내 선수 1위), 공격성공률 1위, 리시브효율 8위에 오른 그는 만장일치로 정규시즌 MVP를 받았다. 또 그가 가는 곳마다 팬들로 인산인해를 이루면서 리그의 흥행을 이끌었다.

챔피언결정전 초반에 흥국생명은 안방에서 2연승을 거둬 무난히 우승하는 듯했다. 하지만 결과는 준우승이었다. 한국도로공사의 집념을 넘지 못했다. 최초로 '2연승 이후 3연패'를 기록해 우승을 내주는 불명예까지 썼다. 우승과 함께 선수 생활을 끝내겠다는 그의 다짐은 물거품이 됐다.

이후 한국도로공사의 우승에 못지않은 관심이 그에게 쏠렸다. IOC(국제올림픽위원회) 선수위원에 나서보려던 그는 고심한 끝에 현역 생활을 연장하기로 결정했다. 2022/23시즌 챔피언결정전이 끝나고 "현역 연장과 은퇴를 두고 많은 분과 의견을 나누고 있습니다. 팬들이 내가 뛰기를 원한다는 것도 잘 압니다. 팬들을 생각하지 않을 수 없어요. 고민하고 있어요"라고 말했던 그는 MVP를 수상한 뒤 입장을 밝혔다.

그러나 그의 거취는 결정되지 않은 상태였다. 드디어 V리그에서 추가로 2시즌을 치르고 FA 자격을 얻었기 때문이다. 흥국생명은 당연히 그를 붙잡으려 했다. 손을 내민 건 흥국생명만이 아니었다. 해외 팀에서도 제안이 왔지만 조건이 맞지 않아 국내로 시야를 좁혔다. 당시 그는 계약할 팀에 대한 고려 사항으로 '강한 전력을 갖춘 팀'을 언급했다. "내년에 우승하고 싶으니 우승할 팀으로 선택해보겠어요. (영입 제의가) 모든 구단에서 올 줄 알았는데 많지 않았어요."

그가 염두에 둔 팀은 현대건설이었다. 현대건설은 코로나19로 중단된 2020/21시즌 정규리그 1위를 차지하고 2022/23시즌에도 외국인 선수 야스민 베다르트가 부상으로 이탈하기 전까지는 압도적 1위를 지켰다. 그가 원하는 '우승에 도전할 팀'이었다. 현대건설의 의지도 강했다. 모기업의 허락이 떨어짐에 따라 영입을 준비했다. 당시 그는 "우승 전력을 갖춘 팀이라면 조건을 낮춰서라도 계약할 수 있어요. (연봉을 낮춰 계약하는 것에 대해) 부정적인 시선이 있어 모르겠어요"라고 했다. 현대건설은 샐러리캡을 맞추려고 일부 선수를 정리할 계획이었다. 그와 함께 영입할 선수와 스태프까지 고려했다. 그러면서 그는 현대건설의 고위 관계자를 만나 이적을 논의했다. 필자도 당시 소식을 전해 듣고 이적이 유력하다는 기사까지 썼다.

하지만 흥국생명과 마지막 인사를 나누려고 방문한 자리에서 그는 마음이 흔들렸다. 아본단자 신임 감독은 그의 미래를 논의하며 마음을 붙잡았다. 흥국생명도 원하는 조건들을 맞춰주겠다고 약속했다. 김연경 측 관계자가 전화를 걸어 와 "연경 선수가 현대건설에 가지 않기로 했다"고 했을 때 급히 기사를 써야 했던 순간이 아직도 기억난다.

그는 현대건설에 자신의 의사를 전하고 최종적으로 흥국생명 잔류를 택했다. 1년 총액 7억 7500만 원의 조건이었다. 흥국생명은 연이어 김연경과 학생 때부터 함께 배구를 했던 김수지를 FA로 영입했다. 대표팀에서 함께 활동한 것을 제외하고 두 선수가 같은 유니폼을 입은 건 한일전산여고 시절 이후 무려 18년 만이었다. 흥국생명은 미디어데이에서 절대 1강으로 꼽혔다. 하지만 김연경은 "우리는 1강이 아니에요. (다른 팀들이) 언론 플레이를 하는 것 같아요. 기분이 썩 좋지 않아요"라며 웃었다.

연기된 은퇴

2023/24시즌은 지난 시즌에 비해 순조로웠다. 전년 우승 팀인 한국도로공사의 전력이 약화되고 현대건설 역시 외국인 선수가 바뀌고 FA 전력이 빠져나가는 통에 시즌 초반 어려움을 겪었다. 하지만 흥국생명도 고민이 없는 건 아니었다. 김연경과 대각선 위치에 서는 아웃사이드 히터 자원이 아쉬웠다. 대표팀에서 활동하며 기량이 성장한 김다은이 있었지만 부상을 겪은 뒤 좀처럼 제자리를 찾지 못했다. 주장 김미연도 예년에 비해 부진했다. 결국 아본단자 감독은 미들 블로커로 쓰려던 아시아쿼터 레이나 도코쿠를 아웃사이드 히터로 돌렸다. 서브 리시브는 다소 약하지만 공격력만큼은 확실했다.

더 큰 문제는 세터진이었다. 흥국생명은 전년과 똑같이 세터 4명으로 시즌을 시작했다. 이원정이 주전으로, 김다솔이 제2 옵션으로 자주 출전했다. 박은서는 주로 원 포인트 서버로 나서고 장신 세터 박혜진은 간간이 출전했다. 하지만 그 누구도 감독에게 믿음을 주지 못했다. 게다가 7년 만에 흥국생명으로 돌아온 김수지도 무릎 수술의 여파로 2라운드까지는 컨디션을 찾지 못했다. 리그 3년차가 된 외국인 선수 옐레나는 감독과 트러블을 빚었다.

1라운드를 1위(5승 1패)로 출발한 흥국생명은 2라운드에서도 전승을 달리며 호조를 띠었다. 하마터면 최약체 페퍼저축은행에게 질 뻔했지만 5세트 막판 김연경이 말 그대로 '하드 캐리'를 한 덕에 연승 행진을 이어갔다. 그러나 3라운드 현대건설과의 경기에서 지며 2위로 반환점을 돌게 됐다. 김연경의 뒤를 받쳐야 할 옐레나가 저조한 모습을 보인 게 결정적이었다. 4라운드에 다시 현대건설에 밀리고

GS칼텍스에도 1-3으로 패해 흥국생명은 최악의 올스타 휴식기에 돌입했다.

김연경이 4라운드까지 520점을 올리는 동안 옐레나는 외국인 선수 중 두 번째로 적은 501점을 올렸다. 최소 득점자인 정관장의 지아가 서브 리시브에도 가담하는 아웃사이드 히터인 걸 감안하면 사실상 '꼴찌 외인'이었다. 결국 흥국생명은 왼손잡이 아포짓 스파이커 윌로우 존슨을 영입했다. 윌로우는 메이저리거 랜디 존슨의 딸로 트라이아웃에 나설 때부터 화제를 일으켰다. 하지만 해결 능력이 다소 떨어지고 블로킹도 약한 편이라 그동안 최종 선택을 받지 못했었다.

기대한 것과 달리 윌로우는 복덩이가 됐다. 다소 아쉬운 점은 있지만 팀에 잘 녹아들고 플로터 서브도 정확하고 까다로웠다. 2024년 1월 31일 5라운드 첫 경기이자 윌로우의 리그 데뷔전인 한국도로공사와의 경기에서 흥국생명은 3-0 완승을 거뒀다. 레이나가 22점, 김연경과 윌로우가 각각 17점을 기록했다. 김연경에게 집중되던 공격이 분산되면서 팀 전체가 살아났다.

GS칼텍스에도 3-0 승리를 거둔 흥국생명은 후반기 돌풍을 일으키던 정관장도 3-1로 꺾었다. 그리고 5라운드 현대건설과의 경기에서도 3-0으로 이겼다. 리베로 김해란이 부상에서 복귀하고 김수지도 중반 이후 경기력이 올라오면서 팀은 완전체가 됐다. 윌로우가 가벼운 부상을 입어 주춤하는 중에도 자력으로 정규리그 1위를 차지할 기회를 잡았다.

하지만 3월 8일 페퍼저축은행과의 경기에서 1-3 패배를 당하면서 운명이 엇갈렸다. 이원정이 부상으로 결장한 사이 세터들의 토스가 흔들렸다. 김연경과 외국인 선수들도 평소보다 저조했다. 반면 페퍼저축은행의 야스민과 박정아는 펄펄 날았다. 6라운드 현대건설과의 맞대결에서 승리해 마지막 희망을 살렸지만, 현대건설이 페퍼저축은행과의 정규리그 최종전에서 승리하며 1위를 확정했다. 승점이 현대건설은 80점, 흥국생명은 78점.

정규리그 2위로 플레이오프에 나선 흥국생명은 정관장을 2승 1패로 물리쳤다. 그리고 적지 수원에서 맞이한 현대건설과의 챔피언결정전 1차전, 흥국생명은 1, 2세트를 쉽게 따내 분위기를 가져왔다. 그러나 3, 4세트를 연달아 내줬다. 재정비한 5세트에서 흥국생명이 12-9로 앞서간 끝에 14-13 매치포인트까지 만들었다. 하지만 괴력을 발휘한 모마를 막지 못하고 14-16으로 역전패했다.

사실상 1차전이 시리즈 전체의 흐름을 결정지었다. 2차전도, 3차전도 풀세트 접전이 펼쳐졌지만 마지막엔 현대건설이 이겼다. 3연승. 2020/21시즌, 2022/23시즌, 2023/24시즌까지 세 번이나 챔피언결정전에서 우승 트로피를 놓친 김연경은 팬들에게 감사 인사를 하고 돌아섰다.

그해 정규리그 MVP는 다시 그에게 돌아갔다. 31표 중 20표를 받아 친한 후배인 현대건설의 양효진을 제쳤다. 시상식이 열리기 전까지 거취를 밝히지 않던 그는 2024/25시즌에도 뛰겠다는 뜻을 밝혔다. 김연경의 도전은 아직도 '~ing'다.

V리그 연대기
: 식빵언니, 클러치박, 배천, 최리, 블로퀸, 쏘캡까지

2024년 10월 4일 1판 1쇄 발행

지은이 김효경, 류한준
펴낸이 임후성 **펴낸곳** 북콤마
디자인 *sangsoo* **편집** 김삼수

등록 제2023-000246호
주소 (10449) 경기도 고양시 일산동구 호수로 336 103-309호
전화 031-955-1650 **팩스** 0505-300-2750
이메일 bookcomma@naver.com
블로그 bookcomma.tistory.com

ISBN 979-11-87572-48-0 03690

, BOOKcomma